우리의 조상

한자는 동이족이 만들었다

陳泰夏 지음

明文堂

刊行辭

　　淸凡 陳泰夏 교수가 세상을 떠난 지 어느 새 一周年이 되었습니다. 떠난 사람의 자취가 그립기 그지없는 우리들은 그가 남긴 遺筆을 整理하여 小喪을 지내는 祭床 위에 올려놓으면 故人이나 우리들에게 조금은 慰安이 되지 않을까 하여 한 卷 遺著를 準備하여 왔습니다.

　　『漢字는 우리 祖上 東夷族이 만들었다』가 바로 그 책입니다.

　　이 冊은 우리나라 古代史의 빈자리를 메꾸는 일에 한몫을 할 것입니다. 周知하는 바와 같이 檀君王儉으로 시작하는 占朝鮮의 實相은 神話로 潤色되어 歷史的 史實을 짐작하기에는 아쉬움이 컸습니다. 그 零星한 자리에 淸凡은 漢字를 처음으로 만들어 쓰기 시작한 中國 殷나라를 坐定시켰습니다. 殷나라의 支配階層이 東夷族이란 것은 天下共知의 事實인데, 그 東夷가 우리 祖上과 連結된다는 推論을 굳히게 되었습니다. 즉 그들이 쓰기 시작한 甲骨文의 몇몇 개는 우리 民族이 아니면 만들 수 없는 것이기 때문이었습니다. 萬一에 淸凡의 이러한 主張이 史學界의 共感을 얻는다면 우리나라 古代史는 훨씬 潤澤해지고 이른바 箕子東來도 더욱 信憑性있는 史實로 再整立될 것입니다.

　　또한 淸凡은 漢字를 "古韓契(고한글)"로 고쳐 불러야 한다고 主張합니다. 漢字를 만든 主人이 殷나라 貴族層인 우리 祖上이니 訓民正音이

"新한글"이라면 漢字는 "고한글(古韓契)"이어야 하지 않느냐는 것이 그의 持論입니다. 文章, 文書, 書札을 통틀어 '글'로 말하는 民族이 이 세상에 '우리' 밖에 또 없으니 그 글자를 만든 殷나라 貴族들은 틀림없이 우리 祖上이 아니겠느냐고 淸凡은 平生토록 主張하여 왔습니다.

　從來 國語學界에서는 '契'이 文字내지 書劃을 뜻하는 것으로 이른 시기에 中國으로부터 借用한 것으로 推定하였습니다. 殷과 古朝鮮과의 關係를 異民族間의 文化交流로 본 것입니다. 그러나 淸凡은 그것이 同族 內에서 일어난 事件으로 보았습니다. 이와 같은 論爭거리를 이 册은 매우 眞摯하게 敍述하고 있습니다.

　우리는 江湖諸賢에게, 특히 우리나라 古代史의 빈자리를 어떻게 메꿀까 苦悶하는 분들에게 이 册을 勸합니다. 우리 民族의 過去와 現在와 未來를 一以貫之하려는 굳은 意志를 심는 데 이 册이 一助하기를 바라는 心情 때문입니다.

　이렇게 몇 마디 遁辭로 이 册 刊行의 辭을 삼습니다.

　讀者 諸賢의 叱正을 기다립니다.

2019년 2월

刊行委員 一同 識

4부 우리 조상 동이족의 유적 찾아, 중국 내 東夷文化(동이문화) 대장정

5부 한자와 동이족의 풍속

황하문명의 주역은 동이족

　'우리 한민족의 발상지는 송화강과 요하를 중심으로 만주벌에 웅거했던 수렵 기마민족으로서, 압록강과 두만강을 넘어 한반도로 남하하기 전에, 이미 黃河(황하)유역으로 진출하여 세계 4대 문명발상지의 하나인 황하문명을 이룩하는데 주도역을 한 민족임을 밝혀내야 우리 한민족의 상고사를 올바로 천명할 수 있을 것이다.

　중국의 사학계에서도 그동안 새로이 출토된 유적을 통하여 황하지역의 고대문물보다 요하지역의 고대문물이 더 발달했었다고 고증하고 있다. 이 중에서도 기원전 4500년경의 紅山(홍산)문화가 동이족의 대표적인 유적지이다.〔遼河文明(요하문명)의 주요 유적지인 小河西文化(소하서문화)·興隆窪文化(흥륭와문화)·趙寶溝文化(조보구문화)·紅山文化(홍산문화)·小河沿文化(소하연문화)·夏家店文化(하가점문화) 등 기원전 7000년에서 기원전 2000년까지의 유적 참조〕 이로써 요하쪽의 우리의 조상인 동이족의 문명이 황하 쪽으로 남하하였음을 알 수 있다.

고조선과 요하문명의 전파도

황하유역에 살던 이른바 본래의 漢族(한족)은 농경민족으로서 북쪽에서 남하하는 騎馬民族(기마민족)인 동이족에게 밀리어 남쪽으로 쫓겨가 오늘날 중국의 남방과 동남아 일대에 살고 있는 客家族(객가족)이라는 것이다. 객가족은 지금도 자기들이 순수 한족이라고 부르짖고 있다.

그러므로 황하문명의 주역은 漢族(한족)이 아니라, 東夷族(동이족)이라는 것은 중국 사학계에서는 이미 공인된 사실이다. 아직도 우리 사학계에서는 황하문명을 한족이 이룩한 문명이라고 일반적으로 인식하고 있는 것은 매우 잘못된 일이다. 역사는 시대가 오래 지나면 주객이 전도된 일이 많이 있다. 이제라도 우리는 과거 잘못된 우리 한민족의 역사를 하나하나 올바로 찾고 정리하여, 확고한 민족사관과 민족정기를 확립해야 한다.

2

단군보다 앞선 치우천왕

중국 最古(최고)의 정사인 사마천의 『史記』에 蚩尤(치우) 장군에 대한 기록이 나오고, 후한시대 응소는 치우를 '古天子(고천자)'라 칭했고, 또한 공안국도 '九黎君號蚩尤是也(구려군호치우시야)'라 한 바와 같이 치우는 단순히 黃帝(황제)와 싸워 연진연승했던 장군이 아니라, 九黎(구려) 곧 동이족의 임금이었다.

최근 중국의 사학자 추군맹은 치우에 대하여 "치우는 어느 집단에 속하는가. 예로부터 지금까지 의견이 분분한 문제이다. 東漢(동한)의 학자로, 예를 들면 高誘(고유), 馬融(마융) 등 모두 다 치우는 九黎(구려)의 君長이라고 하였다. (中略) 나도 기본적으로 徐旭生(서욱생) 선생의 의견에 동의하여 치우는 동이 집단에 속한다고 여긴다."〔蚩尤屬于哪個集團, 自古以來就是一個聚訟紛紜的問題. 東漢的學者, 如高誘馬融等都認爲他是九黎的君長. (中略) 我基本同意徐旭生先生的看法, 蚩尤屬東夷集團.「華夏族起源考論」, 鄒君孟.〕고 한 바와 같이 최근의 중국 사학자들도 치우는 동이족의 우두머리였음을

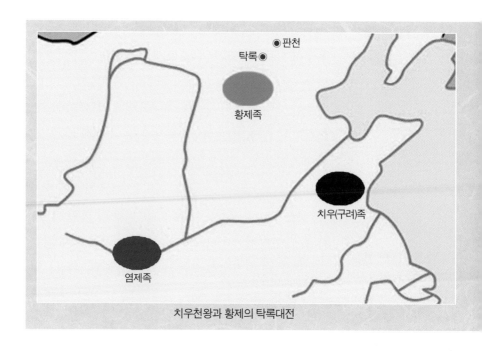

치우천왕과 황제의 탁록대전

시인하고 있다.

치우에 대하여 『한국사대사전』에도 게재되어 있지 않고, 『국어 대사전』에는 "중국의 전설상의 인물. 신농씨 때 난리를 일으켜 黃 帝(황제)와 涿鹿(탁록)의 들에서 싸우다가 패전하여 포살되었다 함. 후세에는 제나라의 軍神(군신)으로서 兵主(병주)의 신이라 불리어 팔 대신의 하나로 숭배되었음."(민중서림, 이희승 편)이라고 설명되어 있 어, 그동안 일반 지식층은 물론 심지어 국사학을 전공하는 학자들 까지도 치우에 대하여 이름조차 모르게 되었다.

치우에 대하여 기록한 중국문헌 중 야사가 아닌 정사로는 전한시 대 사마천(B.C. 145?~B.C. 86?)이 편찬한 『史記(사기)』를 들 수 있다. 『사기』에 "軒轅(黃帝) 때에 神農氏(炎帝)의 세상이 쇠퇴하여 제후들이 서로 싸우고 백성을 포학하게 다루어도 신농씨는 그들을 정벌할 능력이 없었다. 그래서 헌원이 무기로써 그들을 정벌하니 제후들이 모두 스스로 돌아와 복종하였다. 헌원은 곧 덕을 닦고 군을 기르고 五氣(오기)를 연구하여 오곡을 가꾸게 하고, 백성을 어루만져 위로하고 토지를 측량하여 구획하게 하였다. 또한 熊(웅), 羆(비), 貔(비), 貅(휴), 貙(추), 虎(호)라 칭하는 여섯 부대의 병사들을 훈련하여, 阪泉(판천)의 들에서 炎帝(염제)와 세 번 싸워 이겼다. 치우가 난을 일으켜 황제의 명을 듣지 않았다. 그래서 황제는 곧 제후들에게 동원령을 내려 탁록의 들에서 치우와 싸워 드디어 생포하여 죽였다."(『史記』 五帝本紀 第一.)라고 기록한 바와 같이 사마천은 당시 이미 중국 위주의 사관하에 황제를 선양하는 반면, 치우를 '最爲暴(최위포)', '作亂(작란)', '遂禽殺蚩尤(수금살치우)' 등의 표현으로 貶下(폄하)하였다.〔黃帝는 三皇(삼황)의 하나. 삼황은 伏羲包羲氏(복희포희씨), 炎帝神農氏(염제신농씨), 黃帝軒轅氏(황제헌원씨)〕

그러나 『사기집해』에서 후한시대 응소는 "蚩尤古天子(치우고천자)" 곧 치우를 천자라 칭하였고, 우리의 고문헌인 『삼성기』에서는 "自古以後 蚩尤天王闢土地, 採銅鐵鍊兵興産.(자고이후 치우천왕벽토지, 채동철련병흥산)" 곧 치우를 천왕이라 칭하였다.

이밖에 치우에 대한 중국의 고기록으로는 『書經(서경)』, 『列子(열자)』, 『莊子(장자)』, 『左傳(좌전)』, 『山海經(산해경)』, 『戰國策(전국책)』, 『韓非子(한비자)』, 『抱朴子(포박자)』 등을 들 수 있고, 국내 고기록으로는 『檀君世紀(단군세기)』, 『太白逸史(태백일사)』, 『揆園史話(규원사화)』 등을 들 수 있다.

박성수 교수(한국정신문화연구원)는 치우에 대하여 일반 사학계 교수와는 달리 "지금까지 전설의 인물로만 여겨왔던 치우천왕은 역사적 인물이었을 뿐만 아니라 동이족이었다."(「蚩尤天王과 民族史觀」, 2001. 3. 치우연구 창간호.)고 역설하였다.

동이족으로서 치우의 활동시대는 『죽서기년』과 『제왕연대력』에 의하면 황제가 기원전 2706년에 임금의 자리에 올라 2599년에 물러났으니, 치우는 동시대 인물로서 지금으로부터 약 4700년 전이 됨을 알 수 있다.

치우장군에 대하여 중국문헌에 '獸身人語(짐승의 몸에 사람의 말을 했다)', '銅頭鐵額(구리로 만든 머리에 쇠로 된 이마)', '人身牛蹄(사람의 몸에 소의 발굽)', '四目六手(네 개의 눈과 여섯 개의 손)', '鬢如劍戟(수염이 검과 창과 같다)', '頭有角(머리에 뿔이 있다)', '呼風喚雨(요술을 부려서 바람을 불게 하고 비를 내리게 함)', '人身牛首(사람의 몸에 소의 머리)', '征風召雨(바람을 잠재우고 비를 부른다)', '龜足蛇首(거북의 다리와 뱀의 머리)', '食沙石子(모래와 돌가루를 먹었다)', '變化雲霧(구름과 안개를 다스렸다)', '蚩尤齒長二寸(치우의 이의 길이는 두 치이다)', '八肱八趾(8개의 팔과 8개의 발이 있다)', '不死六神(불사육신)', '威鎭天下(위진천하)', '戰神兵主(전신병주)' 등의 비사실적 표현을 하였는데, 이는 치우장군의 용맹성을 과장하여 신화 전설적으로 묘사한 것이라고 보아야 할 것이다. 이 과장된 표현 때문에 치우장군을 신화 전설의 인물로 보아서는 안 될 것이다.

치우와 염제가 소를 주토템으로 하고, 현무 곧 거북과 뱀의 교접을 부토템으로 하였으며, 황제가 곰을 토템으로 하고, 소호가 새를 토템으로 한 것으로 볼 때, 필자의 소견으로는 본래 이들이 모두 북방의 동이족으로서 중원으로 남하하여 탁록에서 패권의 다툼을 한 것이지, 이족간의 싸움이 아니라고 생각된다.

후대의 역사가 승자인 황제를 곧 중국의 시조로 선양하고, 패자인 치우를 난적으로 폄하하였으며, 치우의 후예 곧 동이족의 일부가 남쪽으로 도망쳐 살면서 묘족의 지류를 이루었을 것이다.

결론적으로 황하문명은 곧 한족의 문명이 아니라 동이족의 문명임을 재삼 강조하는 바이다. 앞으로 치우천왕의 역사가 온 국민에게 올바로 인식된다면 檀君(단군)은 자연적으로 실 역사의 인물로서 모시게 되리라 믿는 바이다.

치우천왕은 황제와 동시대 인물로서 약 4700년 전에 이미 중원천하를 지배했으니, 단군기원으로부터 우리의 상고사를 시작하는 국사의 기술은 마땅히 재고되어야 할 것이다.

漢代(한대) 화상석에 나타난 치우천왕

夏(하)나라는 동이족이 중원에 세운 최초의 나라

한자는 동이족이 창조하였다는 학설을 바탕으로 하여 어떠한 글자가 동이족에 의하여 만들어졌는지를 구체적으로 고증하여 보고자 한다.

일반적으로 중국 최초의 왕조인 '夏(하)'에 대하여 문자학적으로 살펴보면 다음과 같다.

殷代(은대)의 갑골문에서 '夏'의 자형을 찾아보면 '鞂'의 형태로서 화려하게 차림을 한 대인의 모습을 그리어 '크다'의 뜻을 나타낸 것이다. 周代(주대)의 金文(금문) 鐘鼎文(종정문)에서는 '鼍'의 자형과 같이 변형되고, 秦代(진대)의 小篆體(소전체)에서는 '鼉'의 형태로 정리되어, 곧 대인의 얼굴(頁), 양손(ㅌㅋ), 발(夊)을 구별하여 나타내어 오늘날 쓰고 있는 '夏'자가 된 것이다. 중국에서도 '夏'의 고대 자형을 잘못 인식하여 '매미'의 상형자로 견강부회시킨 葉玉森(섭옥삼) 같은 학자도 있다.

한자는 본래 一字一義(일자일의)의 문자였으나, 시대가 지나면서

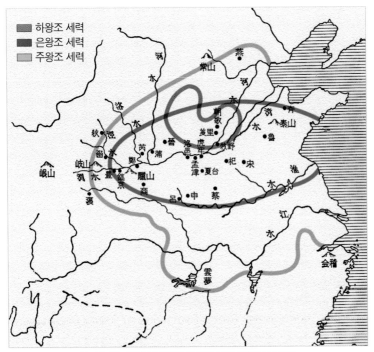

하·은·주 세력도〔이하동서설(夷夏東西說)에서 인용〕

의미가 전의 확대되어 대부분 一字多義(일자다의)의 문자로 변하였다. 식물이 크는 것은 여름철에 크기 때문에 '夏(클 하)' 자가 뒤에 '夏(여름 하)' 자로 쓰이게 된 것이다. '夏'의 자형은 갑골문에서 楷書體(해서체)에 이르기까지 많이 변하였으나, 字音(자음)은 '하(ha)'로서 反切音(반절음)인 '胡駕切(호가절)'로 볼 때, 上古音(상고음)이 그대로 유지되고 있음을 알 수 있다. 그러나 중국에서는 현재 [shiah]로 변음되어 쓰이고 있다.

우리말에서는 '하(ha)'가 '크다', 또는 '많다'의 뜻으로 예로부터

<table>
<tr><td>갑골문</td><td>금문</td><td>전서</td><td>예서</td><td>해서</td></tr>
</table>

〈'夏(하)' 자의 자형 변천〉

현재까지 쓰이고 있다. 『월인석보』에 '내모미하커', 송강가사에 '하도할사'의 예와 '한내[大川]', '한밭[大田]', '한아비[祖]' 등의 '한'은 곧 '큰'의 뜻으로 '하'의 관형사형인 것이다.

그렇다면 夏나라를 건립한 민족은 어느 민족인가를 문자학적인 면에서 고증할 수 있다. '크다'는 뜻으로 나라를 세우려면 '하(ha)'를 예로부터 '크다'의 뜻으로 말을 쓰고 있는 민족이 세웠음은 의문의 여지가 없다. 또한 '夏'의 자형을 만든 것도 '하(ha)'(크다)라는 말을 가지고 있는 민족이 만들었음도 불문가지이다. 그 민족이 곧 우리의 조상인 동이족이라면 얼마나 자랑스러운 일인가.

하대에도 응당 문자가 있었겠으나, 아직까지 발견된 바는 없지만, 서안 半坡(반파) 유적지에서 출토된 도기상의 有意符號(유의부호)인 '陶文(도문)'으로 볼 때, 앞으로 반드시 발견되리라고 믿는다.

중국 사학자들의 고증에 의하면 '夏'와 '商'이 모두 황하이북의 북방족, 곧 동이족에 의하여 수립된 나라들이다. 그러나 시대가 오래 지남에 따라 앞에서 언급한 바와 같이 주객이 전도되어 우리 한국인 스스로도 '夏'는 중국 최초의 나라 이름으로 인식하고 있음은 무지의 소치로, 제 나라의 상고사를 잃어버린 것이다.

4

중국의 '동북공정'에 대하여

근래 중국의 '東北工程(동북공정)'이란 프로젝트에 의하여 우리의 고구려사를 자기들 역사로 탈취하려 하고 있다. 실로 이민족이 침략 지배한 역사까지도 자기들 중국 역사로 만든 사실은 근래의 소행이 아니라 오랜 전통을 가지고 있다. 고대사는 차지하고 遼(요), 金(금), 元(원), 淸(청)의 엄연한 타민족의 역사를 중국 역사로 만들어 놓았으며, 더욱이 침략국 청나라 만주족의 의상을 오늘날 한족을 자처하는 중국인들이 자신들의 전통 의상인 양 입고 있음은 참으로 이해하기 어렵다.

徐居正(서거정) 선생이 "國可滅, 史不可滅(국가멸 사불가멸)", 곧 나라는 멸할 수 있지만, 그 역사는 멸할 수 없다고 하였는데, 더구나 자신들의 역대 사서에 고구려를 엄연히 東夷傳(동이전)에 기록하여 한국의 역사로 공인하여 온 사실을 하루아침에 묵살하고, 자기들 역사로 만들려고 하는 것은 마치 남의 집 족보를 훔쳐서 제 집 족보로 만들려는 어리석음과 같다.

그러나 중국의 이러한 움직임은 우리에게 그 책임이 더 크다. 학교 교육에서 종래 해 오던 국사 교육도 하지 않고, 그러한 고문헌을 읽을 수 있는 한자 교육도 하지 않고 있다는 것은 스스로 제 민족의 역사를 내버린 것인데, 중국에서 주워가려고 하니까 그것은 안 된다고 하는 것과 같은 격이다. 더구나 渤海(발해) 역사를 중국 역사로 편입시킨 지는 오래 되었는데 뒤늦게 고구려 역사에 대해서만 떠들어대는 것은 참으로 부끄러운 일이다. 발해 역사도 엄연히 우리의 역사인데, 발해 역사는 가져가도 좋다는 말인가.

근래 우리나라 사학자들이 신문지상에 '고구려는 우리 역사' 라고 바보스런 대응을 하면서 廣開土好太王碑(광개토호태왕비)가 서 있는 지명을 오늘날 중국에서 쓰고 있는 대로 '지안(集安)' 이라고 쓰

「집안(輯安)」을 「집안(集安)」으로 쓰는 것은 고구려의 역사가 중국의 역사임을 자인하는 것이다.

는 것은 큰 잘못이다. 옛 사서에 있는 대로 '輯安(집안)'이라고 쓰고 발음해야, 고구려는 우리 역사라는 사실과 명실상부할 수 있다. 『중국고금지명대사전』에도 '輯安縣(집안현)'에 대하여 "漢末高麗丸都縣"이라고 분명히 고구려의 옛 땅임을 밝혀 놓았다.

중국에서 '輯' 자의 획수가 많다 하여 '集'으로 쓰고 있는 것도 모르고, 그것도 현재 중국음으로 쓰고 있는 '지안(集安)'으로 쓴다면 이는 고구려의 옛 지명이 아니라, 중국의 지명이며, 곧 중국의 역사가 되는 것이다. 한국의 사학자들이 이리고도 고구려는 우리 역사라고 주장할 자격이 있는지 묻지 않을 수 없다.

여기에 부언할 것은 최근에도 우리나라 수도인 '서울'을 중국인들을 위하여 '首爾(수이)'라고 명명한 것은 주체성 없는 처사이다.

동이족의 '夷(이)'는 오랑캐가 아니라, 활 잘 쏘던 우리의 조상

필자가 고증을 통하여, 東夷가 우리의 조상이라고 주장하는데 대하여, 그간의 잘못된 인식 때문에 회의를 가지는 사람이 적지 않다.

'한글학회'에서 편찬한 『우리말큰사전』에 "중국의 동쪽 나라의 족속, 옛적에 중국 사람들이 그들의 동쪽에 사는 겨레들을 업신여겨 일컫던 말이다."라고 풀이하여 놓았고, 모든 자전에 '夷'에 대하여 '오랑캐 이'라고 대표 훈음을 달아 놓았으므로, '東夷'에 대하여 일반적으로 올바른 뜻을 알 수가 없게 되었다.

『說文解字(설문해자)』에는 "東方之人(동방지인)" 곧 동쪽의 사람이라고 풀이하였고, 청대의 단옥재는 "東夷(동이)는 大人(대인)의 뜻이고, 동이의 풍속이 어질고. 어진 사람은 장수하기 때문에 군자가 죽지 않는 나라.("惟東夷從大, 大人也, 夷俗仁, 仁者壽, 有君子不死之國."『說文解字注』, 段玉裁.)"라고 극찬하였다. 또한 『說文通訓定聲(설문통훈정성)』에서는 "古文(고문)에서는 夷(이)가 仁(인)과 같고, 군자가 죽지 않는 나라이기 때문에 공자도 구이에 살고 싶어 했으며,

용비어천가(龍飛御天歌)에
처음 나타난 '오랑캐'

夷의 본뜻은 東方人(동방인)이며, 東方夷人(동방이인)은 싸움과 사냥을 좋아하여, 그 글자가 大와 弓의 회의자로서 大人이란 뜻.("夷字亦作, 與古文仁同, … 有君子不死之國, 故子欲居九夷也.… 夷之本義, 東方之人也. 東方夷人好戰好獵, 故字從大持弓會意, 大人也.",『說文通訓定聲』, 朱駿聲.)"이라고 더욱 구체적으로 풀이하였다.

　이처럼 중국 자체에서는 '夷' 곧 동이족에 대하여 훌륭한 민족으로 일컫고 있는데, 우리나라에서는 오랑캐, 곧 야만족으로 지칭하고 있다. 그러나 우리나라에서도『용비어천가』에 의하면 두만강 밖의 兀良哈(올랑합)이라는 지명에 살던 여진족이 우리의 변방을 자주 침입함에 그들을 변방 야만족으로 지칭하여 「오랑캐」라고 한 것인데(중국 문헌에도 올랑합에 대하어 명나라 때 몽고 동부의 지명이며, 종족명으로서 지금의 오양해라고 함), 뒤에 자전을 만들면서 '夷(이), 狄(적), 戎(융), 蠻(만)' 자에도 모두 '오랑캐'라는 훈을 붙이어 오늘날 잘못 쓰게 된 것이다. 더구나 「夷」는 우리의 조상을 일컫는 '동이족'인 것도 모르고, 오늘날 유무식을 막론하고 '夷(오랑캐 이)'라고 일컫는 것은 참으로 부끄러운 일이다.

　이처럼 우리 민족의 뛰어난 궁술은 고구려 시조 朱蒙(주몽, 自作弓失, 百發百中, 國俗謂善射爲朱蒙『三國遺事』, 곧 朱蒙은 활 잘 쏜다는 뜻)에서 李成桂(이성계)로 이어지고, 오늘날 여성 궁수들까지도 올림픽에서 늘 금메달을 휩쓸어 오는 것은 그 개인들의 각고의 노력도 있지만, 「동이족」의 피의 흐름이라고 할 수 있다.

만주벌에서 황하유역으로 내려가 황하 문명을 주도했던 우리의 조상 동이족이 오늘날 중국 속에서 우리 한국어와는 다른 체계를 가진 중국어를 사용하면서 살고 있기 때문에 이질민족으로 여기게 된 것이다.

그러나 중국의 유명한 갑골문 학자인 동작빈이 1950년대에 우리나라 경주에 와서 한국인들이 흰옷을 입고 男負女戴(남부여대)하고 다니는 모습을 보고, 마치 은나라 시대의 풍속을 보는 것 같다고 기행문을 쓴 것처럼 동이족의 주된 풍속이 중국에서는 거의 볼 수 없고, 우리 韓土(한토)에 면면히 이어지고 있는 것이다.

또 하나의 일화를 소개한다. 이미 작고한 안호상 박사가 중국 근대의 대문호 임어당을 만나 "중국은 왜 이렇게 어려운 한자를 만들어 수고스럽게 하느냐?"고 했더니, "한자는 곧 그대들의 조상이 만든 문자"라고 응수했다고 전한다.

활쏘기, 《단원 풍속도첩(檀園風俗圖帖)》
김홍도(金弘道) 作, 세로 28cm, 가로 23.7cm,
국립중앙박물관 소장.

활(大弓矢)
크기 지름 70cm, 국립중앙박물관 소장.

'夷' 자를 갑골문과 금문에서 찾아보면 '[illegible], [illegible], [illegible], [illegible](갑골문)', '[illegible], [illegible], [illegible](금문)' 등과 같이 허신이 풀이한 '大+弓'이 아니라, 갑골문

에서는 활의 모양만을 상형한 것인데, 금문에 이르러 활 위에 화살을 포개놓은 모양을 상형하였음을 알 수 있다. '⑻'의 형태로 그리지 않은 것은 활의 성질을 잘 알고 있었기 때문이다. 왜냐하면 활은 평상시에 활줄을 걸어 놓으면 탄력이 없어서 쓰지 못함으로 평상시에는 활줄을 빼 놓았다가 유사시에 걸어서 쏘는 생활을 한 사람들의 상형자인 것이다.

소전체에 이르러 자형이 '夷'와 같이 변하여 '大'자에 '弓'자를 더한 것 같이 보이지만, '大'는 곧 화살의 형태가 변형된 것임을 알 수 있다.

여하간 '夷'는 본래 활을 상형한 것임은 틀림없다. 이로써 볼 때 '東夷'는 곧 동쪽의 활 잘 쏘는 민족을 지칭한 것임을 알 수 있다. 그러므로 '夷'는 '오랑캐 이'가 아니라, '큰활 이'라고 해야 마땅하다.

또한 갑골문에서 '人(사람 인)'자는 '丿, 亻, 亻, 亻' 등의 자형으로서 활의 자형과 혼동이 되므로 금문에 와서는 '夷, 夷' 등과 같이 활 위에다 화살까지 그리어 명확히 구별하였고, 진대의 소전체에서는 '夷'자로 정리되어, 후한의 허신도 『설문해자』에서 '大'자와 '弓'자가 합쳐진 글자라고 풀이하였으나, 실은 '大'자가 아니라 화살의 모양이 변형된 것이다.

6

殷代(은대)의 백의 풍습이 韓土(한토)에 면면히

우리는 흔히 한민족을 '白衣民族(백의민족)'이라고 칭하여 오고 있다. 그렇다면 언제부터 우리 민족이 흰옷을 즐겨 착용하였을까가 궁금한 일이다.

중국의 갑골문 전문연구로 권위자인 董作賓(동작빈)이 1950년대에 한국을 방문하여 신라 고도인 경주를 시찰하고 귀국하여 기행문을 발표하였는데, 그 글 중에 경주 주민들이 흰옷을 입고 男負女戴(남부여대), 곧 남자는 지게를 지고 여자는 물동이를 이고 다니는 것을 보고, 마치 殷(은)나라의 풍습을 보는 것 같다고 말한 바 있다.

이로써 우리 민족이 흰옷을 착용한 습속이 적어도 은대까지 소급됨을 알 수 있다. 문헌상의 기록으로 살펴보면 다음과 같다.

중국 『산해경』의 해외서경에 "大荒地中, 有山名曰不咸, 肅愼氏之白民也.〔대황지 가운데 불함산이 있는데 그곳에 사는 肅愼氏(숙신씨, 우리 韓民族을 지칭함)는 흰옷을 입는 민족.〕"이라고 언급하였다.

또한 『삼국지』 위지 권30 동이전에도 "昔箕子去之朝鮮, 其人性

씨름,《단원 풍속도첩(檀園風俗圖帖)》
김홍도(金弘道) 作, 세로 26.9cm, 가로
22.2cm, 국립중앙박물관 소장.

1912년 일왕 명치가 죽자 조선에 요배소(遙拜所)를 설치하였다.
일인과는 달리 한인들은 모두 흰옷을 입고 있다.

愿懿少嗜欲有廉恥, 皆以濊爲民同姓不婚, 謹厚, 衣尙白, 其俗行者讓
路.(옛날 기자가 기서 실았던 조선 사람늘은 인성이 후덕하고, 욕심
이 적은 사람들로 염치가 있었으며, 모두 예맥족으로써 같은 성끼
리는 혼인하지 않고 근후한 생활을 하고, 흰옷을 즐겨 입었으며, 길
을 갈 때는 서로 양보하는 습속을 가졌다.)"라고 동이족은 백의민족
임을 강조하였다.

이밖에 『사기』권 2 조이피복 정의지리지(鳥夷皮服, 正義地理志)에
"靺鞨國古肅愼也 其國南有白山, 皆白其人處.(말갈은 옛날 肅愼이
다. 그 나라 남쪽에 백산이 있고, 그곳에 사는 사람들은 모두 흰옷을
입었다.)"라고 언급하였다.

『예기』단궁(상)에는 "殷人尙白, 大事斂用日中, 牲事乘翰, 牲用
白.〔은나라 사람들은 흰색을 숭상하여, 喪事(상사)에서 斂(염)은 한

낮 곧 햇빛이 하얀색일 때 하고, 전쟁할 때는 백마를 타고, 제물에도 흰색을 쓴다.)"라고 은나라 사람들은 백색을 숭상하였음을 강조하였다.

이로써 살펴보면 앞에서 동작빈이 언급한 대로 우리 민족은 은대의 풍습을 지금까지 면면히 이어 오고 있음을 알 수 있다.

근대에 외국인들이 우리나라를 다녀간 뒤 남긴 기록 중 한국인들이 흰옷을 입고 있다고 강조한 글들이 있다.

독일인 오페르트(Oppert. E. J)는 그의 『조선기행(Ein Verschlossenes Land : Reisen nach Korea)』에서 "옷감 빛깔은 남자나 여자가 다 희다."고 하였으며, 라게리(Laguerie. V.de)도 "천천히 그리고 육중하게 걸어가는 모든 사람들이 하얀 옷을 입고 있다."고 기록하였다.

속전에는 병인양요 때 프랑스 군대가 여름에 우리나라 서해안에 침입하여 망원경으로 육지를 살펴보니 남녀가 모두 흰옷을 입고 있는 것을 보고, 태양광선의 반사를 위하여 입은 줄 알고 과학이 매우 발달한 나라로 짐작하여 돌아갔다가 다시 겨울에 와서 망원경으로 살펴보니 여전히 흰옷을 입은 것을 보고, 과학이 아니라 습속인 것을 알고 1866년(고종 3년)에 침입했다는 이야기도 있다.

일본의 도리야마(島山喜一)는 그의 「朝鮮白衣考(조선백의고)」에서 고려가 몽골의 침략을 받아 나라가 망하자 망국의 슬픔 때문에 백의를 입기 시작했다고 하였고, 야나기(柳宗悅)도 조선인들이 백의를 입는 유래를 우리 민족이 겪은 많은 고통 때문이라고 주장한 바 있다.

그러나 위에서 이미 살펴본 중국의 『삼국지』 위지 동이전에 부여의 "在國衣尙白(재국의상백)"이나 변진의 "衣服淨潔(의복정결)", 고구려의 "其人潔淸(기인결청)" 등의 기록으로 보면, 일본인들이 말한 우리 민족의 백의습속은 결코 喪服(상복)의 의미가 아니었음을 알 수 있다.

우리 민족의 백의습속을 중국 사서에서 '淨潔(정결), 潔淸(결청)'의 관점으로 본 것은 매우 타당하다고 생각된다. 중국 단동에 살다가 대만으로 피난하여 살던 중국인이 나에게 들려 준 이야기에, 압록강 가에 살던 한국인들이 흰옷을 착용하고 살았는데, 겨울철에 빨래를 하는 습속을 보면, 큰 가마솥에 불을 때서 옷을 삶고, 또 압록강까지 이고 와서 얼음을 깨고 빛이 하얗도록 빠는 것을 직접 보았다며 한국인들이 매우 청결한 민족이라는 것을 감탄할 정도로 강조하는 것을 들은 바 있다.

필자는 우리나라 사람들을 '三白(삼백)의 民族(민족)'이라고 강조한 바 있다. 옛날부터 아무리 가난하게 살아 의복이 襤褸(남루)해도 저고리의 동정만은 흰 헝겊을 달았으며, 발에 신는 버선은 반드시 흰색 천으로 만들어 신었으며, 시집갈 때 새색시가 綠衣紅裳(녹의홍상)으로 곱게 꾸며 입더라도 소매 끝에 다는 汗衫(한삼)만은 반드시

흰색 천으로 달았다.

'동정 · 버선 · 한삼' 등 이 세 가지는 의복 중 가장 때타기 쉬운 것인데, 다시 말해서 빨래를 자주 해야 함에도 불구하고, 반드시 백색을 취했다는 것은 청결의 습벽이 전통적으로 내려오고 있음을 알 수 있다.

그래서 일상생활적인 면에서 볼 때는 자주 빨래를 해서 입어야 하는 흰옷을 국가적인 차원에서는 일종의 낭비생활로 보고, 이미 고려 · 조선조 시대에 「白衣禁止令(백의금지령)」을 내린 바 있다.

고려 충렬왕 때에 백의를 착용하지 못하도록 명을 내린 바 있고, 조선시대에는 태조 7년부터 태종, 세종, 연산군, 인조, 현종, 숙종, 영조 등 수차에 걸쳐 백의금지령을 내린 바 있다. 그러나 백성들은 별로 지키지 않고 여전히 흰옷을 착용하였다.

그 이유를 옷감에서 찾아보면 宋(송)나라 孫穆(손목)이 직접 고려에 와서 보고 저술한 『鷄林類事(계림유사)』에 "少絲蠶 每一羅直銀十兩. 故國中多衣麻苧.(명주는 적어 매 한 필의 값이 은 10냥이므로 그 나라 사람들이 모두 삼베와 모시 옷을 입었다.)"라고 기록한 바

❶ 1920년대 시골 서당
❷ 1910년대의 천안 5일 장터
❸ 1920년대 우시장
❹ 1950년대 우시장
❺ 1950년대 유세 현장

와 같이 우리나라는 織布(직포)의 재료가 일찍이 蠶絲(잠사) · 麻(마) · 葛(갈) 등이었으므로 그 바탕색이 우선 백색이다. 이 중 麻布(마포)는 담황색이지만 여러 차례 세탁을 거치면 역시 흰색이 된다. 또한 옛날에 염색의 재료와 기술이 별로 발달하지 않아 자연히 직포 그대로 착용한 데서 백의의 습속이 내려온 것을 완전히 부정할 수는 없다.

그러나 요즘처럼 무색옷이 화려 찬란하게 생산되는데도 불구하고 상복 · 제례복 · 수의뿐만 아니라 갓난아이들에게는 반드시 배내옷은 흰옷을 입히는 것을 보면, 본래 백의민족의 습속으로서 한민족의 끈질긴 상징임을 강조하지 않을 수 없다.

필자가 살던 고향에서는 1950년대까지도 5일 장날 모여드는 장꾼들을 보면 거의 남녀가 모두 흰옷을 입고 있었다. 모자는 비록 검은 두건을 써도 옷은 반드시 흰 바지저고리에 흰 도포나 두루마기를 착용하였다. 1920년대에는 서당의 아이들도 흰옷을 입었다.

무색옷 중에서도 검은 옷을 많이 입기 시작한 것은 6 · 25동란 이후이다. 왜냐하면 전쟁 중에 우리 옷감이 별로 없어 미군부대에서 흘러 나오는 헌 군복을 구하면 이른바 '국방색' 옷을 그냥 입을 수는 없으므로 시장 통에 검은 염색을 전문으로 하는 드럼통에 모두 집어넣어 검은색으로 변질시켜 입고 다니므로써 시장 거리가 백색에서 흑색으로 점점 변하기 시작하였다.

이렇게 우리 민족의 의복이 유색화되어 가고 있지만, 지금도 한여름에 하얀 모시 치마저고리를 꼿꼿이 풀을 먹여 입고 다니는 아낙네들의 기품있는 모습을 보면, 아무리 화려한 새로운 디자인의 의상으로도 비견할 수 없는 한국 고유의 미가 살아 있다.

은대의 갑골문은 우리 조상이 만들 글(契)

고대에 있어서 동이의 지역은 한반도를 지칭한 것이 아니라, 지금의 산동을 중심으로 한 일대였음을 먼저 올바로 인식해야, 우리 민족의 상고사를 바로 알 수 있다.

중국의 사학자 鄒君孟(추군맹)은 "화하족은 중국 원시사회 말기에 있어서 중원의 염제·황제 집단을 기초로 하여 동방 일부 이인집단(치우와 소호 일파)과 남방 일부 묘만집단(여와와 반호 일파)을 융합해서 형성된 것이다.〔華夏族是在我國原始社會末期, 以中原炎黃集團爲基礎, 融合了東方一部分夷人集團(主要是蚩尤和少昊這一支) 和南方一部分苗蠻集團(主要是女媧和槃瓠這一支)而形成的(華夏族起源考論.)〕"이라고 한 바와 같이 중국 민족, 곧 화하족은 이른 시대에 이미 동방의 蚩尤(치우)와 少昊(소호)가 지배하던 夷人集團(이인집단)이 융합되었다고 역설하였다.

치우에 대해서도 추씨는 역대 학자들의 고증을 들어 九黎(구려)의 군장으로서 동이집단에 속한다고 주장하였다. 소호에 대해서는 확

치우와 동이족 문화의 중심지였던 '대문구문화(大汶口文化)' 모습.

실히 치우의 후예로서 새를 토템으로 한 씨족 부락이었으며, 그 발상지는 산동성의 曲阜(곡부) 일대이며, 약 5000여 년 전의 유적지인 「大汶口文化(대문구문화, 山東省)」는 곧 소호의 집단인 동이족 문화의 중심지였다고 고증하였다.

치우에 대하여 우리나라 역사에서는 별로 연구된 바 없기 때문에 아는 사람이 거의 없으며, 소호에 대해서도 중국의 오제의 한 사람으로 인식하고 있는데 반하여, 중국의 역사학자들은 그 무덤까지 확인하고 분명히 동이집단의 군장이었음을 역설하고 있음은 우리의 역사 지식을 반성하게 한다.

지금이라도 우리 한민족의 발상지는 압록강과 두만강 이남의 좁은 한반도가 아니라, 저 광활한 흑룡강·송화강·요하를 중심으로 한 만주벌, 요동벌에서 시작하여 한반도로 진입하기 이전에 이미 황하유역으로 진출하여 황하문명의 주역으로서 활약하였음을 깨달아야 할 것이다.

이러한 역사의 진실이 밝혀지게 되면 한민족의 역사만 달라지는 것이 아니라, 세계의 역사가 달라지는 날이 오게 될 것이다.

일찍이 동이족은 중앙아시아쪽으로, 동남아쪽으로 진출하였을 뿐만 아니라, 베링해협을 넘어 북남미대륙까지 진출하였음을 알아야 한다.

아이를 낳았을 때 궁둥이에 푸른 점이 있는 것을 일반적으로 「몽골반점」이라고 일컬어 왔으나, 이것은 동이족의 역사를 모르는 근대 서양학자들에 의하여 와전된 명칭이다. 앞으로는 마땅히 「東夷斑點(동이반점)」이라고 칭해야 할 것이다.

근래 우리나라의 얼빠진 학자들 중에는 한민족의 뿌리를 몽골에서 찾겠다고 헤매어 다니는데, 참으로 어이없는 일이다. 우리 한민족의 연원은 은대 동이족까지 올라가지 않더라도 고구려 시대에도 이미 당시 어느 민족보다도 찬란했던 문화유적을 가지고 있다. 몽골은 원대의 칭기즈칸에 의하여 돌출한 나라인데, 어찌 한민족의 뿌리를 몽골에서 찾을 수 있을 것인가? 마땅히 몽골의 뿌리는 우리 한민족 문화에서 찾아야 할 것이다. 일시 원나라의 침략을 받아 일부 차용된 문화 흔적 때문에 우리 민족의 뿌리를 몽골에서 찾을 수는 없는 것이다.

또한 근대 서양인들의 학설에 의하여 한민족의 언어 계통을 「알타이어계」에 속한다고 일반적으로 인식하고 있는데, 「東夷語系(동이어계)」에서 오히려 알타이쪽으로 전파되었음을 새로이 깨달아야 할 것이다.

따라서 한국어와 중국어는 전연 이질언어가 아니라, 한자에 의하여 중국어가 형성되기 이전으로 거슬러 올라가면 동이족 언어로서 동계언어였음을 많은 자료로서 고증할 수 있다.

하·은시대만 소급하여도 국경도 불분명한 상태에서 인접해서 또는 중국의 사학자들이 주장하는 대로 융합해서 살았던 두 민족이 마치 무슨 장벽을 쌓아 갈라놓은 것처럼 전연 이질언어로서 중국어는 漢藏語系(한장어계)로서 孤立語(고립어)에 속하고, 한국어는 알타이어계로서 膠着語(교착어)에 속한다는 것은 일반상식으로 생각하여도 불가능한 것이다.

모든 단어가 「日·月·山·川·人·木·水·火」 등처럼 單音節語(단음절어)로서 형성된 것은 자연적인 언어 현상이 아니라, 인위적인 언어 현상임은 틀림없는 사실이다. 그러므로 단음절로서 구성된 한자가 쓰이기 이전의 고대 중국어는 이미 사라졌으나, 그 흔적은 동이계어의 주류로서 남아 있는 한국어에서 찾아볼 수 있다.

현재 우리나라 사람들은 유무식을 막론하고 대부분이 한자는 중국의 한족이 만든 것인데, 대략 서기전 3세기경(김민수 : 신국어학사)부터 차용하여 쓰고 있는 문자로 잘못 인식하고 있다.

특히 한글선용론자들은 한자도 일찍이 우리의 조상인 동이족이 만들었다는 학설과 주장에 대하여, 학문적인 고증도 없이 무조건 극력 부정함은 그 이유가 어디에 있는지 불가사의한 일이다.

한글뿐만 아니라, 한자도 우리 민족에 의하여 만들어졌다면, 그것은 참으로 자랑스러운 일이요, 결코 수치스러운 일이 아님에도 불구하고, 끝까지 한자를 차용문자라는 누명을 씌워 이 땅에서 축출하려 함은 우리 조상의 영광스러운 업적을 부정하는 바보 같은 짓이 아닐 수 없다.

중국의 사학자 王玉哲(왕옥철)이 "당란선생이 말하기를 '이들 상형문자와 상·주의 청동기 문자와 상대의 갑골문자 및 도기문자는 모두 하나로 이어온 것이다.' 라고 하였다. 이로써 우리들은 한자의 연원을 대문구문화시대까지 소급할 수 있다.(唐先生(蘭)說 : 這些象

은나라의 수도였던 은허에서 발견된 갑골편과 순장 무덤. 은나라는 부여와 같이 순장의 문화를 가지고 있었다.

形文字跟商, 周靑銅器文字, 商代甲骨文字以及陶器文字, 都是一脈相承的.' 由此, 我們可以把漢字的淵源, 追溯到大汶口文化時代."(中華遠古史)라고 언급한 바와 같이 한자의 연원은 '대문구문화시대'로 소급된다는 것이다.

필자는 중국 陝西省(섬서성) 서안의 半坡遺跡地(반파유적지)에서 발굴된 陶器(도기) 위에 새겨진 有意符號(유의부호)를 연구하여 현재로서 한자의 연원은 '대문구문화' 보다 약 500년 앞서는 대략 6,000년전 '仰韶文化(앙소문화)'에서 시작된다고 밝힌 바 있다.(「西安半坡陶符와 東方文字의 起源」)

중국의 사학자 張文(장문)이 "(전략) 나아가서 이 대문구문화는 동이 소호족 문화의 이어져 남김이라고 단정한다. 고고학계는 실물자료에 근거해서 「대문구문화와 산동 용산문화는 틀림없이 동이 제부락의 오랜 문화 발전의 선후 양단계일 것이라」고 여긴다. (중략) 대문구문화는 중기 후반부터 시작하여, 양저문화의 영향을 받은 것이다. (중략) 뒤에 산동 용산문화의 발전을 거쳐서 마지막으로 갑골문자의 만듦을 이끌어낸 것이다. (중략) 어떤 학자는 일찍이 중국 고대 문화 모두가 동이와 관계가 있다고 언급하였다. 이상으로 볼 때, 매우 일리가 있다.(進而斷定此大汶口文化爲東夷少昊族文化之遺存. 考古界從實物資料出發亦認爲,「大汶口文化和山東龍山文化, 很可能是東夷諸部落遠古文化發展的先後兩個階段.」……大汶口文化自中期後段開始, 受到了來自良渚文化的影響. …… 後來經過山東龍山文化的發展, 最終導致了甲骨文字的産生……有學者曾謂中國古文化多與東夷有關. 以上觀之, 是很有道理的.")〈大汶口文化陶尊符號試解〉이라고 고증한 바와 같이 '대문구문화'는 동이 소호족 문화의 遺存(유존)으로서 '良渚文化(양저문화)'의 영향을 받아 뒤에 '龍山文化(용산문화)'로 발전하여, 마침내 '甲骨文字'를 만들어냈다는 것이다.

대만의 문자학자 李敬齋(이경재)는 "대저 동이는 어떤 사람인가, 곧 마음이 너그럽고 자상하며, 무력보다는 예술을 숭상하는 사람들이다. 그 대표 인물이 순임금(맹자는 순은 동이사람이라 하였다)이다. 그는 지극히 어질고 효성스러워 남에게서 천하를 양위받을 수 있었고, 또한 남에게 천하를 양위하였다. 참으로 고금중외에 더 없는 최고의 성인이었으므로 공자나 맹자가 그를 매우 찬양하였다. 그 다음이 契(설) 같은 이인데, 순은 설을 사도로 삼았다. 사도는 곧 지금의 교육부장관으로 문화를 널리 보급하는 책임을 졌다. 서경에 설로 하여금 인륜을 밝히었다고 말하였다. 옛날에 창힐을, 글자를 만든 시조라 하였는데, 실은 「契(글)」이 곧 「蒼頡(창힐)」의 합음이다. 우리나라 문자는 동이인이 다 창조한 것인데, 설이 널리 보급한 까닭에 造字(조자)의 공이 설에게로 돌아갔음을 알 수 있다. 여러가지 고문을 대략 비교한즉, 동이가 문자의 지혜에 대해서는 西夏(서하) 보다 우세하였으며, 동이인이 이미 교육권을 장악하였기 때문에 諸夏(제하)가 동이의 문화를 전적으로 수용했음을 알 수 있다. (중략) 공자는 은나라 사람이며 창힐의 후예요, 상탕의 자손이다. 宋(송)에서 魯(노)로 이사하였으니, 곧 지금의 商邱(상구)에서 곡부로 옮긴 것이다. 곡부는 소호의 고도이며, 상구는 三毫(삼박)의 중심이며, 모두 동이문화의 발원지이다.〔夫東夷果何等人耶, 乃愷悌慈祥, 薄武力而

전설에 한자를 만들었다고 하는 창힐

崇藝術之人也. 其代表人物如舜(孟子曰舜, 東夷之人也.).……其次如契, 舜使爲司徒, 司徒卽今之敎育部長, 負推廣文化之責, 書曰「使契明倫」. 古稱「蒼頡」爲造字之祖, 實則「契」卽「蒼頡」之合音. 可見我國文字東夷人亦多所創造, 而爲契所推廣因以造字之功歸之契, 如將東土西土古文略一比較, 卽知東夷對於文字之智慧優於西夏, 東夷人旣握有敎育權, 古諸夏盡受東夷之文化. ……孔子, 殷人也. 蒼頡之後, 商湯之苗裔也. 由宋徙魯, 卽由今之商邱遷於曲阜, 曲阜爲少皞之故都, 商邱爲三毫之中, 皆東夷文化之發源地.”〕(整理文化中途自

述)라고 역설한 바와 같이 동이족의 대표적인 인물은 舜(순)과 契(설)을 들 수 있으며, 이른바 한자를 처음 만들었다고 하는 '蒼頡(창힐)'은 곧 契(설)과 동일인물이며, 중국의 문자는 모두 동이인이 창조하였으며, 공자도 동이족인 은나라 사람의 후예이며, 공자의 고향인 곡부는, 곧 소호의 고도로서 동이문화의 발원지라는 것이다.

이상과 같이 중국의 학자들이 여러 가지 유물을 객관적으로 고증하여, 한자는 동이족의 문화인 앙소문화 · 대문구문화 · 용산문화 등을 거쳐 약 3,400년 전의 은대 '갑골문'으로 발전된 문자라는 것이다.

다시 말해서 중국 학자들은 은대의 '갑골문'은 고대 여러 부족 중 황하이북의 북방민족인 '동이족'에 의하여 만들어졌다고 이구동성으로 주장하고 있다.

이처럼 확연히 고증된 역사적인 사실을 우리나라의 한글전용론자들이 부정히는 것은 거듭 강조하지만 무지와 편견이 아닐 수 없다. 나아가 민족사관과 민족정기를 흐려 놓고 있다.

은나라 때에 이미 갑골문이 대단히 발달하여, 1899년에 출토된 이후 현재 약 4,000여 자가 발견되었고, 그중 완전 해독된 글자만도 1,200여 자가 된다. 그렇다면 그 당시 문자의 명칭이 있었을 것이다.

'文'은 은대의 갑골문에 '𡥀, 𡥀'의 자형으로 쓰였지만, 사람의 가슴에 문신을 한 것을 상형하여 '무늬'라는 뜻으로 쓰였지, 글자의 뜻으로 쓰인 것이 아니다.

'字'는 은대에 만들어진 것이 아니라, 주대의 금문에 비로소 '𡥀, 𡥀'의 자형으로서 집 안에서 아이를 낳다의 뜻으로 쓰였지, 글자의 뜻으로는 쓰이지 않았다.

이러한 '文'과 '字'가 춘추시대 이전에는 '文'만 글자의 뜻으로 쓰이다가, '字'가 글자의 뜻으로 쓰인 것은 진시황 때 呂不韋(여불위)의 『여씨춘추』에 "有能增損一字者, 予千金.(한 글자를 더하거나 뺄 수 있는 사람이 있으면 천금을 주겠다.)"이라고 쓴 것에서 비롯되었으며, '文字'로 합해져 글자의 뜻으로 쓰인 것은 진시황 28년(B.C. 219)에 琅邪刻石(낭야각석)에 "同書文字(동서문자)"라고 쓰인 것이 최초다.

은나라 때는 '㓞'의 자형으로써 문자의 명칭으로 썼다. 문자의 시작은 상호 약속에서부터 시작되었음을 시사한다. 곧 상대에게 돼지 다섯 마리를 빌려주었다가 뒷날 다시 받으려면 어떠한 징표가 필요했을 것이다. 옛사람들은 나무판에 '丰'의 형태로 칼로 다섯이란 숫자를 표시하여 자연스럽게 반으로 쪼개어 서로 간직하고 있다가 후에 서로 맞추어 일치되면 약속을 이행했던 것이다. 이것이 이른바 若合符節(약합부절)이란 말로 전해지고 있는 것이다. 그것을 형상화하여 '㓞'의 자형으로 나타낸 것이다. 이 글자가 뒤에 더욱 구체적으로 표시하여 나무판(木)에 칼(刀)로 숫자를 새겼다(丰)는 뜻의 '栔'의 자형으로 변하여, 다시 이러한 약속은 큰 약속, 곧 '大約(대약)'에 행한다는 뜻으로 '契'의 자형으로 바뀌었다. 현재 이 '契'자의 음이 '계, 설' 등으로 쓰이지만, 고음은 '欺訖切(기흘절)'의 反切音(반절음)으로서 '글'이었다.

문자의 명칭을 '글'이라고 하는 민족은 세계는 물론 아시아에서도 우리 한국 밖에 없다. 은나라 때 문자의 명칭으로서 이미 '㓞'의 자형이 있고, 또한 그 자음이 '글'이라면, 이 글자를 만든 민족이 누구일 것인가? 오늘날까지 그 말을 사용하고 있는 우리 한민족의 조

세계문화유산으로 지정된 은나라의 수도였던 은허

상인 동이족이 만들었음은 贅言(췌언)이 불필요하다.

혹자는 오히려 한자의 '契' 자의 음에서 우리말의 '글' 이 쓰이게
되었을 것이라고 추측하는데, 매우 잘못된 생각이다. 말이 먼저이
지 글이 먼저일 수는 없는 것이다. 더구나 우리말에 '쓰다' 의 고어
인 '긋다' 와 '그리다' 가 '글(鍥)' 과 동어원이고, 더구나 우리는 옛
날 글을 나무판에 새기던 도구인 '끌' 이란 말까지 있는 것으로도
우리말의 '글' 의 연원이 은대의 '𡤱' 에 이어짐을 부정할 수 없을 것
이다.

또 어떤 사람은 세종성왕이 우리말을 만들었다고 생각하여 '글'
이란 말이 세종성왕 때부터 시작되는 것으로 착각하는 사람도 있
다. 세종성왕은 '訓民正音(훈민정음)' 곧 한글이란 문자를 창제한 분
이지, 우리말을 만든 분이 아니다.

여기서 부언할 것은 오늘날 우리나라 사람 중에는 상당히 유식한

사람들도 한글로만 쓸 수 있는 말이 '우리말'이라고 착각하는 사람이 적지 않다. 다시 말해서 '아버지, 나라'만이 우리말이고 '父親(부친), 國家(국가)'는 중국말이라고 생각하여 한자어를 배척하는 사람들이 있다. '부친, 국가'라고 발음하는 나라는 우리 한국 밖에 없다면, 엄연히 우리말 곧 국어이지, 다른 나라 말일 수 없는 것이다.

더구나 '글'이란 말이 고려시대를 소급하여 고구려 시대에도 쓰였는데, 우리말의 '글'의 연원은 은나라 때 쓰인 '契(글)'로 이어짐에 조금도 이상할 것이 없다.

이상의 서술을 다시 강조하면, 황하문명의 주역은 우리의 조상인 동이족이며, 이른바 '갑골문'은 한자가 아니라, 우리의 조상이 만든 '글(契)'인 것이다.

한자의 정확한 명칭은 古韓契(고한글)이라고 해야

    한자는 이른바 한족이 아닌 동이족에 의하여 만들어졌다는 학설까지는 인정하면서, 그 동이족은 우리의 조상이 아니라, 지금의 중국 민족이라고 억지를 부리는 일부 한글전용론자들을 올바로 이해시키기 위하여 좀 더 고증하고자 한다.

    한자는 『여씨춘추』, 『한비자』, 『설문해자』 등의 기록에서처럼 黃帝(황제) 시대에 倉頡(창힐, 蒼頡)이 처음 단독으로 만든 문자가 아니라, 전국시대 趙(조)나라의 순황이 편찬한 『순자』의 해폐편에 "好書者衆矣, 而蒼頡獨傳者壹也.(글을 좋아한 사람은 많았겠지만, 창힐

금문	전서	예서	해서

〈 '漢(한)' 자의 자형 변천〉

만이 전할 뿐이다.)"라고 이미 B.C. 3세기에 언급한 바와 같이 한자는 여러 시대, 여러 지역, 여러 사람에 의하여 만들어지고, 갈고 닦여져 내려오는 문자이다.

일반적으로 한족에 의하여 만들어진 문자가 한자라고 생각하는 '漢'이라는 글자에 대하여 우선 살펴보고자 한다.

'漢'자가 은대의 갑골문에는 없고, 주대의 금문에 비로소 '𣶏'의 형태로 나타나고 진대의 小篆(소전)에 '𣾭'의 형태를 거쳐 오늘의 '漢'자로 쓰이게 된 것이다. 또한 '漢'에 대하여 『설문해자』에서는 "漢漾也. 東爲滄浪水, 從水難省聲.〔漢은 漾(양)이라는 강물이다. 동쪽은 滄浪水(창랑수)라 한다. 水의 形符(형부)에다 難(난)자를 생략하여 '𦰩'으로써 聲符(성부)를 삼

「설문해자」의 '한'

아 만든 형성자이다. 첨언하면 漾(양)은 강물의 이름인데, 섬서성 영강현의 북쪽 嶓冢山(파총산)에서 발원하는 漢水(한수)의 상류를 말함.〕"이라 하였고, 『정자통』에서는 "水名本作(수명본작)"이라고 한 바와 같이 '漢'은 결코 처음 만들어질 때부터 '漢族(한족)'의 명칭이나 '漢'이라는 나라의 명칭으로서 만들어진 글자가 아니라, '漢水(한수)'라는 강물 명칭으로서 만들어진 글자임을 알 수 있다.

'한족'에 대해서는 『辭海(사해)』에 "漢時兵威遠震, 外國人均稱我國人曰漢人, 魏晉以降, 仍有此稱, 由是我國人遂自名爲漢族.(한나라

때 군대의 위세가 멀리까지 떨치어 외국인들이 모두 우리나라 사람들을 일컬어 '한인' 이라고 하여 위진시대 이후에, 곧 이러한 명칭이 있음으로써 우리나라 사람들도 드디어 스스로 '한족' 이라고 이름하게 되었다.)"이라 하였고, 朱星(주성)은 『漢語槪論(한어개론)』에서 "漢族的名稱起的很晚, 到漢武帝·宣帝以後, 才開始稱漢族.〔한족의 명칭이 생긴 것은 매우 늦어서 한나라 武帝(무제), 宣帝(선제) 이후에 비로소 한족이라고 일컫기 시작했다.〕"이라고 상세히 언급한 바와 같이 '한족' 이라는 명칭은 황하문명을 이룩하던 상고시대로부터 일컬어진 것이 아니라, 위진 또는 한나라 무제 선제 이후에, 그것도 외국인들에 의하여 일컬어진 명칭이 중국인들에게 역수입되어 쓰인 것이다.

'한자' 도 『元史(원사)』 兵志(병지)에 처음으로 나타나는 用語(용어)로 고대로부터 중국인들 스스로 '漢字' 라는 명칭을 쓴 것이 아니라, 원나라 때 몽고인들에 의하여 붙여진 명칭인데, 이 명칭이 한국 일본 등에 전파되고, 오히려 중국에 역수입되어 쓰인 것이다.

이상을 종합하여 볼 때 '한자' 를 '한족' 이 만들었다고 생각하는 것은 매우 잘못된 사실임을 알 수 있고, '한자' 라는 명칭도 오늘날 중국

『漢字』라는 명칭이 처음 쓰인 『元史』 兵志의 해당 부분

의 입장에서는 '한자'가 아
니라, '중국문자'라고 해야
할 것이다.

그렇다면 은대에 완벽
한 문자로서 쓰였던 이른
바 '갑골문'을 무엇이라고
일컬어야 마땅할까를 논
하지 않을 수 없다.

앞에서 언급한 바와 같
이 은대 당시에는 '契(글)'
이라 하였으니, 갑골문 자
체를 칭할 때는 殷契(은글)

중국의 석학 곽말약이 지은 「殷契粹編(은글수편)」

또는 商契(상글)이라 하여도 되겠으나, 우리의 조상인 동이족이 만
들었다는 것을 알게 된 오늘의 우리 한국 입장에서 볼 때, 대내적인
명칭으로서는 '古韓契(고한글)'이라 일컫고, 대외적인 명칭으로서는
현실을 감안하여 '東方文字(동방문자)'라고 일컫는 것이 타당하다고
생각하는 바이다. 언제까지나 잘못된 '한자'라는 명칭을 이 땅에서
계속 쓰는 한 한자는 중국의 문자를 빌어다 쓰는 '借用文字(차용문
자)'라는 의식에서 절대로 벗어날 수 없다.

한국어와 중국어는 본래 同系語(동계어)

황하문명을 이룩했던 동이족이 商(상)나라의 멸망으로 크게 약화되어 뿔뿔이 흩어지게 되었다. 그러나 상나라의 유민들이 모두 한반도로 옮겨온 것이 아니라, 황하유역에 그대로 남아 살았기 때문에 혈통적으로 본다면 오늘날 중국 민족의 상당수가 동이족계임은 부정할 수 없는 사실이다.

은(상)나라의 청동기

상나라 유민들이 생계를 위하여 떠돌아다니며 장사를 했으므로 周나라 사람들이 그들을 지칭하여 '商人(상나라 사람)'이라고 한 것이 오늘날의 장사꾼의 뜻으로 轉義(전의)되어 쓰이게 된 것이다. 다시 말해서 '商'은 본래 청동기의 모양을 상형한 글자로서 나라의 명칭으로만 쓰였던 것인데, 상나라가 망한 뒤에 '商(장사 상)'의 뜻으로 쓰이게 된 것이다.

동이족으로서 우리와 동계어를 사용했던 상나라 사람들이 어째서 우리 한국어와 이질적인 언어로 변질되었느냐를 밝히는 것이 언어사적인 면에서 매우 중요한 문제이다.

근래 서양 언어학자들의 피상적인 연구에 의하여, 한국어는 알타이어계의 膠着語(교착어)이고, 중국어는 漢藏語系(한장어계)의 孤立語(고립어)라고 분별한 학설에 대하여 그동안 우리의 국어학자들은 치밀한 객관적 분석과 비판을 가하지 않고, 그저 수용하고 학생들에게 교육함으로써 오늘날 우리 국민의 대부분이 본래부터 한국어와 중국어는 전연 이질적인 언어로 병존하여 온 것으로 착각하게 만들었다.

한자는 본래 無聲字(무성자)였다고 중국의 문자 학자들이 주장하는 바와 같이 한자의 초기 조자 방법은 依類象形(의류상형), 곧 사물의 윤곽을 본떠서 '⊙, ☽, ✳, 〻, ⌒' 등과 같이 상형문자로 출발하였기 때문에 표음문자처럼 교육하지 않아도 다만 시각적으로 그림을 보듯이 인식할 수 있었다. 따라서 초기에는 모두 무성자였으나, 그 수가 늘어나면서 자음으로 읽는 분별이 필요하게 되자 '일, 월, 목, 수, 산' 등과 같이 모두 단음절로 음을 주입하게 된 것이다.

이와 같은 방법을 일관하여 조자함으로써 依類象形字(의류상형자)를 바탕으로 하여 形聲相益(형성상익)의 방법으로 만든 會意字(회의자)와 形聲字(형성자)도 모두 단음절로 자음을 달았다. 따라서 한자는 자획이 가장 간단한 '一(한 일)' 자에서 가장 복잡한 64획의 '䨺(말 많을 절)' 자에 이르기까지 약 60,000자의 한자가 모두 단음절로 되어 있다.

인류가 사용하는 어떠한 언어도 그 어휘가 1음절, 2음절, 3음절 등 다양하게 되어 있는 구조가 자연스러운 현상이다. 그러나 한자는 일률적으로 단음절이라는 것은 구어 그대로의 자연스러운 어휘가 아니라, 인위적인 문어음임을 알 수 있다.

이로써 오늘날 중국어는 한자의 인위적인 자음에 의한 재생된 언어이기 때문에, 한자 사용 이전의 구어로서 고대 중국어는 사라졌음을 알 수 있다.

그러나 한국어는 비록 부단히 변천하여 왔으나, 이른 시대부터 사용하던 구어를 지속하여 왔기 때문에 그 음운 변천의 규칙을 소

漢字 書體 變遷表

時代	書體名	貝	鳥	魚	馬	龍	長
殷	甲骨文						
周	金文						
秦	小篆						
	隷書	貝	鳥	魚	馬	龍	長
漢	楷書	貝	鳥	魚	馬	龍	長

급하여 고증하면, 상고시대 동
이족 언어의 모습을 찾아낼 수
있다.

따라서 이미 사라진 고대 중
국어는 동이족어로서 동계어였
기 때문에 오늘날 한국어를 통
하여 再構(재구)할 수 있다. 반면
에 한자음과 한국어를 비교 연
구하여 소실된 한국어의 어휘를
찾아낼 수도 있다.

청동기에 나타난 은나라 시대의 얼굴 모습

이상과 같은 역사적인 과정
을 거치면서 오늘날 중국어가 고립어의 형태를 가지게 된 것이지,
결코 본래부터 고립어 형태의 구어가 아니었다.

한·중어의 어순과 자음의 비교

　　오늘날 中國語(중국어)는 본래부터 孤立語(고립어) 형태의 口語(구어)가 아니었다. 예를 들면 '我食(아식)(吃)飯(반)'의 형태로 시제의 구별도 없고 서술, 명령, 청유 등의 구별도 없는 구어는 있을 수 없는 것이다. 또한 어순에 있어서도 우리 한국어와 크게 다른 것은 목적어와 서술어가 도치된 것을 지적하지만, 고대 중국어에 있어서는 우리 한국어처럼 '목적어＋서술어'의 순서로 표현된 것도 적지 않다. 예를 들면 『사기』의 '兎死狗烹(토사구팽, 토끼가 죽으니 개를 삶는다)'을 오늘날 중국어순으로 표현한다면 마땅히 '兎死烹狗(토사팽구)'라고 했어야 옳다. '狗烹(구팽)'은 한국어순과 같다. 또한 언어의 발달은 유아의 언어 습득 과정을 통하여 엿볼 수 있는데, 중국 아이들도 '밥(飯)'이란 말부터 배우게 되어 있지, '먹다(食)'란 말부터 배울 수 없는 것이다. 그러므로 자연스러운 어순은 '나 밥 먹을래〔我飯食(吃)〕'라고 해야지, '나 먹을래 밥〔我食(吃)飯〕'이라고 하는 것은 후대에 일어난 인위적인 문법어순인 것이다.

한자에 있어서 '父'의 자형은 자식이 잘못했을 때 회초리를 들고 아들의 종아리를 때려서 올바로 가르치거나, 적이나 맹수를 만났을 때, 아버지가 몽둥이를 들고 앞장서서 방어한다는 뜻에서 손(⺕)에 회초리나 막대기를 든 것을 상형하여 갑골문에 '𣱵, 𣱵' 자로 변형된 것이다. '父' 자에 대하여 중국의 문자학자 郭沫若(곽말약)은 석기시대에 남자가 돌도끼(石斧)를 가지고 일하는 모습을 상형한 글자로서 '斧(도끼 부)' 자의 初字(초자)라고 풀이하였으나, 은대의 발달된 생활수준으로 볼 때 별로 타당성이 없다.

　　여하간 자형은 '𣱵 → 父'와 같이 만들어졌지만, '부'라는 자음이 어떻게 취해졌는가를 찾아내는 것이 중요한 문제이다. 우리말에서 '父'에 해당하는 말을 찾아보면, 고어의 '아비'를 비롯하여 '아버지, 아부지, 아바니, 아바이, 아버니, 아버이, 아부니, 아부이' 등 여러 형태의 방언이 있지만, 어두음절의 '아'는 호칭성의 요소이고, 말음절은 접미사로서 의미요소가 아니므로 결국 의미요소는 '버, 부, 바' 등임을 알 수 있고, 이 어근은 고어로부터 방언에 이르기까지 子音 'ㅂ(p)' 음을 유지하고 있음도 엿볼 수 있다. 음운변천에 있어서 모음은 유동적이다. 곧 한자의 '父'의 자음은 우리말의 어근이 주입되었음을 알 수 있다. '父'의 반절음은 '扶雨切(부우절), 奉甫切(봉보절), 方矩切(방구절)' 등으로 현재 중국음으로서는 경순음인 [fu]이지만, 중국에서도 고대에는 경순음이 없었기 때문에 [pu]였음을 알 수 있다. 한국 한자음에서는 '父'의 자음이 자고이래로 [pu]로서 동일함을 보아도 '父'의 자음이 우리말의 어근이 주입되었음을 재확인할 수 있다. 중국에서도 호칭시에 '阿父(아부), 阿母(아모), 阿八(아팔)(父), 阿兄(아형), 阿弟(아제), 阿叔(아숙), 阿妹(아매), 阿耶(아야)(父), 阿爹(아다)(父)' 등과 같이 '阿'를 어두에 부치는 것을 보면, 우리말의 '아버지, 어머니(오마니), 아저씨, 아주머니, 아우' 등의 '아'와 같이 중국에서도 구어에서 호칭시에는 먼저 '阿(아)'라는 소리를 발음하였음을 알 수 있다.

'母'의 자형은 무릎을 꿇고 두 손을 앞으로 모으고 앉아 있는 모습의 '✦ → 女'자의 형태에서, 여자가 어머니가 되는데 있어서는 가장 요긴한 것이 젖이므로 '✦'의 자형에 두 개의 젖을 더하여 '✦ → 母'의 자형으로 나타낸 것이다.

부언하면, 우리의 조상들은 이미 수천년 전에 어머니로서의 근본 구실을 자형에도 분명히 나타내었는데, 오늘날 젊은 어머니들이 자신의 젖이 쭈그러들까봐 싸매 놓고 아기에게 소젖(牛乳)을 먹이는 것은 모성애의 근본을 저버린 것이다. 모유에는 아기들의 모든 病源(병원)을 제거할 수 있는 요소와 아이의 머리를 총명하게 만드는 요소가 들어 있다고 하니, 한국의 젊은 어머니들도 조속히 모유 먹이기를 실천해야 할 것이다.

'解(풀 해)'의 자형을 분석하여 보면, 이 글자가 왜 어렵고 곤란한 문제를 해결한다는 뜻인지를 알 수 있다. '解'자는 곧 '角(뿔 각)',

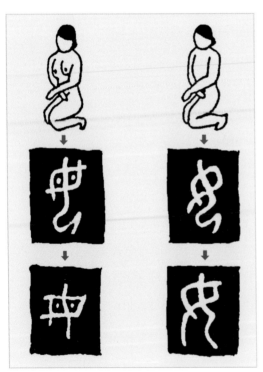

'母(모)'자와 '女(여)'자의 상형모습

'刀(칼 도)', '牛(소 우)'의 석자가 결합된 회의자이다. 지금은 소가 길들어 매우 순하지만, 野牛(야우)시대는 소가 가장 무서운 맹수였다. 그 맹수인 소를 잡는 데는 칼로 뿔만 빼버리면 해결된다는 뜻에서 '풀다'의 뜻으로 쓰이게 된 것이다. 이처럼 소에는 맹수성이 들어 있는데 아이를 낳자마자 소젖을 먹이게 되면 아이의 몸속에서 우선 맹수성이 자라게 되어 있음은 깊은 연구를 통하여 알 수 있는 것이 아니다. 오늘날 한국의 청소년들이 나이에 맞지 않게 잔인한 범죄 행위를 하는 것이 모두 영아에게 소젖 먹인 인과응보라고 해야 할 것이다.

'母'의 발음인 '모'가 어떻게 취해졌을까? '父'의 발음과 마찬가지로 '母'에 대한 한국어의 고어 '어미'를 비롯하여 '어머니, 어마니, 어머이, 어무이, 오마니' 등의 여러 형태에서 역시 호칭 요소인 어두음절의 '어'와 접미사인 말음절을 제거하면, 어근은 고어로부터 방언에 이르기까지 자음 'ㅁ(m)'의 음은 우리말의 어근이 주입되었음을 알 수 있다. '母'의 반절음은 '莫厚切(막후절), 莫後切(막후절), 莫胡切(막호절)' 등으로 중국에서도 중순음으로 한국어와 동일하다. 앞에서도 언급했지만 중국어에서도 옛부터 호칭시에는 '阿母(아모)'라는 말을 써 왔다.

이상의 고증으로써 중국에서 본래부터 '父', '母'를 구어로 '부', '모'와 같이 발음한 것이 아니라, 다음절어의 구어의 형태에서 어근이 되는 [pul], [mu, mo]를 취하여 자음을 만들었음을 알 수 있다.

한자문화권의 근간을 이루는
최고의 언어는 韓語(한어)

『논어』의 마지막 구절에서 "不知言, 無以知人也.(말을 모르면, 그 사람을 알지 못한다.)"이라고 공자는 말의 중요성을 강조하고 책명 그대로 '논어'를 끝마쳤다.

'身言書判(신언서판)'이란 말이 있지만, 남을 처음 만나 그 사람을 알 수 있는 가장 좋은 수단은 그 사람의 말을 들어보는 것이다. 이 위대한 공자의 말씀을 확대하면, 한 민족의 역사를 알려면 그 민족의 말을 알아야 한다는 것으로도 해석할 수 있는 평범 속의 진리이다.

그래서 필자는 '한민족의 언어는 녹슬지 않는 청동기다.'라고 강조하는 바이다. 우리는 한 민족의 역사를 거슬러 올라가 연구하다 보면, 그 문화유산이 비록 금석문이라 할지라도 오랜 세월을 지나오는 동안 대부분 泯滅(민멸)되어 볼 수 없지만, 오히려 무형의 언어는 거의 영구적이다. 실은 언어도 시간과 공간에 따라 음운변천도 있고, 어휘가 전의·확대·소멸되기도 하지만 형체 자체가 물질유

산처럼 완전히 사라지지는 않는다. 또한 언어의 음운변천은 무질서
하게 변하는 것이 아니라, 그 변천의 맥이 이어져 있기 때문에 우리
는 전문적인 연구를 통하여 고대로 소급하여 그 원형을 재구할 수
있다.

이런 면에서 우리 한민족은 수많은 국내외적인 병화로 인하여 대
부분의 역사유물이 소실되어 버렸지만, 다행히 우리는 황하문명을
중심한 한자문화권에서 가장 역사 오랜 섬세한 언어체계를 가진
'韓語(한어)'를 면면히 지켜오고 있는 것이 우리 민족의 자랑이라고
할 수 있다.

한자문화권의 한자통일을 위하여 필자가 주관하여 전국한자교육 추진총연합회가
국립중앙박물관에서 2013년에 개최한 「漢字書同文 國際學術大會(한자서동문 국제학술대회)」

현재 우리가 쓰고 있는 어휘의 70% 이상이 한자어로 되어 있고, 그 어휘의 조어는 대부분 중국에서 만들어진 것이 유입되었고, 근대에 와서는 일본인들의 한자로 만든 신조어가 상당수 유입되어 쓰이고 있지만, 고유어로서 우리 한어의 역사는 중국이나 일본에 비교가 되지 않을 만큼 오랜 역사를 가지고 있다.

앞에서 논급한대로 중국어는 한자가 형성된 뒤에, 인위로 매 글자의 음을 주입하고, 뒤에 그 한자음을 연결하여 구어를 구사함으로써 한자 이전의 이른 시대 중국어는 소멸되어 버린 것이다. 일본어의 경우는 단적인 예를 들면, 숫자의 경우 고유어로서 하나에서 열까지 밖에 셀 수 없다. 열 하나에서부터는 한자음으로 셀 수밖에 없는 말이다. 이로써 보면, 일본어에서 한자어나 외래어를 제거하면 원시 초보단계의 언어를 면할 수 없는 언어이다. 그 중에서도 우리 한어의 차용어가 대부분을 차지한다.

이런 면에서 한자문화권의 근간을 이루는 언어는 한국어이다. 다시 말해서, 고대 중국어나 일본어를 알려면 한국어를 연구하지 않으면 안 된다.

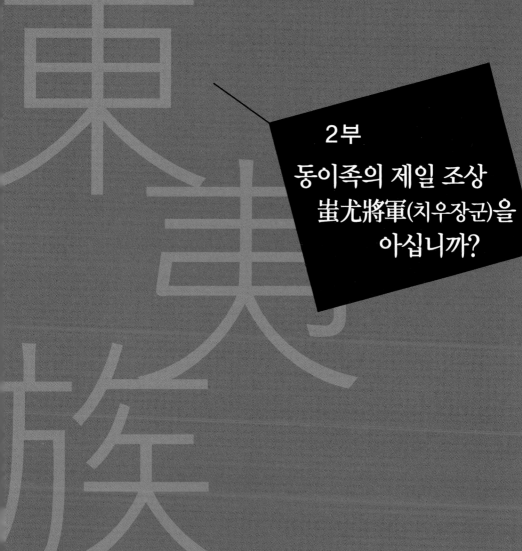

2부
동이족의 제일 조상
蚩尤將軍(치우장군)을
아십니까?

한민족의 上古史(상고사) 정립이 시급

　오늘날 우리 한민족을 돌아볼 때, 오천 년 역사상 경제적으로는 가장 풍요로운 생활을 누리고 있음은 매우 자랑스러운 일이겠으나, 반면에 제 민족의 상고사를 스스로 잘라 버리고, 일부 외래종교 광신도들이 국조 단군상의 목을 치러 다니고 있음은 가장 부끄러운 일이다.

　역사적으로 살펴보면 어느 민족보다도 수 없는 국난을 당하면서도 투철한 애국심으로 오천년 社稷(사직)을 지켜 온 「선비정신」은 어디로 사라지고, 왜 이 지경이 되었는지 통탄하지 않을 수 없다.

　필자는 그 주된 이유를 멀리는 무수한 대내외 전란으로 史籍(사적)이 거의 泯滅(민멸)되어 韓土(한토)에서는 거의 찾아볼 수 없으므로 부득이 우리의 상고사 자료를 의도적으로 위축시킨 중국 사서에 의존하여 짜깁기식으로 편찬하였기 때문이고, 가까이는 일제가 침략하여 고의적으로 왜곡시킨, 더구나 상고사를 일본 역사보다 능가할 수 없도록 제거해버린 상태에서 국사교육을 받은 자들이 조국

광복이래 70년이 넘도록 학연과 인맥으로 주도하고 있는 식민사관 때문이라고 강조하여 지적하는 바이다.

필자가 '東夷(동이)'와 蚩尤(치우), 少昊(소호)에 대하여 남다른 관심을 가지게 된 것은 1967년부터 중화민국 국립정치대학에 초빙교수로 근 10년간 대만에 체류하면서, 한편 국립대만사범대학 중국문학과 박사과정에서 수학할 기회가 있었기 때문이다.

특히 대만사범대학 대학원에서 『史記(사기)』, 『漢書(한서)』와 13경에 圈點(권점)과 독서보고 과정을 거치면서 국내에서는 들어보지도 못한 '蚩尤(치우)'를 알게 되었다. 그 뒤 1984년에 중국 대륙과 백두산을 다녀온 뒤부터 중국의 지인들과 연락하면서 『사기』·『한서』 등에 기록된 산동성의 치우천왕의 능을 찾기 시작하였다.

2000년 11월 2일 산동대학 국제학술대회에서 발표를 마친 뒤, 4일에 그동안 치우에 대한 정보를 제공하여 준 陳秉忠(진병충) 선생의 안내로 1997년에 처음 발견하였다는 치우릉을 찾아 汶上縣(문상현)으로 갔다.

우리를 10리 밖까지 出迎(출영)한 현의 대표들이 어찌 알고 날짜에 맞추어 왔느냐고 물었다. 바로 내일이 음력 10월 10일로 옛날에는 치우사당에 모여 蚩尤旗(치우기)를 높이 세우고 제를 지냈다며, 유사이래 한국인이 이곳에 최초로 찾아왔다는 말을 듣고 감격을 금할 수 없었다.

문화혁명시 파괴되어 당시는 밀밭으로 변하여 있었으나, 앞으로 현에서 복원하겠다는 희망적인 이야기를 듣고 귀국한 뒤 치우에 대한 연구를 적극적으로 시작하였다.

1996년에 「대동이문화연구회」를 창회하여 매월 재야사학자를 초청하여 연구발표회를 갖기도 하였다. 그 목적은 이 땅에서 하루속히 식민사관을 剔抉(척결)하고 정통사관을 확립하고자 함이었다. 요즘은 한자교육추진운동이 더 시급하여 월례연구발표회를 열지 못하고 있으나, 앞으로 '대동이문화' 부흥을 위하여 관심있는 분들의 적극적인 동참을 희구하는 바이다.

아직도 '東夷'(동쪽의 활 잘 쏘는 민족)의 참뜻을 모르고, '동쪽 오랑캐'라는 뜻으로 잘못 알고 있는 사람이 많은 것은 매우 유감스러운 일이다.

전통문화연구회를 중심으로 교육용 기초한자 1,800자의 대표훈을 정할 때, 필자의 적극적인 주장으로 '夷'자를 '오랑캐 이'에서

1997년에 건립된 탁록현 중화삼조당(염제, 황제, 치우제) 앞에서

중화삼조당에 모신 치우상

'큰활 이' 자로 정하였으니, 앞으로는 모두 '큰활 이' 자로 일컬어 주기를 이 기회를 빌어 당부하는 바이다.

중국에서는 종래 黃帝(황제)만을 시조로 모시다가, 1980년대에 이르러서는 炎帝(염제)를 포함하여 중국인은 炎(염)·黃(황) 자손이라고 선양하더니, 1990년대에 와서는 涿鹿(탁록)에 蚩尤(치우)까지 시조로 모신「中華三祖堂(중화삼조당)」을 건립하면서부터 황제·염제·치우제의 三始祖(삼시조) 시대를 열고 있다. 漢族(한족) 외에 55족의 소수민족으로 구성된 오늘날의 다원적인 중국을 이끌기 위한 고차원의 사관에서 창출된 역사 만들기라고 볼 수 있다.

그러나 우리 한민족 입장에서 볼 때는 매우 부끄러운 일이다. 무지로 위대한 조상을 잃고도 잃어버린 줄도 모르고 있음이 더욱 부끄러운 일이다. 지금이라도 치우천왕에 대하여 하루속히 전국민이 새로이 인식하여 조상을 찾고, 상고사를 올바로 정립하기를 촉구하는 바이다.

중국의 문자 학자 李敬齋(이경재)는 "(前略) 在武功方面, 諸夏雖獲勝利, 而在文化方面則同化於東夷矣. (中略) 夫東夷果何等人耶. 乃愷

悌慈祥, 薄武力而崇藝術之人也. 其代表人物如舜(孟子曰舜, 東夷之
人也). 至仁至孝, 能使人讓以天下, 而以復以天下讓人, 眞古今中外
無比至聖也. (中略) 可見我國文字東夷人亦多所創造, 而爲契所推廣
因以造字之功歸之契. 如將東土西土古文略一比較, 卽東夷對於文字
之智慧優於西夏, 東夷人旣握有教育權, 故諸夏盡受東夷之文化.〔무
공 방면에 있어서는 諸夏(제하)가 비록 승리를 획득하였으나, 문화
방면에 있어서는 동이에 동화되었다. (중략) 대저 동이는 과연 어떠
한 사람들인가. 곧 화목 자상하고, 무력보다는 예술을 숭상하는 사
람들이었다. 그 대표적 인물을 들면 舜(순)임금이다.(맹자는 순임금
을 동이인이라고 말하였다.) 至仁(지인), 至孝(지효)하여, 남에게 천
하를 양위하고, 또한 천하를 다시 남에게 양위한 참으로 古今中外
(고금중외)에 다시 없는 지극히 성스러움인 것이다. (중략) 우리나라
(中國) 문자는 동이인이 다 창조한 것이라고 할 수 있는데, 契(설)이
널리 보급하였기 때문에 造字(조자)의 공이 설에게로 돌아가게 된
것이다. 동토와 서토의 고문을 대략 비교하여 보면, 곧 동이가 문자
의 지혜에 대해서는 서하보다 우수하고, 동이인이 먼저 교육권을
장악하였으므로 제하가 모두 동이의 문화를 받아들였다.〕"(整理文
化中途自述)라고 논급한 바와 같이 중국문화는 곧 동이문화를 받아
들여 이룩되었으며, 이른바 한자(契)는 모두 동이족이 창조한 바라
고 강조하였다.

그러나 이러한 상고사의 역사를 모르고, 오늘날 우리나라 지식인
들까지도 한자는 중국 민족이 만든 문자를 빌어다 쓰는 借用文字(차
용문자)로 알고 있으며, 한글만이 國字(국자)라고 선동하면서, 한자를
폐지하고 한글전용을 주장함은 참으로 개탄을 넘어 분개하지 않을

수 없다.

　세계 사대문명 발상지의 하나인 黃河文明(황하문명)은 결코 중국 한족의 문명이 아니라, 우리의 조상인 동이족의 문명이라는 분명한 사실을 새로이 깨달아야 할 것이다.

　앞으로 이 사실이 밝혀지게 되는 날, 잘못 기록된 한국의 역사가 바로잡혀 새롭게 쓰여지게 되는 것으로 그치지 않고, 세계 역사가 달라지게 될 것이다.

　필자는 반드시 이 東夷族史(동이족사) 곧 한민족의 상고사가 반드시 올바로 밝혀질 것을 확신하는 바이며, 이 찬란한 大東夷(대동이) 민족사를 우리 후손들에게 찾아주기 위하여 여생을 바칠 것을 다짐하는 바이다.

　한글 전용을 주장하는 일부에서는 동이가 우리의 조상이 아니라고 하는데, 25사 중의 동이전을 자세히 읽어본다면 잘못을 깨닫게 될 것이므로 贅言(췌언)하지 않겠다.

　현재 山東省(산동성) 汶上縣(문상현) 南旺鎭(남왕진)에서 복원되고 있는 蚩尤天王冢〔치우천왕총, 마땅히 陵이라고 해야 하겠으나 중국에서 발견된 옛 비석에 '蚩尤冢(치우총)' 으로 되어 있다.〕의 대역사는 비록 중국에서 진행되고 있지만, 우리의 상고사를 되찾고, 위대한 조상을 숭모하는 정신에서 뜻있는 분들께서 물심양면으로 적극 성원하여 주시기를 간구하는 바이다.

蚩尤(치우)의 유적지를 찾아서

　2002년 7월 2일(화), 북경에서 동이문화유적지 탐사대 25명 일행은 아침 일찍이 서둘러 제1차 탐사지인 涿鹿(탁록)을 향해서 전세 버스로 달렸다. 버스 측면에 한국에서 준비하여 온 「동이문화 유적지 탐사」라고 쓰고 가운데다 치우의 상을 그린 현수막을 내걸고 달리니 여행의 의미가 더욱 돋보였다.

　탁록은 하북성 서북쪽, 곧 북경에서 120km지점에 있기 때문에 만리장성의 관문인 八達嶺(팔달령)을 넘어 張家口市(장가구시)로 가는 고속도로를 이용하였다. 우리 일행을 안내하는 여행사 직원들과 버스 기사도 처음 찾아가는 길이기 때문에 도중에 길을 물어 물어서 찾아갈 수밖에 없었다.

　탁록 시내에 도착하여 현지 가이드의 안내를 받아 치우의 유적지로 향하는 도중, 현지 농민들의 어떠한 시위로 흙더미를 쌓아 차도를 가로막아 놓아 더 이상 갈 수가 없게 되었다. 일행은 모두 차에서 내려 주민들을 설득시키고 한편 흙더미를 치워 겨우 장애물을 통과

三祖堂(삼조당)의 塑像(소상)

하여 12시가 지나서 현지에 도착하였다.

　우선 「歸根苑(귀근원)」이라 써 붙인 아치형의 삼문을 통과하니, 약 300m 정면으로 거대한 「中華三祖堂(중화삼조당)」이 마주 보였다. 삼조당은 涿鹿縣(탁록현) 礬山鎭(반산진)의 黃帝城(황제성)과 黃帝泉(황제천)이 인접한 평원에 9,000㎡의 광활한 풍치구내에 고박하면서도 웅대하게 창건되어 있었다. 삼조당의 건축 공사는 1992년에 시작하여 1997년에 준공되었다고 한다.

　높이가 12.67m에 면적은 714㎡의 거대한 규모의 삼조당 안으로 들어서니, 좌로부터 蚩尤帝(치우제), 黃帝(황제), 炎帝(염제)의 삼조 塑像(소상)을 모셨다. 우선 우리 일행은 치우제 앞에 모여 獻爵(헌작)하고 團拜(단배)를 하였다. 소상의 높이가 5.5m나 되고, 벽면에는 삼조의 활동 역사가 거대한 벽화로 장식되어 참배객으로 하여금 스스로 경건한 마음이 들게 하였다.

사면벽화 중에서도 서북면에 그린 치우제의 「冶金鑄鼎(야금주정)」, 곧 최초로 쇠를 부리어 병기를 만든 벽화가 눈에 띄었다. 근처 歸根餐廳(귀근찬청)에서 점심식사를 마치고 서둘러 치우릉으로 향하였다. 대형 버스는 갈 수 없는 비포장 산길이어서 중도에 현지 소형 버스로 갈아타고 약 1시간 동안 땀을 쩔쩔 흘리며 올라가서 촌가가 몇 채 있는 塔寺村(탑사촌)이라는 어구에서 내렸다.

이 마을 뒷산이 곧 치우릉이라는 것이다. 마치 광복 전 우리나라의 어느 시골의 사람들처럼 아주 소박한 마을 사람들이 경이로운 표정으로 우리 일행을 맞이하였다.

그중 周德瑞(71세)라는 노인이 우리를 뒷산으로 안내하였다. 한국인이 처음 왔다며 매우 친절히 설명하였다. 시대가 꽤 오래 된 듯한 螭首(이수) 無字碑(무자비)가 하나 서 있을 뿐 봉분은 보이지 않는데, 가파른 산봉우리 자체가 치우릉이라고 전한다는 것이다.

수목이 별로 없는 척박한 산인데도 여기 저기 천년이

탁록현 탑사촌 남치우릉 앞에서 능을 지켜온 周德瑞(71세)옹과 함께

나 되었다는 古栢 몇 그루가 서 있고, 건너편에는 거대한 오층 고탑이 쓸쓸히 옛 절터를 지키고 있었다. 이곳 치우릉에는 치우제의 머리 부분이 묻혀 있는 능이라고 전해진다는 것이다. 탁록에는 당시 치우가 다시 살아나지 못하도록 分身(분신)하여 묻었기 때문에 무덤이 세 군데나 있다는 것이다.

任昌和(임창화, 탁록중화삼조문화연구회장)가 쓴 「談三祖文化(담삼조문화, 1998)」에 의하면 蚩尤墳(치우분)은 懷來縣(회래현) 李官營鄉(이관영향) 八卦村(팔괘촌)에 있는 것을 동치우분, 涿鹿縣(탁록현) 保岱鎭(보대진) 窯子頭村(요자두촌)에 있는 것을 서치우분, 탁록현 반산진 塔寺村(탑사촌)에 있는 것을 남치우분이라고 한다. 우리가 본 탑사촌의 이 치우릉이 곧 남치우분인 것이다.

돌아오는 길에 龍王塘村(용왕당촌)에 들리어 우선 蚩尤泉(치우천)을 찾았다. 돌로 조각한 용두에서 흘러나오는 물줄기에서 마을 아낙네들이 모여 빨래를 하고 물을 긷고 있다. 600여 호 동네 사람들의 음료수를 공급할 만큼 수량이 많고, 겨울에도 얼지 않고 여름에는 시원한 샘물이란다. 손으로 떠서 마셔 보니 한더위를 가실 만큼 과연 차가웠다.

옛날에는 용왕당사였던 건물 안

수령 1000년이 넘었다고 하는 蚩尤松(치우송, 탁록현 용왕당촌 치우천 옆)

으로 들어가니 아직도 물이 고여 있는 치우천의 원천이 우물의 형
태로 물이 고여 있고, 옆에는 수령 1000년이 넘었다는 蚩尤松(치우
송)이 치우장군의 기백을 상징하듯이 세 아름이나 되는데다 똑바로
자라 하늘 높이 치솟아 있었다. 일행중 한 분은 이런 나무 앞에서는
저절로 경배하게 된다고 할 만큼 웅대하면서도 신비성이 느껴지는
소나무였다.

곧바로 황토구릉의 뒷산으로 올라갔다. 여기가 蚩尤寨(치우채) 가
운데 北寨(북채)란다. 북채, 중채, 남채로 나누어져 있는데, 옛날 치
우장군이 진을 치고 황제와 이른바 「涿鹿大戰(탁록대전)」을 치룬 곳
이다.

북채에는 蚩尤祠(치우사)가 있어 매년 음력 10월에 제사를 지냈다
고 하나, 지금은 치우사는 흔적도 없고, 다만 怪樹(괴수)라고 일컫는
고목 한 그루가 이 자리를 지키고 있어, 지금도 마을 사람들의 평안
과 풍년을 기원하여 마을 제사를 지낸다고 한다. 북채 끝으로 가보
니 황토절벽으로 되어 있
어 적이 침공하기 어려운
천연의 요새였음을 짐작
하게 하였다.

사서의 기록으로 보아
탁록이 치우와 황제의 대
전장이었음은 의심의 여
지가 없겠으나, 사마천의
『사기』의 기록으로 볼 때,
또한 탁록의 삼개 「蚩尤

매년 음력 10월 10일에 제를 지냈다고 하는 치우사의 석각(문상
현 중도박물관 소장)

墳考(치우분고)」를 참고하고, 현지를 답사해 본 필자로서는 탁록의
치우릉에 대해서는 신빙성을 가질 수 없었다.

　『史記集解(사기집해)』와 『漢書(한서)』 등에 치우총의 위치에 대하
여 "蚩尤冢在東平郡壽張縣闞鄕城中, 高七丈, 民常十月祠之 (中略)
肩髀在山陽郡鉅野縣.〔치우의 무덤은 동평군 수장현 감향성 내에
있으며, 높이는 일곱 길(70자)이고, 백성들이 매년 음력 10월에 제
사를 지낸다. (중략) 팔다리 무덤은 산양군 거야현에 있다.〕" 이라고
밝혀져 있다. 우리나라에서 지금도 10월을 상달이라 하여 告祀를
지내는 풍습이 이에서 연원된 것이라고 생각된다. 필자는 참고로
탁록을 어렵게 찾아오기는 하였으나, 무엇보다도 문상현의 치우릉
에 관심이 있었다.

　다시 북경을 거쳐 산동성으로 가서 동이유적지를 탐사해야 하기
때문에 당일로 2,000여 리를 달리어 밤 3시 반경에 濟南市(제남시)
齊魯大飯店(제로대반점)에 도착하였다. 일행중 80세 되는 분도 있고
70세 이상의 노인들이 많았으나 우리 민족의 뿌리를 찾자는 호기심
에 가득찬 역사적인 여행 때문인지 호텔에서 겨우 3시간 반을 쉬고,
또 이른 새벽부터 목적지를 향하였으나 누구하나 피로한 기색을 보
이지 않아 마음속으로 감사함을 금할 수 없었다. 이러한 여행에서
한 사람이라도 낙오자가 생기면 큰 狼狽(낭패)가 되기 때문이다.

　문상현은 2000년 11월에 산동성 제남의 陳秉忠(진병충) 선생의
안내로 한번 다녀 온 곳이고, 이번에도 진 선생의 안내로 곧바로 찾
아갈 수 있었다. 약 4km 밖까지 현과 진의 대표들이 차를 가지고
나와 인도하여 치우총으로 향하였다. 우선 부현장 趙培熙(조배희) 선

2000년 11월 4일 필자가 한국인으로는 처음 찾아간 치우총이 있던 자리에서.(1997년 조배희 부현장, 공령파 국장(사진 좌) 등이 처음으로 조사 확인한 산동성 문상현의 치우총. 당시는 밀밭으로 변해 있었다.)

생과 孔令坡(공영파) 국장이 「蚩尤冢情況簡介(치우총정황간개)」를 주어 받아보니, 글 중에 2000년 11월에 필자가 일부러 이곳을 찾아와 탐사하고 갔음을 소개하여 놓았다.

　우리 일행이 온다는 소문을 듣고 주민들이 구름처럼 모여들어 우리를 환영하였다. 더욱 놀란 것은 재작년에 왔을 때에는 치우총이 있었던 자리를 1997년에 발견하였다며 밀이 가득 심어진 들판 한가운데로 인도하여 허황한 느낌을 금치 못하였는데, 15일 전에 치우총 복원공사를 시작하여 산처럼 封墳(봉분)을 쌓아 놓았다. 그동안 「蚩尤冢(치우총)」이라고 새겨진 淸代(청대)의 비석도 발굴하여 전면에 세워 놓았다.

　치우총의 설계도를 보니 완공이 되면 굉장한 규모가 될 것 같다.

치우묘 조성공사장 앞에서

그러나 중앙정부의 지원이 없이 현의 예산으로 공사가 진행되고 있
다니 쉽지는 않을 것 같다.

열렬히 환영하는 주민들과 아쉬운 작별을 나누고 근처에 황하와
양자강을 이어 다니던 隋(수)나라 煬帝(양제)시대에 팠다는 운하를
구경하였다. 옛날 고려와 송나라의 사신이 왕래할 때 바로 이 운하
를 이용하였다는 것을 필자가 「鷄林類事(계림유사)」를 연구하면서
알게 되어 더욱 관심이 있었다.

1103년에 편찬된 「鷄林類事(계림유사)」의 저자인 孫穆(손목)이 그
당시 송나라의 수도인 汴京(변경, 지금의 開封)을 출발하여 황하로 내
려오다가 이곳 東平湖(동평호)에서 운하를 이용하여 杭州(항주)까지
내려 와서 해로로 黑山島(흑산도), 白山島(백산도), 蝟島(위도) 등을 거

처 서해안을 따라 고려를 왕래했던 것이다. 필자도 「계림유사」 연구를 위하여 이 운하와 해로로 麗宋間(여송간)의 사신 노정을 편력하고 싶었으나, 지금은 운하가 중간 중간 폐쇄되어 통할 수 없다고 하여 아쉬웠다.

수나라 양제 때 팠다고 하는 운하. 지금은 중간중간 폐쇄되어 통할 수 없다.

문상현에서 점심식사를 하면서 中都博物館(중도박물관)의 관장을 역임하고, 현재는 문상현의 문물관리국장 등 3개처 국장을 겸임하고 있으며, 孔子의 76대손인 孔令坡(공영파) 국장이 '며느리발톱'에 대한 이야기를 하여 좌중이 모두 치우의 후손임을 확인하고 한바탕 웃었다.

새끼발가락에 며느리발톱이 있으면 치우의 후손이고, 없으면 황제나 염제의 후손이라며, 공자의 76대손인 자기도 며느리발톱이 있으니 치우의 후손이며, 곧 동이족이라는 것이다. 부현장인 趙培熙(조배희) 씨도 며느리발톱이 있다는 것이다.

현재 엄연히 중국 민족으로서 혈통상으로는 우리 일행과 같은 동이족이라고 자인하는 이들을 필자는 徐居正(서거정) 선생이 일찍이 말씀한 "國可滅(국가멸), 史不可滅(사불가멸)" 곧 나라는 망할 수 있으나, 역사는 지울 수 없다는 말로 이해할 수밖에 없었다.

식사를 마치고 중도박물관에 들리어 우선 근래 발견하였다는 「蚩尤祠(치우사)」라고 새긴 석판과 치우상을 浮刻(부각)한 한대의 화상석

문상현의 조배희 부현장이 필자에게 써 준 기념 휘호.

한대에 조각한 치우장군의 화상석(중도박물관 소장)

을 관람하고 기념휘호를 하였다. 부현장은 나에게 對聯(대련)을 "雅琴飛白雪(아금비백설), 高論橫靑雲(고론횡청운)"이라고 써 주었고, 나는 "其薰如蘭(기훈여란)"이라 답필하고, 孔슈坡(공영파) 국장은 재작년에 왔을 때 나에게 "東夷文化(동이문화) 萬古流芳(만고류방)"이라고 써 주었기 때문에 "復興蚩尤精神(부흥치우정신)"이라고 답필하였다.

2002년 7월 5일 동이문화 유적지 탐사의 마지막 목적지인 少昊陵(소호릉)을 찾았다. 少昊(소호)에 대해서도 우리나라에서는 국어사전에 "중국 전설상의 五帝(오제)의 하나로 黃帝(황제)의 아들. 가을을 다스리는 신으로 받들어짐."(금성출판사)이라고 풀이한 것처럼 중국 전설상의 인물로 기록하고 있기 때문에 일반은 물론 지식인들도 우리 한민족과는 무관한 것으로 알고 있다. 오제는 少昊金天氏〔소호금천씨, 또는 黃帝軒轅(황제헌원)〕, 顓頊高陽氏(전욱고양씨), 帝嚳高辛氏(제곡고신씨), 唐堯(당요), 虞舜(우순)이라고도 하고, 太皥(태호), 炎帝(염제), 黃帝(황제), 少皥(소호), 顓頊(전욱)이라고도 한다.

중국의 鄒君孟(추군맹)은 少昊(소호)에 대하여 "少昊無疑是在蚩尤之後.(中略) 少昊所在地的魯西南是中原和東夷集團交滙的地方, 是華夏族形成的一個熔爐. (中略) 少昊卽小皞, 又叫金天氏 或窮桑氏. (中略) 少昊氏是以鳥作爲圖騰的氏族部落. (中略) 大量的材料證明, 少昊氏是世居魯西南, 屬于地地道道的東夷集團的. (中略) 少昊氏的發祥地和根據地在山東曲阜一帶. (中略) 大汶口文化很可能就是在這樣的基礎上産生的, 它以東方少昊文化爲主, 但也融滙了中原文化的特點, 大汶口文化可以說是中 東兩大集團融合的結晶, 和仰韶 龍山文化一樣, 是華夏族文化中的瑰寶.〔소호는 의심할 것 없이 치우의 후예다. (중략) 소호가 살던 노나라의 서남 땅은 중원과 동이집단이 서로 어울리던 곳으로 화하족 형성의 한 용광로였다. (중략) 소호(少昊)는 곧 小皞(소호)이며, 금천씨 또는 궁상씨라고도 일컫는다. (중략) 소호씨는 새를 토템으로 하는 씨족부락이다. (중략) 많은 자료가 소호가 누대로 살던 곳은 노나라의 서남 땅으로 명명백백히 동이집단에 속함을 증명하고 있다. (중략) 소호씨의 발상지와 근거지는 산동성 곡부 일대이다. (중략) 대문구문화는 동방 소호문화가 위주가 되어 중원문화의 특성도 융합되었을 것이다. 대문구문화는 곧 중·동 양대 집단이 융합된 결정이라고 말할 수 있으며, 앙소·용산문화와 마찬가지로 곧 화하족 문화의 보배인 것이다.〕"라고 한 바와 같이 조금도 의심할 수 없이 소호씨는 치우의 후예로서 동이족이며, 새를 토템으로 했던 씨족부락이었다고 명백히 밝히고 있는데, 아직도 우리나라 사학자들은 중국력사상의 인물로 보고 있음은 한심스러운 일이다.

중국의 금자탑으로 불리우는 少昊陵(소호릉). 소호는 치우의 후예로서 동이족이라고 한다.

소호릉은 곡부에서 공묘 근처에 위치하고 있는데, 「중국 金字塔」
곧 중국의 피라미드라고 별칭할 만큼 이미 송대에 방대한 규모로
석축을 만들어 놓고, 꼭대기는 사당의 형태로 집을 지어 놓았으나
계단이 없어 올라가 볼 수는 없었다.

국내에 전래되는 치우장군의 자취

오늘날 한국사에서 치우장군을 아는 사람은 드물지만, 민속적인 부면에서는 도처에 면면히 지속되어 오고 있다. 다만 그것이 치우장군과 관계가 있음을 모를 뿐이다.

먼저 한강의 「뚝섬」에 대해서 살펴보면, 본래 치우장군의 사당을 모셨기 때문에 蚩尤旗(치우기)를 뜻하는 「纛(쇠꼬리나 꿩꽁지로 꾸민 깃발 둑, 치우기 둑 자라고도 함)」자를 써서 纛島(둑도) 곧 「둑섬」이라고 일컬었던 것인데 경음화되어 「뚝섬」이 된 것이다. 뚝방이 있어서 뚝섬이 아니라는 것을 알아야 할 것이다. 근래까

옛날 서울 뚝섬에 치우천왕을 모신 사당인 둑신사(纛神祠)에 보관되었던 둑신기(纛神旗). 곧 둑신기가 태극기의 원형이 되었다고 「三神民考(삼신민고)」의 저자 조자용씨는 주장하였다. (한배달 43호 참고)

지 纛神祠(둑신사)가 전해 내려오다가 어느 해 장마에 사라졌다고 한다. 조자용 씨에 의하면 이 纛神祠(둑신사)에 치우와 황제의 탁록대전을 그린 벽화가 있었는데, 그 두루마리의 높이가 6척, 길이가 36척이나 되는 거작이었는데, 광복 전까지 전해 내려 왔으나 지금은 보관처를 알 수 없다고 한다.(한배달 43호 참고)

지금이라도 서울시에서는 뚝섬(纛島)에 「蚩尤祠(치우사)」를 복원하여 민족정기를 앙양시킬 것을 제의하는 바이다.

『史記正義(사기정의)』에서 치우를 "獸身人語, 銅頭鐵額, 食沙, 造五兵仗刀戟大弩, 威振天下. (中略) 蚩尤沒後, 天下復擾亂, 黃帝遂畵蚩尤形像以威天下, 咸謂蚩尤不死."라고 한 바와 같이 이미 황제 당시에 치우장군의 화상을 그리어 천하에 위세를 떨치게 한 데서 유래되어 은·주시대에는 청동기와 도기 등에 饕餮紋(도철문)으로서 치우의 형상이 전해지고, 한대에는 치우상을 그린 화상석이 많이 전해진다. 뒤에 외서는 와당에 鬼面(귀면)으로서 전해졌다. 특히 경주 안압지에서 출토된 8세기경의 綠釉鬼面瓦(녹유귀면와)는 치우상의 대표적인 작품이라고 할 수 있다. 오늘날 우리나라 도처에서 볼 수 있는 '장승'의 상은 곧 치우상이 변형된 것이라고 한다.

이 밖에도 치우부적, 도깨비, 치우투구, 치우깃발, 기우제신 등이 모두 치우장군에서부터 유래되는 민속이라고 한다. 특히 육군사관학교에 보관된 옛날 투구에 치우상이 새겨져 있음은 옛날에 출전할 때는 치우를 軍神(군신)으로 모셨던 치우사당에서 먼저 승전을 기원하는 제를 지냈음에서 연원한 것이라고 할 수 있다.

『사기』와 『한서』에 "於是始皇遂東遊海上, 行禮祠名山大川及八神, (中略) 三曰兵主, 祠蚩尤."(史記), "於是樊噲從高祖來, (中略) 祭蚩

綠釉鬼面瓦(녹유귀면와)
경주 안압지에서 출토된 녹유귀면와는 치우천왕상의 대표
적인 작품이라고 할 수 있다.

尤於沛廷.(漢書)〔진시황은 드디어 동쪽으로 바다까지 행차하여, 명
산대천 및 八神에게 제를 지내는 예를 행하였다. (중략) 八神(팔신) 가
운데 세 번째를 兵主(병주)〔軍神(군신)〕라 하여 치우를 제사 지냈다.
번쾌가 고조를 모시고 왔다. (중략) 패정에서 치우에게 제사를 지냈
다.〕"이라고 기록된 것으로 보면, 진시황이나 한고조 등이 치우사
에서 제사를 지냈음을 알 수 있다.

　'2002 월드컵'에서 세계적으로 이름을 떨친 '붉은 악마'를 상징
하는 깃발에 치우상을 그려 넣은 것은 누구의 아이디어인지는 모르

겠으나, 백전백승의 치우장군의 역사를 온 국민, 특히 젊은 세대들에게 널리 알렸다는 점에서도 매우 의미가 있었음을 기리는 바이다.

'붉은 악마'라는 호칭에 대하여, 붉은 깃발을 상징으로 내세웠던 공산도배들에게 6·25 때 심하게 당했던 기성세대들은 거부감을 갖고 있으나, 중국에서 옛날 치우장군의 천하무적의 용맹을 오히려 증악하여 '악마'라고 칭한 기록이 있고, "常以十月祀有赤氣出如絳, 民名爲蚩尤旗"(皇覽)라 하여 매년 10월 치우사에서 제를 지낼 때는 붉은 기운이 하늘에서 내려와 붉은 비단을 늘어뜨린 듯하여 백성들이 蚩尤旗(치우기)라고 했다는 바와 같이 이번에 온통 붉은색으로 세상을 놀라게 한 '붉은 악마'는 흔히 말하는 악마가 아니라, 4700년 만에 백전백승의 치우장군이 환생한 모습과 기백을 상징한 것이라고 보아야 할 것이다.

東夷族

3부
한자는 동이족이
만든 글(契)

「然(연)」자와 개불고기

한자가 초기에 만들어진 상태를 살펴보면, 依類象形(의류상형), 곧 사물의 모양을 본떠서 약 400여 자를 만들었다. 그래서 한자를 일반적으로 상형문자라고 하는 것이다.

그 다음에는 이미 만들어진 400여 자를 이용하여 뜻에다 뜻을 더하거나, 뜻에다 소리를 더하는, 곧 形聲相益(형성상익)의 방법을 써서 오늘날 우리가 쓰고 있는 한자의 대부분을 만들었다. 그중에서도 85% 이상이 뜻에다 소리를 더하여 만든 형성자이다.

그러므로 한자는 약 400자의 기본자만 철저히 배워두면, 대부분이 형성자이므로 따로이 배우지 않아도 유추작용으로 쉽게 익힐 수 있으므로 한자는 결코 어려운 문자가 아니다.

그런데 약 10여 %에 해당하는 뜻에다 뜻을 더한 글자, 곧 회의자(회의자)는 그 자음을 부득이 암기해야 한다. 예를 들면 '然' 자는 '夕(肉 : 고기 육)' 자, 犬(개 견)자, 灬(火 : 불 화)자 등 3자가 합쳐진 회의자로서 그 자음은 3자의 소리와 전연 다른 '연' 이다.

〈 '然(연)' 자의 자형 변천 〉

　'然' 자를 지금은 '그럴 연' 자로 알고 있지만, 글자를 만들던 초기의 뜻은 '그렇다' 는 뜻이 아니라, 개(犬)를 불(火)에 그슬린 고기(肉), 곧 '개불고기' 라는 뜻으로 만든 글자이다.

　고대에서부터 동이족이 개를 잡을 때에 반드시 털을 불에 그슬리었기 때문에 '개불고기 연' 에서 '그슬릴 연(태울 연)' 자로 轉義(전의)되었다. 또한 사람들이 너무 더워서 탈진한 삼복지경에는 고단백질의 개불고기를 먹고 나면 누구나 '암 그렇지 개불고기가 최고야!' 이처럼 '그렇지' 를 반복하다 보니, '그슬릴 연' 에서 다시 '그럴 연' 자로 전의되었다. 그리하여 오늘날은 일반적으로 '然' 자의 본래의 뜻은 모르고 '그럴 연' 자로만 알고 있다.

　한자에는 이처럼 본래의 뜻이 전의되면 그 뜻에 해당하는 累增字(누증자)를 또 만들지 않을 수 없다. '然(그슬릴 연, 태울 연)' 의 뜻이 없어졌으므로 다시 '火(화)' 자를 더하여 '燃(태울 연)' 의 누증자를 만들었다. '燃' 자를 살펴보면 밑에 '灬(火)' 자가 있는데, 옆에 또 '火' 자를 더하였으니 造字(조자)상으로는 모순이지만, '然' 자가 이미 '그럴 연' 자로 의미가 전의되었기 때문에 부득이한 것이었다.

　이와 같은 예를 하나 더 들면 '莫' 은 본래 '㬥, 㬥, 㬥' 등의 자형으로서 해가 풀 속에 들어 있는 상태를 그리어 날이 '저물다' 의 뜻

을 나타냈던 글자이다. 고대
에는 일출서부터 일몰까지 일
을 했기 때문에 해가 지면 하
던 일도 말다는 뜻으로서 '莫'
의 자의가 '말 막'으로 전의된
것이다. 이렇게 전의됨으로써
'저물다'의 글자가 다시 필요
하므로 '莫'자에 '日'자를 더
하여 다시 '暮(저물 모)'자를
만든 것이다. '然'자도 '그럴

중국의 우리 동포(조선족)들을
상대로 판매되고 있는 「개고기탕」

연'자로 전의되자, '태우다'의 글자가 다시 필요하게 되어 '然'자
에 '火'자를 더하여 '燃(태울 연)'자를 또 만든 것이다.

　造字(조자)의 원칙으로 볼 때는 '燃'이나 '暮'자는 한 글자 내에
'火'와 '日'이 중복되어 쓰였으므로 모순이다. 그러나 전의된 상태
에서 본래의 자형을 버리고 새로이 글자를 만들 수는 없었던 것이

개고기 찬성 데모

개고기 반대 데모

다. 뒤에 부득이 모순적인 방법으로 만든 후기자를 누증자라고 한다. 한자에는 이와 같은 누증자가 많이 있다.

당나라 때 杜甫(두보)의 시구 중에 '山靑花欲然'(산은 푸르고 꽃은 불타고자 한다)으로 보면, 이때 '然' 자가 여전히 '태울 연' 자로 쓰였음을 알 수 있다. 과거 서울의 '대연각' 빌딩에 세계적으로 큰 화재가 난 일이 있었다. '대연각'의 한자 명칭이 '大然閣'으로서 명칭 그대로 크게 그슬린 것을 생각하면 이름을 함부로 지을 일이 아니다.

여기서 중요한 것은 개를 잡을 때 '然' 자의 본래 뜻대로 불에 털을 그슬리어 잡는 풍속을 가진 민족은 세계에서 우리 한민족뿐이라는 것이다.

중국인들은 본래 우리 민족처럼 개고기를 잘 먹지도 않지만, 먹어도 그슬러 잡아먹지 않는다. '삼복에 개 패듯 한다.'는 우리의 속담으로 보면 오랜 옛날부터 개를 잡을 때는 반드시 두드려 패서 잡았음을 알 수 있다. 왜냐하면 개는 반드시 두드려 패서 불에 그슬리어 먹을 때 최고로 맛이 있다고 한다. 이처럼 개를 잡는 방법은 우리의 고유 풍속임을 알 수 있다.

한자는 문자가 만들어지기 이전의 풍습이나 전설이 반영되어 표의문자로서 조자되었기 때문에 '然' 자를 처음 만든 민족이 중국 민족이 아니라, 우리의 조상인 동이족임을 알 수 있다.

'然' 자가 중국에서 우리나라에 들어온 뒤에 그 글자를 풀어보고서 개를 잡을 때 불에 그슬리기 시작했다고 반박한다면, 이는 전연 설득력이 없는 억지 주장이다.

한자는 무조건 중국 민족이 만든 것을 빌어다 쓴다고 생각하는 것은 큰 잘못임을 알아야 한다.

　서구인들이 우리 한국에서 개고기를 먹는다고 지탄하는 것은 편견이 아닐 수 없다. 불란서 사람들이 거위의 간을 크게 만들어 잡아 먹기 위하여 잔인한 방법을 쓰는 것은 그야말로 목불인견의 행위이다. 더구나 우리는 그들이 말하는 애완견이 아닌 식용견을 취할 뿐이다.

　그들의 지탄이 두려워 뒷골목으로 숨어서, '개장국' 이란 이름도 '영양탕, 사철탕' 으로 바꾸어 먹는 것은 참으로 민족적 주체성을 상실했다고 아니할 수 없다. 제 나라의 유구한 역사의 전통 음식을 먹으면서도 떳떳하지 못하다면, 우리 민족의 주체성을 어디에서 찾을 것인가?

「家(가)」자와 돼지

한자는 표의문자이기 때문에 한 글자로도 수천 년 전의 생활풍속을 엿볼 수 있는 장점이 있다.

'家' 자는, 곧 '宀(집 면)' 자와 '豕(돼지 시)' 자의 합체자이다. 우리나라에서는 '宀' 자에 대하여 대게 '갓머리' 라고 일컫고 있으나, 그것은 서당에서 아이들에게 얼른 익히게 하기 위한 속칭이므로 마땅히 '집 면' 으로 일컬어야 한다. '宀' 자는 본래 집의 모양을 상형하여 「∩ → ∧ → ∩ → 宀」의 자형과 같이 단독으로 썼던 글자인데, 뒤에 부수자만으로 쓰게 된 것이다. '갓머리' 로 익히게 되면 '安'

갑골문　　　금문　　　전서　　　예서　　　해서

〈 '家(가)' 자의 자형 변천〉

자의 경우, 여자가 갓을 쓰고 있는 것으로 잘못 해석하기 쉽다.

문자를 만들던 초기에 '편안하다' 는 추상어를 형상화하여 보는 이로 하여금 얼른 알아보게 하기가 쉽지 않았을 것이다. '安' 자가 갑골문에는 '' 의 자형과 같이 쓰였다. 곧 여자가 두 손을 앞으로 모으고 무릎을 꿇고 집 안에 조용히 앉아 있는 모습을 그린 것이다. 여자가 네 활개를 치고 거리에 돌아다니는 것보다는 조용히 집 안에 앉아 있는 것이 개인적으로도 편안하고 그 집안 전체가 편안할 수 있는 것이다. 수천 년 전에 이러한 착상을 하여 문자를 창제한 이들은 참으로 높은 IQ를 가진 천재였던 것 같다. '편안' 이란 말의 '→安' 의 형상화는 고금동서의 진리가 아닐 수 없다.

갑골문에서 '家' 의 자형을 찾아보면 '' 의 형태로 되어 있고, 금문에서는 ', ' 의 형태로 변형되고, 소전체에서는 '' 와 같이 정리되어 오늘의 '家' 자가 된 것이다. 여기서 '' 의 집 안에 '' 의 형태는 불과 선 5개로 돼지를 나타낸 것이니, 추상화의 극치라고 할 수 있다. 그래서 피카소가 말년에 한자에 심취하였다고 한다.

그러나 집 안에 돼지가 있다면 그 뜻은 '돼지우리' 가 되어야 하는데, 사람이 사는 집의 뜻으로 쓰여 왔기 때문에 중국에서는 A.D. 100년경 후한시대 許愼(허신)이 『說文解字(설문해자)』에서 '宀(집 면)' 에 '豭(수퇘지 가)' 의 '叚' 를 생략하여 '豕' 자만을 더하여 합체자로서 자형을 만들고, 자음은 '豭(수퇘지 가)' 에서 '가' 음을 취하여 '家' 의 음이 '가' 가 되었다고 풀이하였다.

허신의 설은 옳지 않음을 바로 알 수 있다. '豭' 자가 '家' 자보다 뒤에 만들어졌는데 '豭' 에서 '가' 의 자음을 취했다는 것은 모순이

한나라 때의 부장품 도기 모습. 집안에 돼지를 기르고 있다.

아닐 수 없다. 허신의 설을 부당하다고 지적하면서 지금까지 많은 학자들이 근 2000년 동안 의문을 가지고 연구하여 왔지만 아직도 그 풀이가 구구불일하여 정설을 찾지 못하고 있다. 예를 들면, 어떤 이는 고대에는 집 안에서 돼지와 같이 살았을 것이라고 추측하고, 어떤 이는 돼지를 잡아서 집 안에서 제사를 지냈을 것이라고 추측하였다.

그런데 근대에 이르러 徐灝(서호)는 "家從豕者, 人家皆有畜豕也."『說文解字注箋』(家는 豕자를 의미부로 한 글자인데, 사람들 집에 모두 돼지를 길렀을 것이다.)라고 사실에 근접한 풀이를 하였고, 羅常培(나상배)는 좀 더 구체적으로 언급하여 "照我推想中國初民時代的'家'大槪是上層住人, 下層養猪. 現在雲南鄉間的房子還有殘餘這種樣式的『語言與文化』(나의 추측으로는 중국 초기의 집은 대개 위에는 사람이 살고 아래에는 돼지를 길렀을 것이다. 현재 운남성 시골집에서는 아직도 이러한 양식이 남아 있다.)"이라고 풀이하였다.

그러나 왜 집 밑에 돼지를 길렀는가 하는 중요한 문제를 언급하지 않았다. 필자는 이 설을 바탕으로 여러 가지 문헌을 통하여 그 이유를 밝히게 되었다.

옛날 爬蟲類(파충류)가 번성하던 시대에, 특히 잠잘 때에 기어들어 오는 뱀을 방어하는 일이 가장 큰 고민이었다. 이때 우리의 조상인 동이족들은 뱀의 천적이 돼지라는 것을 발견하게 되었다. 필자가 시골에서 자랄 때 직접 본 것으로는 둔한 집돼지도 뱀만 보면 한입에 잡아먹을 뿐만 아니라, 아무리 독사라도 돼지를 만나면 도망도 못 가고 잡아먹힌다.

당시 사람들은 여기에 착안하여 집 밑에 반드시 돼지를 길렀다. 돼지의 똥냄새만 맡아도 뱀이 절대로 접근하지 않기 때문에 편안히 잘 수 있었던 것이다. 이에 따라 집 안에 사람은 없어도 되지만, 돼지는 반드시 있어야 하기 때문에 '집'이란 글자를 만들 때, '𤲃'의 자형과 같이 집 안에 돼지를 그려 놓아 만들었던 것이다.

이러한 사실을 모르고, 중국에서 오늘날 민간 간화자로 '家' 자대신 '宂'를 만들어 쓰는 것은 집 안에 사람이 있어야 집이 될 수 있다는 평범한 생각에서 만든 글자이다. 갑골문에 돼지우리를 나타낸 글자는 '𤲃, 𤲃 → 圂(돼지우리 환)' 등과 같이 '𤲃 → 家' 자와 구별하였다.

제주도에서는 근래까지도 화장실 밑에 돼지를 기르고 있는 것은, 고대에 집 밑에다 돼지를 길렀던 풍속이 이어져 온 것이라고 볼 수 있다. 물론 육지에도 있었던 풍속으로 특히 강원도에 오늘날까지

남아 있는 풍속을 TV에 소개된 일도 있다. 한대의 무덤에서 발견된 부장품 陶器(도기)에도 집 밑에 돼지를 기른 모형도가 출토된 일이 있다. 그것이 비록 한대의 부장품이지만 동이족의 습속으로서 이어져 왔다는 것을 알아야 한다.

돼지와 뱀의 상극관계는 우리의 일상생활에서도 볼 수 있다. 혼담이 오가다가 여자가 돼지띠, 남자가 뱀띠면 元嗔(원진, 궁합이 매우 나쁨의 뜻)이라 하여 그 날로 혼담은 없었던 것으로 할 만큼 철저히 기피하여 왔다. 여기서 부언할 것은 지금도 혼인 시에 띠를 가리는 풍속은 이미 은나라 때 갑골문에 十干十二支(십간십이지)가 정해져 있었으므로 적어도 3400년 이전부터 내려오는 풍속이다.

여자가 돼지띠, 남자가 뱀띠일 경우에는 한 입에 잡아먹혀 곧 과부가 된다는 것이다. 독자 중에 뱀띠, 돼지띠의 부부가 있다면, 전해오는 말이 그렇단 말이니 너무 신경을 쓸 필요는 없을 것이다. 그러나 우리나라의 오랜 전통의 풍속이니 자녀를 결혼시킬 때 굳이 돼지띠와 뱀띠를 찾아서 할 필요는 없다고 생각한다.

뱀이 많은 산에 가서 야영을 할 때, 뱀이 두려워 번거로이

화장실 문화를 보여주는 수원에 위치한 「해우소 박물관」의 전시 모형. 화장실에 돼지를 기르고 있다.

돼지를 짊어지고 갈 필요는 없고, 다만 돼지 똥만 싸 가지고 가서 텐트 주변에 뿌려 놓으면 뱀이 절대로 근접하지 않는다는 것이다.

은나라 때 사람들은 서로 만나면 "上古艸居患它, 故相問無它乎." (상고시대 풀섶에 살면서 뱀을 걱정하여 '뱀없어' 라고 서로 물었다.)라고 한 바와 같이 인사말이 '無它(무타)' 였다. '它' 는 현재 중국에서 사물을 가리키는 대명사로서 '他' 와 같이 쓰이지만, 본래는 '뱀' 을 상형한 글자로서 갑골문에서는 '𧎸, 𧎸, 𧎸' 등의 형태로 나타나고, 금문에서는 '𧎸, 𧎸' 등과 같이 변형돼 소전체에서 '𧎸' 와 같이 정리되어 오늘의 '它' 가 된 것이다. 뒤에 '虫' 자를 더하여 '蛇 (뱀 사)' 로 되었다. '蛇' 의 음이 '事' 와 같으므로 뒤에 '無它' 가 '無事' 로 바뀌어 지금도 서로 오랜만에 만나면 '별일 없어' 하는 인사로 남게 되었다. 이로써 은대에 뱀이 얼마나 많았으며, 사람들이 얼마나 두려워했나를 알 수 있다. 또한 인사말의 연원이 매우 오래되었음도 알 수 있다.

이상을 종합하여 볼 때 '집' 의 자형을 '𧎸 → 家' 자로 만든 민족이 어떤 민족인가? 의문의 여지없이 우리의 조상인 동이족이 만든 것이다. 아직도 집 밑에 돼지를 기르는 풍속을 이어오고 있는 우리 민족을 놔두고, 2000년대 지금도 구구불일한 추측으로 확정을 내리지 못하고 있는 중국인들이 만들었다고 생각하면서, 또한 그것을 차용문자로서 우리가 쓰고 있다고 생각하는 잘못된 의식을 이제는 버려야 할 것이다.

「夷(이)」자와 활

　한자를 어느 정도 아는 사람은 '夷' 자를 보면, 곧 '오랑캐 이' 라고 말할 것이다. 이처럼 우리나라 자전에는 '夷' 자에 대하여 맨 앞에 '오랑캐 이' 라고 풀이하여 놓았기 때문에 한자를 배운 사람은 누구나 '오랑캐 이' 라고 인식하게 되었다.

　그러나 중국이나 일본에서 발간한 한자 자전에는 오히려 '夷' 자에 대하여 "東方之人也. 夷俗仁壽, 有君子不死之國." 곧 "동쪽 땅에 사는 사람으로서, 그들의 습속이 어질어 장수하며, 군자들이 죽지 않는 나라이다."라고 풀이하여 놓았다.

　같은 한자가 왜 우리나라에 와서는 그 뜻이 이처럼 크게 달라졌을까 흥미로운 일이 아닐 수 없다.

　그 연유를 찾아보면, 조선조 제4대 세종성왕 때 간행된 『龍飛御天歌(용비어천가)』에서 비롯된다. 당시 두만강 건너 여진족이 살던 지명에 '兀良哈(올량하)' 라는 곳이 있었는데, 그들이 자주 우리의 변방을 침략하기 때문에 그들을 얕잡아 일컫는 이름으로 '올량하' 가 변음되어 '오랑캐'라고 부른데서 연유된 것이다.

이렇게 볼 때 '夷'자와 '오랑캐'는 전연 관계가 없는 말이다. 더구나 '北狄(북적)', '西戎(서융)', '南蠻(남만)'의 '狄'을 '오랑캐 적', '戎'을 '오랑캐 융', '蠻'을 '오랑캐 만'이라고 자전에다 모두 '오랑캐'라고 풀이한 것은 그야말로 어불성설이다.

'夷'자 자형이 은나라 때 갑골문에는 '⺄'의 형태로서 활의 모양을 상형한 것인데, 주나라 때 종정문에는 '夷'와 같이 활 위에 화살을 올려놓아 더욱 구체적으로 활의 모양을 나타내었다.

뒤에 진나라 때 소전체에 와서 자형이 '夷'와 같이 변형되고, 다시 해서체에서 '夷'와 같이 쓰이게 되어 '大'자와 '弓'자가 합쳐진 글자로 잘못 알게 된 것이다. 자형 변천을 살펴보면 '大'자가 아니라, 본래 화살의 모양이 '大'자처럼 변형된 것임을 알 수 있다. 현재 자전에도 '夷'자를 '大'부수자에 분류하여 놓았으나, 본래의 자형과는 맞지 않은 것이다.

여하간 '夷'자는 '오랑캐'라는 뜻의 글자로 만든 것이 아니라, 동쪽에 활을 잘 만들고 잘 쏘는 민족을 가리키기 위하여 만들었음을 알 수 있다. 뒤에 와서 '夷族(이족)'이 九夷(구이)로 분류되지만,

본래는 동쪽에 활 잘 쏘는 부족만을 지칭하여 '동이'라고 하였던 것이다.

동이는 더 말할 것도 없이 곧 우리 한민족의 조상이다. 이러한 사실을 모르고 '東夷'를 동쪽 오랑캐라고 일컫는 것은 곧 우리의 조상을 야만족이었다고 욕하는 결과가 되는 것인데, 오늘날 우리나라 사람들이 유무식을 막론하고 스스로 오랑캐라고 일컫는 것은 참으로 통탄스러운 일이다. 이는 마치 손자를 무식꾼으로 잘못 두면 제 할아버지를 욕하면서도 그것이 욕인 줄조차도 모르고 사는 것과 같다고 할 수 있다.

오늘날 우리나라의 궁수들이 올림픽에 출전하여 남자 선수들은 물론 여자 선수들까지도 매회 금메달을 휩쓸어 오는 것은 그 개인들의

고구려 고분에 나타난 활 잘쏘는 동이족의 모습

뼈를 깎는 훈련에도 있지만, 더욱 중요한 것은 이른 시대부터 활 잘 쏘는 동이족의 피가 면면히 흐르고 있기 때문이라는 것을 알아야 한다.

고구려의 시조 高朱蒙(고주몽)의 '주몽' 이 '善射之意(선사지의)', 곧 '활 잘 쏜다' 는 뜻이었을 만큼 활을 잘 쏘았으며, 조선조 태조 李成桂(이성계) 역시 명궁이었음은 우리 민족을 이른 시대부터 '동이' 라고 일컬은 연원을 알 수 있다.

몇 해 전 한자 연구 단체 대표들이 모여 한자의 대표훈을 정할 때 필자가 강력히 주장하여 '夷' 자의 훈을 '오랑캐' 에서 '큰활' 로 바뀌 놓았으니, 앞으로는 모든 자전에서 '夷' 자를 '큰활 이' 자로 게재하여 줄 것을 제의하는 바이다.

「日(일)」자와 금까마귀

　　일반적으로 '日' 자를 보면 그저 '해'를 뜻하거나, 하루 이틀의 날짜를 뜻하는 것으로 생각할 것이다. 약 3400년 전 은나라 갑골문에서 '日'의 자형을 찾아보면, 태양의 윤곽을 둥글게 그리고 반드시 가운데 섬을 찍어 '⊙, ○, ⊖'의 모양과 같이 그려 놓았다.

　　태양을 '○' 또는 '✖'의 형태로 그리지 않고 '⊖'의 형태와 같이 가운데 점을 찍어 놓은 것이 의문이 아닐 수 없다.

　　인류가 문자를 만들기 전에 이미 오래 전부터 말을 사용하여 오

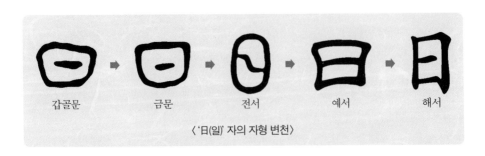

〈 '日(일)' 자의 자형 변천 〉

면서 구구전승하여 오던 신화, 전설, 고사 등이 상형문자인 표의문자를 만들 때, 그 문자의 모양에 가형된 것을 엿볼 수 있다.

중국의 문자학자 중에는 못(釘)의 형태를 상형한 ‘❍’(丁자의 갑골문) 자와 구별하기 위하여 가운데 점을 찍은 것이라 하였고, 또는 태양의 흑점을 표시한 것이라고 풀이한 이도 있는데, 이는 너무나 현대적인 해석이다. 망원경도 없던 당시에 어떻게 태양에 흑점이 있는 것을 알고 표시하였겠는가? 억측이 아닐 수 없다.

고구려의 고분인 각저총의 「삼족오」

우리 동이족에게는 문자가 만들어지기 이전부터 ‘日中有三足鳥(일중유삼족오)’, 곧 해 가운데는 금까마귀가 있어 그 날개를 활짝 펼 때, 금빛이 반사되어 땅에 까지 비치는 것이 햇빛이라고 생각한 전설이 면면히 내려오고 있다.

집안의 五盔墳(오회분)에 나타난 「삼족오」

그러므로 해의 윤곽을 둥글게 그리고 구구전승해 오던 까마귀를 점으로 표시하여 갑골문의 ‘⊖’의 자형과 같이 만들었다고 보아야 마땅할 것이다. 소전체에서 ‘⊖’의 자형과 같이 가운데 점이 ‘乙(새 을)’ 자의 형태를 취한 것으로도 본래 '까마귀(烏)'를 표시한 것임을 방증할 수 있다.

여기서 더욱 중요한 것은 많은 고구려 고분의 벽화에 해를 그리고, 그 안에 삼족오를 그려 놓은 것이 적지 않게 발견되고 있다. 이로써 '日中有三足烏(일중유삼족오)'의 전설은 '日'자가 만들어지기 전부터 태양을 숭배하던 동이족에게 전해 온 오래된 전설임을 알 수 있다. 곧 삼족오는 동이족에게는 태양신이었다. 따라서 '⊖'자를 만든 민족은, 곧 그러한 전설을 가진 우리의 조상인 동이족임은 확연한 일이다.

중국 남방의 고분에서는 찾아볼 수 없는 해 가운데 세발 금까마귀를 고구려 고분에는 그려 놓은 벽화에서 우리는 한자의 연원을 찾을 수 있다. 중국의 학자들이 한자는 이른 시대 동이족이 만들었다는 학설과 일치되는 것이다.

지금은 중국에서도 '日中有金烏(일중유금오)'의 전설이 전래되고 있지만, 이상의 사실들로 볼 때, 이 전설은 본래 우리의 조상인 북방 민족 중에서도 동이족에서 유래된, 적어도 3,400년 이전부터 내려오는 태양 숭배의 전설임을 알 수 있다.

또한 '日'자의 훈을 우리는 일찍부터 '해'라 하지 않고 『천자문』에서처럼 '日'자를 '날 일'이라고 읽어 오고 있다. '日'의 조선초기 발음은 '실'과 같이 어두에 [z]음이 발음되었던 것인데, 零聲母(영성모)로 변음된 것이다. '日'의 발음을 중국에서는 현재 [ㄖ]라고 발음하지만, 칼그렌(高本漢)의 연구에 의하면 '日'의 古音(고음)은 [ŋ̟ziēt]이고, 安南(안남)의 발음은 [ŋ̟ɐt], 客家(객가) 방언음은 [ŋ̟it] 등으로 推察(추찰)할 때 우리말의 '날'은, 곧 '日'의 상고음과 동계임을 알 수 있다.

이로써 '日'의 구어는 본래 단음절어로서 쓰이던 말이 그대로 '日'의 자음이 되었으며, 그 말은 현재 우리말에서 쓰이고 있는 '날'이 고대의 중국인들과 같이 썼던 동이계어임을 알 수 있다.

우리들은 속속 고증되는 자원설을 통하여 한자는 중국 민족이 만든 것을 빌어다 쓰는 차용문자라는 의식을 하루속히 버리고, 본래 우리의 조상인 동이족이 처음으로 만들었다는 자긍심을 가져야 할 것이다.

표의문자로서 가장 발달한 이른바 漢字〔실은 古韓契(고한글), 또는 東方文字(동방문자)라고 칭해야 옳다.〕와 표음문자로서 가장 과학적으로 만들어진 한글의 장점을 취하여 한글과 한자를 잘 융합해서 쓰면 우리나라는 문자활용 여건에 있어서 가장 이상국이 될 수 있고, 세계 최고의 선진문화국을 이룩할 수 있다고 확신하는 바이다.

「月(월)」자와 옥토끼

시골에서 자라던 어릴 때를 회상하여 보면, 달은 해보다 신비스럽게 생각하였던 것 같다.

열두 달 보름달 중에서도 음력 정월 15일의 둥근 달은 대보름달이라 하여 초저녁부터 나이 수대로 매듭을 묶어 홰를 만들어 불을 붙여 들고 동네에서 가장 높은 산봉우리까지 남보다 먼저 올라가 달을 향하여 절을 하며 소박한 소원을 빌던 일, 음력 8월 15일의 둥근 달은 한가위 달이라 하여 햅쌀로 만든 송편을 먹으면서 쟁반같이 둥근 달을 바라보고 있노라면, 어머니께서는 나의 머리를 쓰다듬으시며 달을 자세히 보면 계수나무 밑에 토끼가 절구에다 떡을 찧고 있는 모습이 보인다고 하시던 옛 추억이 엊그제처럼 새롭다.

그처럼 달은 신비의 대상으로 먼 옛날부터 마냥 상상의 날개를 펴서 재미있는 이야기들을 만들어 왔지만, 언젠가 우주인들이 달로켓을 타고 가서 달에다 인간의 발자국을 남기고 온 뒤부터는 어른은 물론, 어린이도 이미 달에 대한 신비감을 상실하였다. 과학의 발

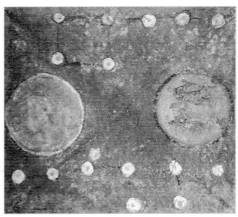

토끼무늬 수막새(통일신라)

고구려의 장천 1호분의 「星宿圖(성수도)」.
해에는 삼족오, 달 속에는 토끼가 있다.

달은 인간에게 꼭 행복을 가져다주는 것은 아니다.

　은나라 때 사람들은 달을 어떻게 문자로 표현하였는지를 약
3,400년 전에 쓰였던 갑골문에서 찾아보니 다음과 같이 그렸다.

　초기의 갑골문에서는 'ᗡ, ᗢ, ᗠ' 등과 같이 보름달이 아닌 기운
달의 모양을 그렸으나, 후기의 갑골문에서는 'ᗡ, ᗢ, ᗝ' 등과 같이
기운 달의 모양에 점을 찍어 놓은 것을 볼 수 있다.

　우리의 조상인 동이족이 문자, 곧 글(契)을 만들던 초기에, 해와
달이 모두 둥글기 때문에 依類象形(의류상형)의 방법으로 구별하기
가 쉽지 않았을 것이다. 그러므로 달은 부득이 기울었을 때의 모양
을 상형하여 해의 글자와 구별했을 것이다.

　이러한 자형이 주대의 금문에서는 'ᗡ, ᗢ, ᗠ' 등과 같이 변형되
고 진대의 소전체에서는 'ᗡ'과 같이 도안화되고, 예서·해서체를
거쳐 오늘날 일반적으로 쓰고 있는 '月' 자와 같이 쓰면서 달의 형

| 갑골문 | 금문 | 전서 | 예서 | 해서 |

〈'月(월)' 자의 자형 변천〉

태와 거리가 멀게 되었다.

여기서 문제는 기운 달의 모양 안에 점을 찍어 놓은 부호가 무엇을 나타낸 것인가이다. 앞에서 '日(날 일)' 자의 가운데 찍어 놓은 점이 '日中有金烏(일중유금오)', 곧 해 가운데는 금까마귀가 있다는 전설이 반영된 것이라고 설명한 바와 같이, 달 가운데 찍어 놓은 점은 '月中有玉兎(월중유옥토)', 곧 달에는 옥토끼가 있다는 전설이 반영된 것임을 알 수 있다.

지금도 우리는 달밤에 달 속의 얼룩진 그림자를 보며 계수나무 밑에서 옥토끼가 떡방아를 찧고 있다는 아름다운 동화 같은 전설을 이어가고 있는 민족이다. 뿐만 아니라, 고구려 고분에서 해 가운데 세발 금까마귀와 더불어 달 가운데 옥토끼를 그려 놓은 그림이 발견된 바 있다.

이렇게 볼 때, 은대에 해를 '日'의 자형과 같이, 달을 'D'의 자형과 같이 그린 것은 바로 그런 전설과 벽화를 가지고 있는 민족의 발상이 표출된 작품임을 부정할 수 없지 않은가.

다시 말해서, 이른바 한자는 중국 민족이 만든 것을 빌어다 쓰는 차용문자가 아니라, 곧 우리의 조상인 동이족이 만들었음을 재확인할 수 있다.

지금은 중국에서도 '월중유옥토' 의 전설
이 있지만, 고구려시대 고분내 벽화로 볼 때,
우리 동이족의 전설이 중국으로 흘러 들어갔
음을 알 수 있다.

한자는 본래 회화문자에서 출발하였기 때
문에 六書(육서)〔象形(상형), 指事(지사), 會意(회
의), 形聲(형성), 轉注(전주), 假借(가차)〕중에서
상형자는 문자를 만들던 당시의 생활풍습, 사
고방식, 전설, 고사 등이 반영되어 있다. 이러
한 점이 표음문자가 따라갈 수 없는 표의문자
의 장점인 것이다.

또한 달 속에는 蟾蜍(섬여), 곧 두꺼비가 있
다고 하여 달을 蟾魄(섬백), 蟾輪(섬륜), 蟾盤(섬
반), 蟾宮(섬궁)이라고 일컫기도 하는데, 기록
으로 보아 '월중유옥토' 의 전설보다는 훨씬
후대에 중국에서 만들어진 전설이라고 생각
된다.

조선 시대의 민화에 나타난 토끼와 달의 모습

6

「甲(갑)」자와 껍질

여러 사람 앞에서 '甲'자를 써 보였을 때, 어떤 사람은 옛날 신체 검사에서 '갑종' 합격을 복창하고 군에 입대하던 생각을 할 것이다. 어떤 사람은 옛날 성적표에서 '甲'자를 많이 받고 기뻐하던 회상을 할 것이다. 또 어떤 사람은 자신의 태어난 해가 干支(간지)로 '甲子(갑자), 甲午(갑오), 甲辰(갑진)' 생이라는 것을 생각하기도 할 것이다. 좀 유식한 사람은 '甲冑(갑주)', 곧 갑옷과 투구를 연상할 것이다.

이처럼 '甲'자는 자전에 '갑옷 갑'으로 훈음이 적혀 있는 것처럼 '갑옷'의 뜻과 간지, 곧 十干(십간) 십이지에서 십간의 '甲(갑), 乙 (을), 丙(병), 丁(정), 戊(무), 己(기), 庚(경), 辛(신), 壬(임), 癸(계)'와 같이 '甲'자가 첫 자로 쓰였기 때문에 '가, 나, 다' 또는 'A, B, C'로 순서를 매기기 이전에는 '甲'이 첫째의 뜻으로 쓰였다.

그러나 '甲'의 자형을 은나라 때 쓰인 갑골문에서부터 찾아보면 '十→田→⊕→⊕→甲'과 같이 변천하여 오늘의 '甲'자가 된

갑골문 　 금문 　 전서 　 예서 　 해서

〈 '甲(갑)' 자의 자형 변천〉

것이다. 갑골문의 자형인 '十, ⊞' 의 글자가 무엇을 상형하였는가
를 찾아내는 것이 매우 중요한 문제이다.

　중국의 문자 학자들이 고증한 연구에 의하면, 열매의 껍질이
'十' 자형으로 터진 모양을 상형한 글자로서, 곧 '열매의 껍질' 을 나
타낸 글자라는 것이다. 뒤에 '十(열 십)' 자와의 혼동을 피하려 果皮
(과피)를 그려 더해서 '⊞' 의 자형으로 변천되었다는 것이다.

　열매의 껍질은 果肉(과육)을 보호하기 위한 표피이므로, 이는 마
치 사람이 전투할 때 입는 갑옷과 같은 구실을 하는 것이기 때문에
뒤에 '갑옷' 의 뜻으로 전의되어 쓰인 것이다. 또한 십간의 첫째를
나타내는 뜻으로도 전의되어 쓰임으로써 오늘날 일반에서 '甲' 의
본래 뜻인 '열매의 껍질' 이라는 뜻이 있음은 잘 모르게 된 것이다.

　한자는 처음 만들어질 때, 자형은 앞에서 설명한 것처럼 사물의
윤곽을 상형하여 만들었지만, 자음은 미처 정하지 못하여 무성자였
다는 것이다. 그렇다면 '甲' 의 자음인 '갑(kap)' 은 어디에서 취해졌
는가를 찾아내는 것이 매우 중요하다.

　우리말에서 열매의 표피를 나타내는 말을 찾아보면 방언을 포함
하여 '껍질, 깝질, 껍데기, 깝데기, 껍디기, 껍딩이, 껍디' 등이 있는

껍질을 벗고 나오는 호두

데, 이 말을 분석하여 보면 '질'이나 '데기'는 접미사이고, 어근은 '껍, 깝'이다. 또한 우리말에서 된소리, 곧 硬音(경음)현상은 고대부터 있던 것이 아니라 중세 이후에 일어난 현상이므로 고음은, 곧 '겁, 갑'이었음을 알 수 있다. 이로써 '甲'의 자음인 '갑'은 곧 우리말에서 취하여졌음을 알 수 있다.

앞에서 언급한 바와 같이 중국의 문자 학자들이 한자를 우리의 조상인 동이족이 만들었다고 하는 것을 구체적으로 고증할 수 있는 좋은 자료가 된다고 할 수 있다.

한 걸음 더 나아가서 우리의 조상인 동이족이 한자의 자형만을 만든 것이 아니라, 한자의 자음까지도 상당수가 우리말에서 취하여졌다는 사실을 새로이 알아야 할 것이다.

현재 우리말에서 '껍질'은 "무른 물체의 거죽을 싸고 있는 질긴 물질의 켜"이고, '껍데기'는 "달걀 조개 같은 것의 겉을 싸고 있는 단단한 물질"이라고 국어사전에서 구별하고 있지만, 실제 일반인들의 일상 언어생활에서 보면 '껍질'과 '껍데기'를 철저히 구별하여 쓰지 않고 있다. 예를 들면 '수박껍질'이라고 해야 표준말이 되겠으나, '수박껍데기'라고 말하는 사람이 더 많은 것 같다.

「氏(씨)」자와 씨앗

콩을 물에 불렸을 때, 우리는 흔히 콩싹이 났다고 말하지만, 실은 콩의 싹이 나온 것이 아니라, 콩의 뿌리가 나온 것이다.

만일 콩이 뿌리가 없는데 싹이 먼저 나왔다면 수분이나 양분을 취하지 못하여 자라기도 전에 말라죽게 될 것이다. 보잘 것 없는 한 낱의 콩 알갱이도 제 종을 번식시키기 위해서 무엇이 먼저 나와야 할 것을 잘 알고 뿌리가 나온 뒤에 싹이 돋는 것을, 우리는 잘 모르고 콩싹이 나왔다고 말하고 있으니, 우리 인간은 자연의 생태에 대하여 얼마나 무심히 살고 있나를 반성하지 않을 수 없다.

그러나 글자를 만들었던 우리의 조상들은 지금의 우리들보다 자연에 대한 관찰력이 매우 섬세하고 정확하였다.

3,400년 전에 만들어진 갑골문에서 '氏'에 대한 자형을 찾아보면 '쒀'와 같이 씨(種子)에서 뿌리가 나온 뒤에 싹이 나온 모양을 그대로 그린 상형문자이다. 주나라 때 금문, 곧 청동기에 새긴 글자에서는 '쒀'와 같이 자형이 변형되고, 진나라 때 소전에서는 '氏'와 같이

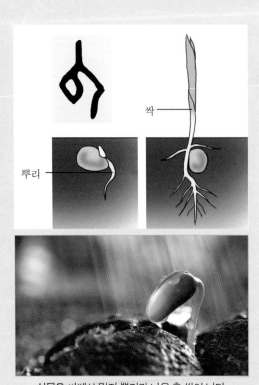

싹

뿌리

식물은 씨에서 먼저 뿌리가 나온 후 싹이 난다.
「氏(씨)」자는 이를 상형한 문자이다.

변형되어 오늘날 우리가 쓰고 있는 '氏'의 자형으로 변천된 것이다.

오늘날 일반적으로 '氏'를 李氏(이씨), 朴氏(박씨), 崔氏(최씨) 등처럼 성씨의 '氏'로만 알고 있지만 본래는 식물의 씨앗을 나타낸 글자라는 것을 알아야 한다. 위에서 말한 바와 같이 씨앗이 種(종)을 잇기 위하여 무엇보다도 중요한 것이 뿌리이기 때문에 '氏'는, 곧 '氏 → 柢(뿌리 저)'의 뜻으로도 쓰이게 되었다.

우리 한국인의 전통적인 풍속으로 조상의 위패를 만들어 사당에 모실 때, 위패를 반드시 밤나무(栗木)로 깎았다. 그 이유는 오늘날 우리의 젊은이들로 하여금 고개를 숙여 자신의 존재에 대하여 감사함을 느끼게 한다. 밤을 땅에 심으면 뿌리와 싹이 나서 자라지만 밤나무 가지에 열매가 달리기 전까지는 뿌리에 붙어 있는 밤알이 썩지 않는다는 것이다. 그래서 우리 조상들은 밤나무가 종자의 이어짐을 확인하고 썩는 데 착안하여, 자손이 영원히 이어지기를 염원하는 뜻에서 반드시 밤나무를 택하여 위패를 깎았음을 알 수 있다.

식물의 씨앗이 면면히 이어 가는 것이나 사람의 자손이 대대로 이어 가는 것이 근본적으로 다를 바 없기 때문에 옛사람들이 씨앗의 '氏' 를 뒷날 사람의 성씨의 뜻으로도 확대하여 쓰게 된 것이다. 다시 말해서 성씨의 氏가 씨앗의 씨로 쓰인 것이 아니라, 씨앗의 씨에서 사람의 성씨로 쓰인 것이다.

그런데 여기서 중요한 것은 중국에서는 식물의 종자에 대하여 '씨' 라는 발음의 말이 없으나, 우리말에는 이른 시대부터 '씨(種子)' 라는 말이 면면히 쓰여 오고 있는 것이다. 비록 고어에서는 'ᄢᅵ' 로 표기되었지만, 그 어근이 '씨' 임은 부정할 수 없다.

이렇게 볼 때 이른 시대의 '' 와 같이 글자를 만든 민족이 어떤 민족일 것인가? '씨(種子)' 라는 말을 지금까지 면면히 쓰고 있는 우리의 조상인 동이족이 만들었음을 부정할 수 없는 사실이다.

콩 씨를 심으면 콩이 나고, 팥 씨를 심으면 팥이 나듯이 사람도 그 씨가 무엇보다도 중요한 것이다. 콩이나 팥이 수수만년 그 씨를 뒤바꾸지 않고 이어져 오고 있는데, 하물며 사람의 씨가 제멋대로 변질되어 나타날 리 없다.

우리가 참외를 혹 씨조차 먹으면, 그 씨에 부여된 지고지선의 사명을 다하기 위하여 생선뼈도 삭혀 나오는 창자를 얇은 막으로 싸인 약하디 약한 참외 씨가 갖은 애를 써서 그대로 통과한 뒤 대변과 함께 땅에 떨어지면, 뿌리를 박고 자라서 단 한 개의 열매라도 맺는다. 이것이 이른바 '개똥참외' 라는 것이다. 이 개똥참외는 종자를 최대한 많이 번식시키기 위하여 살은 별로 없고, 씨만 소복히 지니고 있어 먹을 것이 없을 정도로 깜찍하게 생겼다.

나라는 존재가 수수만년 어떻게 이어져 오늘날 이 우주 위에 존재하게 된 지도 모르고 철없이 독신주의를 주장하는 젊은이가 있다면, 그는 개똥참외만도 못한 인간임을 알지어다.

「歲(세)」자와 설

한자는 중국의 한족이 만든 것이 아니라, 우리의 조상인 동이족이 만들었다는 것은 중국 학자들도 인정하는 바이다. 더구나 한자 사용 이전의 구어로서의 중국 고대어는 이미 소멸되었음을 알아야 한다.

모든 어휘가 「日, 月, 山, 川, 木, 水, 土…」처럼 단음절로 읽혀지는 것은 인위적인 음이지, 결코 자연적인 구어가 아니다. 그러므로 한자음 이전의 구어로서 고대 중국어는 황하문명의 주역이었던 동이족의 언어인 우리 한국어에서 찾아볼 수밖에 없다.

은대의 갑골문에서 한 해, 두 해의 해를 나타낸 '歲' 자의 자형을 찾아보면 '㲦 → 㳞' 의 형태로 쓰이다가, 주대의 금문에서는 '㲦 → 㳞 → 㳞' 의 형태로 쓰였으며, 진대의 小篆(소전)에서는 '㲦' 와 같이 변형되어 오늘의 '歲' 자가 된 것이다.

이 자형을 풀어보면 '步' 자와 '戌' 자의 합체자로서 이미 은대에 형성자로 만들어졌음을 알 수 있다. '歲' 자의 뜻은 12달이 지나 첫 걸음을 내딛는 뜻으로 1년이 처음 시작되는 것을 나타낸 것이다. 이

| 갑골문 | 금문 | 전서 | 예서 | 해서 |

〈 '歲(세)' 자의 자형 변천 〉

러한 특수한 날에 대하여 이른 시대부터 어떠한 명칭의 말이 있었을 것이다.

지금도 우리는 '過歲(과세) 안녕하십니까?', '과세는 잘 했는가?' 와 같이 설 인사를 하는데, 과세는 곧 설 쇠다의 뜻이다. '歲' 자의 음이 '步＋戌' 의 형성자이므로, 곧 '戌(술)' 이었음을 알 수 있다. 지금은 '歲' 의 자음이 '세' 이지만 고대에는 '戌(술)' 에 가까운 음이었음을 알 수 있다.

우리는 설을 쇠면, '한 살 더 먹었다' 고 표현한다. 이때 '살' 은 곧 나이를 말하는데, '歲' 는 곧 나이의 뜻으로도 쓰인다. 이로써 우리는 우리말의 '설' 과 '살' 이 동어원임을 알 수 있다. 언어의 발달로 보면 한 해가 시작되는 첫날의 명칭인 '설' 보다는 나이를 나타내는 '살' 이란 말이 먼저 만들어졌을 수도 있다.

형성자는 상형자나 지사자보다 뒤에 만들어졌으며, 또한 어떠한 뜻을 나타낸 것보다는 이미 쓰고 있는 구어의 발음을 나타낸 것이 많다. 예를 들면, 양자강이나 황하를 물이란 뜻으로 구별하기는 매우 어려웠을 것이다. 그러므로 글자를 만들 때 양자강의 물소리가 바위에 부딪쳐 '꿍꿍' 소리를 내며 흘러가는데 착안하여 擬聲字(의

성자)로서 '水(氵)＋工→江' 자를 만들고, 황하는 황토지대를 '콸콸' 거리며 흘러가는데 착안하여 의성자로서 '水(氵)＋可→河' 자를 만든 것이다. 이때 '工' 자와 '可' 자는 뜻에는 관계없이 발음으로만 쓰인 것이다. 그러므로 옛날에는 '江' 과 '河' 가 단독자로서 양자강과 황하를 뜻했던 고유명사이었는데, 지금은 보통명사화하여 쓰이고 있다.

이처럼 지금 우리말에서 쓰이고 있는 '설' 과 '살' 이 고대에는 비슷한 발음으로서 '歲' 자가 만들어지기 전부터 쓰였던 것인데, '歲' 자를 만들면서 '戌' 로써 그 발음을 취하였음을 알 수 있다.

그런데 역으로 우리말의 '설' 이나 '살' 이란 말이 '歲' 자의 고음에서 취하여 만들어졌다고 한다면, 우리말의 형성 역사보다 한자가 더 오래되었다는 억지 주장이 되는 것이다. 오늘날 우리가 쓰는 이른바 한자의 역사는 현재로서는 은대의 갑골문을 넘어갈 수 없으니 약 3400년의 역사에 불과하다.

이와 같이 중국 학자들도 한자는 동이족이 만들었다고 인정하는 학설을 구체적으로 고증할 수 있다. 이것은 곧 황하문명은 한족이 아니라, 우리의 조상인 동이족이 이룩한 역사라는 사실을 밝혀내게 되는 것이다.

「自(자)」자와 코

한자를 대만의 문자 학자 李敬齋(이경재)씨는 "夫東夷果何等人耶, …其代表人物如舜…, 可見我國文字東夷人亦多所創造." 곧 "무릇 동이는 과연 어떤 사람들인가? 그 대표인물이 舜(순)임금이다. 우리 나라(中國)의 문자는 동이인이 모두 창조한 것이다."라고 하였다.

그러나 필자는 대만의 이경재씨처럼 한자를 만들던 초창기에도 모두 우리의 조상인 동이족만이 만들었다고 생각하지 않는다. 다시 말해서 한자는 황하문명을 이룩하던 시대부터 여러 부족에 의하여 만들어졌다고 생각한다.

지금까지 동이족이 만든 한자의 예를 들어 설명하였지만, '自(스스로 자)' 자는 동이족보다는 중국 민족과 밀접한 관계가 있거나 그들에 의하여 만들어진 문자일 것이다.

'自' 자를 보면 일반적으로 '스스로', '自身(자신), 自然(자연), 自己(자기)' 등을 연상할 것이다. 그러나 '自' 자는 본래 '스스로'의 뜻이 아니라, '코'의 뜻을 나타낸 상형자이다.

갑골문   금문   전서   예서   해서

〈 '自(자)' 자의 자형 변천〉

'自'의 자형을 은나라 때 갑골문 곧 뼈에 새긴 문자에서 찾아보면 '𦣻, 𦣻, 𦣻' 등과 같이 주름살진 어른의 코를 그린 상형자였는데, 주나라 때 금문, 곧 청동기에 鑄字(주자)한 문자에서는 '𦣻, 𦣻, 𦣻' 등과 같이 변형되고, 秦나라 때 小篆體(소전체)에 이르러 '𦣻'와 같이 도안화 된 뒤, 예서와 해서체에 이르러 오늘날 우리가 쓰고 있는 '自'의 자형으로 변형된 것이다.

은대의 자형에서는 보는 즉시 코의 모양을 나타낸 것을 알 수 있으나, 오늘날 우리가 쓰고 있는 '自'를 보고 코를 연상하는 사람은 거의 없을 것이다. 그러므로 한자 중에서 상형자는 회화에서 상형으로, 다시 표의부호로 변하면서 점점 인식하기가 어렵게 되었다.

'自' 자가 본래 '코'를 나타낸 글자인데 왜 '스스로'의 뜻으로 변했을까? 참으로 수수께끼가 아닐 수 없다.

중국인들은 자신을 가리킬 때 이른 시대부터 손가락으로 자기의 코를 가리키는 습성이 있었다는 것이다. 이러한 습관에서 '코'의 뜻으로 쓰였던 '自' 자가 뒤에 '自己(자기)'의 뜻으로 전의되어 쓰이게 되었다.

싸울 때 보면, 우리 한국 사람들은 '내가 그랬냐?' 고 할 때 대개 손으로 자신의 가슴을 가리키지만, 지금도 중국인들은 덩치가 큰 사람도 채신없이 반드시 자기의 코를 가리키며 싸우는 모습을 볼 수 있다.

이로써 민족마다 독특한 습성이 있으며, 그 습성이 수천 년이 되어도 여전히 변하지 않고 지속됨을 알 수 있다.

'自' 자가 '스스로' 의 뜻으로 변하여 쓰이게 되자, '코' 의 뜻을 나타내는 글자가 또 필요해서 '自' 자에 '畀(줄 비)' 자를 聲符(성부) 곧 자음으로 더하여 '鼻(코 비)' 자를 또 만든 것이다. 그래서 '自' 는 상형자이지만 '鼻' 는 형성자로 된 것이다. 이런 이유로

자신을 가리키고 있는 중국의 배우

코를 나타내는 글자가 '耳(귀 이), 目(눈 목), 口(입 구)' 에 비하여 복잡한 글자가 된 것이다. '鼻' 자가 '自' 자보다 뒤에 나온 같은 뜻의 글자이기 때문에 累增字(누증자)라고 일컫는다.

이로써 볼 때 '自 → 鼻' 의 글자는 그러한 습관을 가지고 있는 중국 민족이 만든 글자이지, 우리의 조상인 동이족이 만들었다고 할 수 없다.

결론적으로 한자는 곧 여러 시대, 여러 지역, 여러 부족에 의하여 만들어진 문자이지, 결코 중국 한족만이 만든 문자가 아니다. 그러므로 오늘날 '漢字' 의 명칭은 '東方文字' 라고 일컬어야 마땅하다는 것을 강조하며, 또 그렇게 쓰자고 촉구하는 바이다.

「兒(아)」자와 아이

근래 중국 여행 중에 중국 사람한테 직접 들은 이야기다. 일반적으로 중국 인구가 약 13억이라고 하는데, 실은 약 16억이라는 것이다. 13억도 엄청난 人口인데, 16억이라니 놀라지 않을 수 없다.

그 이유를 물으니 최근까지도 중국 정부의 인구 억제정책에 의하여 아이를 하나만 출산해야 하였다. 그러나 여자아이를 낳았을 때는 남자아이를 낳기 위하여 더 낳을 때까지 낳다 보면 여러 아이를 낳게 되는데, 이렇게 되면 벌과금을 내야 되는데, 이것을 감당할 수 없어 아이들을 데리고 유랑을 하게 된다는 것이다. 이 무호적의 인구가 약 3억이나 된다고 한다.

이러고 보면 중국인들의 남아 선호도는 우리 한국인들보다도 더 야단스럽다고 할 수 있다.

한자의 자형을 통해서 고찰하여 보면, 본래 한자를 만든 동이계 사람들은 지금처럼 남아선호사상이 별로 없었던 것 같다.

'子'를 지금은 '아들 자'라 하여 '아들'만을 뜻하는 것으로 되어 있지만, 갑골문에서 자형을 살펴보면, '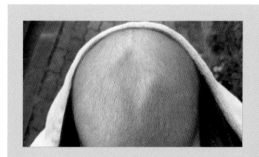' 등의 자형으로서 갓난아이를 襁褓(강보)에 쌌기 때문에 두 다리는 보이지 않고, 다만 머리와 두 팔만 그렸거나, 아이들의 머리털이 서 있는 모습을 나타내기도 하였다. 사내아이인지 계집아이인지는 전연 구별하지 않았다.

'兒' 자는 갑골문에서 '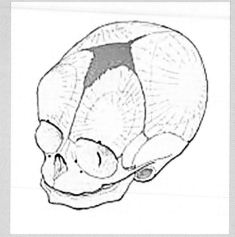' 등의 자형과 같이 아이의 얼굴에서 두 눈만 그리고, 정수리는 아직 굳지 않아서 숨구멍이 발랑거리는 상태를 강조하여 표시하고, 팔다리를 그린 것으로 보면, '子' 보다는 좀 큰 아이의 모습을 나타낸 것임에는 틀림없으나, 역시 남녀아이의 구별은 없다.

갓난아이의 정수리에 있는 숨구멍(大泉門)

이로써 보면 옛사람들은 사내아이와 계집아이의 구별 없이, 아이 그 자체로서 소중하고 귀엽게 생각했던 것 같다.

오늘날 남자아이와 여자아이의 구별은 '男(사내 남)'과 '女(계집녀)' 자로써 할 수밖에 없다. 그러나 '男'은 곧 밭에 가서 쟁기질한다는 '毗→男' 자형으로서 성인 남자를 뜻하고, '女'는 곧 무릎을 꿇고 두 손을 앞으로 모으고 앉아 있는 '甹→女'의 자형으로서 성인 여자를 나타낸 글자였다. 결코 '男'과 '女'에는 아이의 뜻이 들어 있지 않다. 남아를 '兒' 또는 '孩(해)'라 하고, 여아를 '嬰(영)'이라고 구별한 것은 후대에 정한 것이다.

'兒'자의 자형은 아이의 모습을 상형하였지만, '아'의 음은 어떻게 취했을까를 찾아내는 것이 중요하다.

우리말에 유아를 일컫는 말에 '아기', 동물의 새끼를 일컫는 말에 '아지', 어린이를 일컫는 말에 '아이' 등이 모두 같은 어원으로서 '아'를 공통으로 어근을 이루고 있고, '기, 지, 이' 등은 접미사로 볼 수 있다.

'兒'의 자음 '아'는, 곧 이상의 우리말의 '아'가 단음절로서 취음되었음을 알 수 있다. 유아의 본래 구어가 다만 '아'의 단음절이었다고는 볼 수 없다.

'兒'의 반절음에 '如支切(여지절)'과 '硏奚切(연해절)'이 있고, 양주 방언에서는 [ɑ]로 발음되고 있는 것을 볼 때, 고음이 'ᄋ'였을 것이다.

「其(기)」자와 키

우리나라 민속에 사내아이가 잠자리에서 오줌을 싸면, 다음날 아침 벌로 키를 머리에 씌워 동네를 돌며 소금을 꾸어 오게 한다. 왜 이렇게 하는지 그 연원은 잘 모르겠으나, 아마도 수치감을 크게 느끼게 하여 다시는 오줌을 싸지 않게 하려는 데서 생긴 민속인 것 같다.

우리말의 '키' 에는 배의 방향을 조정하는 기구로서 '키(柁)' 의 명칭으로도 쓰이지만, 여기서는 곡식을 까불러 티끌이나 쭉정이를 골라내는 농기구의 명칭으로서 '키(箕)' 를 살펴보고자 한다.

'키' 에 대한 한자를 갑골문에서 찾아보면 '囟, 囝, 囟, 囝' 등의 형태로 되어 있고, 금문에서는 '贲, 箕, 箕' 등과 같이 변형되고, 소전체에서 '箕' 와 같이 통일된 뒤 오늘의 '其' 자가 된 것이다.

자형의 변천을 통하여 고찰하면, 처음에는 단순히 '키' 의 모양을 상형했다가 나중에는 '키(囝)' 의 모양에 '丌' 의 형태를 더하였음을 알 수 있다. '丌' 에 대해서는 '⺕又 → 丌' 의 형태와 같이 두

갑골문　　　금문　　　전서　　　예서　　　해서

〈'其(기)' 자의 자형 변천〉

손으로 키를 잡고 까부는 모양을 나타낸 것으로 볼 수 있다. 중국의 문자 학자 중에는 '丌'에 대하여 '丌(책상 기)' 자로 보고 '其'의 자음을 나타낸 성부로 본 사람도 있다. 전자로 보는 것이 더 타당하다고 생각된다.

'其'의 반절음은 '渠之切(거지절), 渠宜切(거의절), 居之切(거지절), 吉器切(길기절)' 등으로 되어 있어 한국 한자음으로는 聲母(성모), 곧 子音이 'ㄱ'의 평음으로 되어 있으나, 중국의 고음으로는 'ㅋ' 곧 [kh]의 有氣音(유기음)이다. 현재는 口蓋音化(구개음화)되어 '其'의 음이 '치'로 발음되지만, 客家(객가), 汕頭(산두), 潮州(조주) 방음으로는 [k'i]로 발음되고 있다.

'其'가 뒤에 인칭대명사로 쓰이게 되자 소전체에 이르러 '竹' 부수자를 더하여 '箕'의 자형을 만들었다. 필자의 생각으로는 '聿→筆'의 경우와 마찬가지로 갑골문이나 금문을 사용하던 은, 주시대에는 버들 따위로 키를 만들다가, 뒤에 대나무로 키를 만들면서 '竹' 부수자를 더하게 된 것 같다. 우리나라에서도 지금은 지방에 따라서 대나무로도 키를 만들지만, 본래는 버들가지로 키를 만들었다.

'𠥩'의 자형을 보아도 우리나라에서 사용하고 있는 '키'의 모양과 일치한다.

곡식을 키에 올려 까불고 있는 아낙네

'其' 와 '箕' 의 한국 한자 음은 '기' 로 읽으면서도 '箕' 의 우리말이 '키' 인 것으로 볼 때, 우리말의 '키' 를 取音(취음)하였음을 알 수 있다. 또한 우리말에서도 방언으로는 '치' 로 발음되고 있음도 중국의 현대음과 일치한다. 이것은 한·중 양국어에서 모두 구개음화 현상에 의한 변음이겠지만, 중국에서는 표준어 현상으로 보고, 우리나라에서는 방언으로 취급하고 표준어로 인정하지 않음이 다를 뿐이다.

현재 중국어로는 '키' 를 '箕' 에 '簸(까부를 파)' 를 더하여 '簸箕(버치)' 라고 한다.

「拜(배)」자와 신장대

　　몇 년 전에 홍콩대학 교수가 우리나라를 방문하였다가 마침 설날 우리 집에 와서 학생들이 세배하는 모습을 보고, 놀란 모습으로 중국에서는 이미 오래 전에 사라진 동방예절의 진면목을 보았다고 감탄한 일이 있다.

　　설날 스승이나 어른에게 꿇어 엎드려 절하는 예절을 행하고 있는 습속은 우리 한국에서만 볼 수 있는 미풍양속이라고 할 수 있다. 중국에서는 다만 서서 두 손을 모으고 '꿍시 파차이(恭禧發財)', 곧 '새해에도 돈 많이 버시기를 빕니다.' 라는 말을 하는 것이 설날 세배이다. 교수를 만나서도 '꿍시 파차이' 라는 인사를 할 때는 아연하지 않을 수 없다.

　　우리나라는 절하는 법도도 매우 까다롭다. 그 순서를 설명하면 '興(흥),

새해에 어른에게 세배드리는 모습

揖(읍), 跪(궤), 拱手(공수), 拜(배)' 곧 먼저 똑바로 서서 손을 앞으로 모으고, 무릎을 꿇고 모은 손을 머리에 가까이 올린 다음 손을 땅에 대고 머리를 땅에 닿을 정도로 절을 하는 것이다.

혼인식 때 醮禮廳(초례청)에서 절하는 것은 더욱 까다로워서 특히 신부는 큰절을 네 번이나 해야 하기 때문에 다른 사람이 양측에서 부추겨 주어야 할 수 있다. 초례청에서 절을 신랑은 2번, 신부는 4번 하는 까닭은 남존여비의 습속에서 나온 것이 아니라, 음양 사상에서 차이를 둔 것이다. 陽(양)의 수는 1이고, 陰(음)의 수는 2이기 때문에 평상시 절할 때는 남자는 한 번 하고, 여자는 두 번 하고, 혼인이나 제사 때처럼 특별한 때는 배의 수를 택하여 남자는 2번, 여자는 4번 하는 것이다.

우리 한민족 역사상 가장 치욕적인 절이 있었다. 병자호란 때 인조께서 남한산성에서 끝까지 항전하다 못하여 삼전도(지금의 서울 송파구)로 내려와서 청태종에게 항복하는 절차로서 叩頭九拜(고두구배), 곧 머리를 땅에 닿도록 9번이나 절하며 이마에 피를 흘린 모습을 상상하면 민족적인 굴욕감을 금할 수 없다.

이러한 '절'의 역사는 人事(인사), 곧 사람과 사람 사이의 일이다. 그러나 인사로서의 절은 인류의 역사로 볼 때, 상당히 문명시기에 들어와서 생긴 일일 것이다. 실로 절은 사람과 사람 사이에서 시작된 것이 아니라, 자연의 공포감 앞에 신에게 의지했던 나약한 인간의 모습으로 나타난 것이 절일 것이

인조가 고두구배하는 삼전도의 치욕

다. 그래서 실체로 보이지 않는 신의 모습을 시각적인 상징물로 만들어 그 앞에 무릎을 꿇고 절하였을 것이다.

주나라 때 금문에서 절의 뜻으로 쓰인 '拜' 자를 찾아보면, '□, □, □, □' 등과 같이 상형 되어 있다. 자세히 살펴보면, 나무(木)와 손(手), 또는 나무 앞에 무릎을 꿇고 있는 사람의 모습을 그린 것이다.

지금도 우리나라 시골에서 시월 상달에는 마을 어귀에 있는 고목에 절하며 고사를 지내는 습속이 전해지고 있다. 또는 소나무의 맨 꼭대기 줄기로 신장대를 만들어 대잡이가 잡고 있고, 박수(남자무당)가 북과 징을 치며 경을 읽으면, 주인은 신장대를 향하여 절을 하며 상달고사를 지내는 습속도 전해지고 있다.

이러한 모습을 그대로 상형한 것이 '拜(절 배)' 자의 본래 자형일 것이다. 금문의 자형에서 나무 형태(□)를 보아도 우리 민족이 가장 좋아하고 숭상하는 소나무의 형태임을 알 수 있다.

마을 어귀의 고목에 고사를 지내는 풍습은 지금까지 이어져 오고 있다.

진나라 때 소전체에서는 '□'와 같이 변형되고, 예서체에서는 '□'와 같이 변형되어 오늘의 '拜' 자가 된 것이다.

이처럼 한자는 당시의 생활상이 나타나 있기 때문에, 우리의 조상인 동이족이 만들었다는 것을 방증할 수 있다.

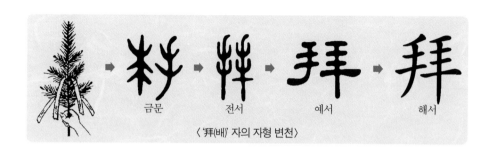

〈 '拜(배)' 자의 자형 변천 〉

금문　　　전서　　　예서　　　해서

　　중국인들이 예로부터 우리나라를 東方禮儀之國(동방예의지국)이라고 지칭하여 온 것처럼 우리 한민족은 지금까지도 지구상에서 절을 가장 격식에 맞추어 행하고 있는 민족이다. 그러나 근래 젊은이들의 생활 모습을 보면, 언제까지 지속될는지 모르겠다.

「察(찰)」자와 제수

동방문자(한자)의 장점은 단 한 글자로도 수천 년 전의 생활습관과 문화수준을 그대로 엿볼 수 있는 점이다. 한자의 조자방법을 소급하여 살펴보면 사물의 형태를 본뜬 '依類象形(의류상형)'의 방법을 썼다. 또한 '依類象形(의류상형)'에서도 '象具體之形(상구체지형)'과 '象抽象之形(상추상지형)'으로 나누어 상형자와 지사자를 만들었다.

그러나 형태가 없는 추상어를 모두 지사자로 만든 것은 아니다. 예를 들면 '살피다'는 추상어인데, 옛사람이 어떻게 형상화하였을까? 곧 지사자가 아니라 회의자인 '察' 자로 표현하였다. '察' 자를 분석하여 보면 '宀'(집 면) 자와 '祭(제사 제)' 자의 합체자임을 알 수 있다. 집 안에서 제사를 지내는 것으로 '살피다'의 뜻을 나타냈다는 것은 매우 흥미 있는 것이 아닐 수 없다. 오늘날의 생활습관으로는 잘 이해가 되지 않는 착상이라 할 수 있다.

'宀' 이 지금은 부수자로만 쓰이지만, 본래의 자형은 갑골문에서 집의 모양을 간단히 그리어 '⋔, ⌂, ⋒' 등과 같이 단독으로 쓰였던 것인데, 진대의 소전에서 '⌂'와 같이 변형되고, 오늘날의 '宀' 자형으로 변하여 부수로 쓰인 것이다.

그러나 '宀'이 부수자로 쓰이면서 부수명을 우리나라에서 '갓머리'로 일컬은 것인데, 이것은 옛날 서당에서 아이들에게 얼른 익히게 하기 위한 속칭이었다. 현재까지도 대부분의 자전에 '宀'의 부수명이 '갓머리'로 쓰임으로써 자의 해석에 적지 않은 오해를 불러일으켰다. 예를 들면 덕수궁의 정문이 본래 '大安門(대안문)'이었는데, '安'이 곧 여자가 갓을 쓴 것으로 풀이하여 명성황후의 세도를 막자는 뜻에서 '大漢門(대한문)'으로 바꾸었다는 속설이 떠돌게 되었다.

'宀'의 부수명 '갓머리'가 일본에까지 전파되어 일본에서도 'かんむり(간무리)'로 쓰이고 있는 것을 보면, 백제의 왕인이 일본에 『천자문』을 전하여 가르쳤다는 것을 확증할 수 있다.

앞으로는 학생들에게 '宀'의 부수명을 '갓머리'가 아니라, '집면'으로 가르쳐야 할 것이다. '宀' 밑에 무엇이 쓰이더라도 거의 모두가 집과 관계가 있다고 유추할 수 있도록 가르치면, 학생들이 한자를 쉽게 익힐 수 있을 것이다.

우리나라에서는 '宇(집 우)'나 '宙(집 주)'를 모두 '집'으로 훈을 붙이어 '宇'와 '宙'가 같은 뜻으로 알고 있지만, 실은 '宇'는 공간의 집을 뜻하고, '宙'는 시간의 집을 뜻하여 다른 뜻의 글자이다. 동양에서는 이른 시대부터 공간에만 집이 있는 것이 아니라, 시간에도 집이 있어 우주는 곧 공간과 시간의 집으로 이루어졌다고 생각한 것은 일찍부터 사차원의 세계를 상상하였다고 볼 수 있다.

창덕궁의 주합루

　조선시대 정조대왕이 세운 창덕궁의 「宙合樓(주합루)」는 곧 왕이
나 왕세자가 배우년 책을 모아 놓은 누각의 명칭으로서 오늘날처럼
직접적으로 도서관이나 장서각이라 하지 않고, 시간을 모아 놓은
집이란 뜻으로 '宙合樓(주합루)'라고 명명한 점에 경탄하지 않을 수
없다. 우리 조상들의 고도의 정서와 철학을 엿볼 수 있다. 도서관은
곧 시간을 모아 놓은 것이요, 백년 전의 책을 본다는 것은 곧 백년
전의 시간을 보는 것이다.

　오늘날 한글세대들이 「宙合樓」를 다만 「주합루」라고 한글로만
알고 있을 때, 혹 모여서 술먹는 집이 아닐까라고 추측하는, 그것도
어렴풋한 한자 지식으로 추측할 수밖에 없을 것이다. 이렇게 되면
같은 사회에 살면서도 사고의 격차로 대화를 할 수 없을 것이다.

　이로써 한글만 아는 사람과 한자도 알고 있는 사람과의 지식이나 사고의 수준이 얼마나 차이가 날 것인가는 설명할 필요가 없을 것이다.

'祭' 자는 '夕(肉)', 'ㅋ(手)', '示'의 합체자로서 '祭'의 자의는 곧 손(手)으로 고기(肉)를 들어 神(示)에게 올린다는 뜻이다. 여기서 고기는 물고기를 의미하는 것이 아니라, 희생이 곧 소를 잡아 제물로 바치었음을 뜻함과 같이 지금도 제수에는 반드시 소고기를 쓴다.

'示'에 대하여 허신은 하늘〔三(乾)→二〕에서 햇빛, 달빛, 별빛이 내리비칠(川) 때 사물이 보인다고 하여 '보일 시'라고 풀이하였지만, 갑골문에서 쓰인 '示'의 자형을 찾아보면, '不, 示, 工, 丁, 示, 丁」 등과 같이 쓰여서 갑골문이 발견된 뒤에는 허신의 설을 부정하고, 나무나 돌로 세웠던 신주의 형태로 풀이하고 있다.

이상을 종합하여 '察'이 '살피다'의 뜻을 나타낸 자의를 알 수 있다. 옛날 조상신에게 祭를 지내기 위하여 준비하는 제수품보다 더 살필 일이 없었기 때문에 집안(宀)에서 제사(祭)를 지내는 합체자로써 '살피다'의 뜻을 나타낸 것이다.

최근 집안에 따라서는 제사의 거행이 많이 달라지기는 하였지만, 제대로 지키어 제사를 지내는 집안에서는 지금도 忌故(기고)가 들면, 제수를 준비하는 아낙네는 적어도 일주일 전부터 목욕

제사는 동이족의 오랜 풍습이다.

재계하고도 머리칼이 떨어질까 염려하여 머리에 기름을 바르고 수건을 쓰고, 메를 올릴 쌀을 키에 퍼놓고 뉘나 돌을 고르는 등 모든 제수품을 온 정성과 주의를 들여 정갈히 준비하는 것을 볼 수 있다. 그야말로 이보다 더 살필 수는 없다.

필자가 어려서 들은 이야기로는 메에 작은 돌이라도 있으면 조상신은 바위가 들었다 하고, 국에 머리칼이 빠져 있으면 구렁이가 들었다고 하며, 제수를 들지 않고 가기 때문에 그렇게 정성을 다하여 준비한다는 것이다.

오늘날 중국인들이 제사 지내는 형태를 보니 우리와는 전연 달랐다. 우리처럼 극도로 살피어 준비하지 않을뿐더러 우리처럼 紙榜(지방)을 모시고 紅東白西(홍동백서), 棗栗梨柿(조율이시), 酒果脯醯(주과포혜) 등 따지어 차리지도 않고, 통조림을 따지도 않고 제수로 놓고 지내는 모습을 보고 중국의 귀신들은 그야말로 귀신같이 먹고 간다고 혼자 웃은 일이 있다. 심지어는 기독교 신자도 아닌데, 다만 꽃 한 다발을 꽂아 놓고 제사를 지내는 모습도 보았다.

혹자는 우리의 제례 습관 자체가 중국의 유교에서 유입된 제도라고 주장할지 모르겠으나, 그것도 일종의 잘못된 사대사상의 편견이라고 할 수 있다. 결코 중국에서 전래된 풍습이 아니라, 이른 시대부터 우리의 조상인 동이족의 전통풍습임을 알아야 한다.

결론적으로 말해서 집안(∩→宀)에서 제사(祭)를 지내는 것으로 '살피다'의 뜻을 나타낸 '察' 자를 만든 민족은 통조림을 따놓지도 않고 祭를 지내는 중국의 한족이 아니라, 지금도 키에 쌀을 깔아 놓고 고르는 우리 민족, 곧 동이족의 풍습이 아니면 만들어질 수 없는 글자라는 것을 제언하는 바이다.

「我(아), 爾(이), 其(기)」자와 나, 너, 그

근대 서양 학자들의 학설을 미처 분석 비판할 겨를도 없이 수용하다 보니 우리는 많은 오류를 범하지 않을 수 없었다. 그중에서도 언어학에 있어서 특히 계통론에서 큰 오류를 범하였다.

일반적으로 한국어를 알타이어계에 속한다는 서양학자들의 학설이 지금도 엄연히 이 땅의 대학강단에서까지 강의되고 있으나, 최근에 이르러 서양학자들은 오히려 한국어의 알타이어계 학설에 대해 회의를 가지고 계통론에서 보류하고 있다.

그 이유는 알타이어계에서 한국어의 共通祖語(공통조어)를 찾아보아도 기초어휘에서까지 별로 공통점을 찾을 수 없기 때문이다. 구체적으로 말하면 기초어휘 중에서도 기본적인 어휘 '나, 너, 그'를 알타이어계에서는 찾아볼 수 없다. 그러나 한국어와는 이질어계로 인식되어 온 한장어계인 중국어에서 찾아볼 수 있다.

'我'의 한국음이 '아'로 되어 있고, 현재 중국어로는 '워'라고 발음하지만, 고음은 어두에 'ㅇ[ŋ]'이 있었으므로 우리말의 일인칭

| 갑골문 | 금문 | 전서 | 예서 | 해서 |

| 갑골문 | 금문 | 전서 | 예서 | 해서 |

| 갑골문 | 금문 | 전서 | 예서 | 해서 |

〈'我(아)', '爾(이)', '其(기)' 자의 자형 변천〉

대명사 '나'에 대응될 수 있다. 현재 중국의 西安(서안), 成都(성도), 蘇州(소주), 廣州(광주), 福州(복주) 등지의 방언에서도 [ŋ]의 어두음이 발음되고 있다.

이것은 '魚'의 고음이 어두에 [ŋ] 음이 있었기 때문에 우리말에서 '鯉魚(이어), 鮒魚(부어), 鯊魚(사어)' 등이 지금도 '잉어, 붕어, 상어' 등으로 발음되는 것과 같다.

'爾(너 이)'의 한국음이 '이'로 발음되지만, 중국에서는 '爾' 자가 '尔'로 변형되고 다시 '你(남성 이인칭), 妳(여성 이인칭), 祢(神으로서 이인칭, 돌아가신 부모를 칭할 때)' 등과 같이 구별하여 이인

우랄산맥과 알타이산맥

칭 대명사로 쓰이고 있다. 중국에서는 대부분 [ni] 로 발음되기도 한
다. 제2인칭 대명사로서 고문에서는 '女, 汝'를 쓰기도 하였는데,
역시 어두에 [n] 음을 가지고 있다. 우리말의 제2인칭 대명사 '너,
네, 니'에 대응된다. 표준어 규정에서 '니'는 사투리로 구별하고 있
지만, 일상 언어생활에서 보면 '니'가 더 자연스럽게 쓰이고 있다.
그렇게 보면 제2인칭 대명사는 한·중 양국어가 완전 일치된다.

　'其'의 현재 한국음은 '기'이지만, 고음은 '그'였다. '其' 자의
현재 중국음은 '치'이지만, 고음은 '渠之切(거지절)'의 反切音(반절
음)으로서 역시 '기'였다. 우리말의 제3인칭 대명사 '그'에 대응될
수 있다.

　더욱 중요한 것은 '我, 爾, 其'가 본래 인칭 대명사로 만들어진

글자가 아니라는 것이다.

'我' 의 자형은 은대의 갑골문에서 찾아보면 「扗, 扙, 扙」 등의 자형으로서, 톱니가 있는 무기의 모양을 본뜬 상형자인데, 이 무기는 적을 찍어 반드시 자기 쪽으로 잡아 당겨야하기 때문에, 뒤에 '나' 라는 대명사로 쓰이게 되었다는 것이다. '我' 자가 '戈(창 과)' 부수자에 속한 것으로도 武器名(무기명)이었음을 알 수 있다.

'爾' 의 자형이 갑골문에서는 「帀, 帀」 등의 자형으로 쓰였고, 주대의 금문에서는 「帀, 帀, 帀」 등과 같이 변형되었다. 갑골문에서는 인명이나 국명으로 쓰였다. 중국의 문자학자 林義光(임의광)은 '絡絲架(낙사가)' 곧 실 감는 얼레로 풀이하였다. 어쨌든 본래부터 2인칭 대명사로 만든 글자는 아니었는데, 뒤에 제2인칭 대명사로 쓰이게 된 것이다.

'其' 의 자형이 갑골문에서 「𠂤」의 자형으로서 물건을 까부르는 '키' 의 모양을 본뜬 상형자였다. 뒤에 제3인칭 '그' 로 전의되어 쓰이자, 다시 '箕(키 기)' 의 자형을 만들어 '키' 의 뜻으로 썼다.

우리말의 '나, 너(니), 그' 는 다른 말에서 전의되어 쓰인 것이 아니라, 본래부터 인칭 대명사로 쓰인 말이다.

한자에서는 은대에 미처 인칭대명사의 글자를 만들지 못하였으므로 뜻은 다르지만, 음은 같은 자를 취하여 '나, 너(니), 그' 를 '我, 爾, 其' 로 가차하였음을 알 수 있다. 이로써 한국어는 알타이어계에 속하는 것이 아니라, 이른 시대에 한·중 언어는 동이계어로서 동계어였음을 입증할 수 있다.

그러므로 모든 어휘가 단음절어인 한자를 쓰는 중국어는 자연스러운 구어로서의 고대 동이계어가 아니라, 한자가 만들어진 이후에 새로이 생성된 인위적인 언어임을 알 수 있다.

예를 들면 '東, 凍, 冬, 洞, 銅, 童, 桐, 同' 등과 같이 이처럼 많은 단음절 同音異語(동음이어)를 시각적인 구별은 가능하지만 도저히 청각상의 구별은 할 수 없는 것이다.

고대 중국어의 연원을 동이계어로서 동계어였던 한국어에서 찾을 수밖에 없으며, 또한 한자의 자음을 음운학적으로 분석하면 잃어버린 고대 한국어의 모습도 再構(재구)해 낼 수 있다. 그래서 필자는 한자를 한국어의 연원을 소급하여 연구할 수 있는 녹슬지 않는 청동기와 같은 존재로서 무엇보다도 중요한 자료라고 하는 것이다.

「盡(진)」자와 불씨

　　근래에는 대부분 컴퓨터로 문자활동을 하기 때문에 한자를 읽기
는 해도 자획을 정확히 쓰는 젊은이는 많지 않다. 특히 자획이 유사
한 글자들은 서예를 하는 사람들도 틀리게 쓰는 것을 많이 볼 수 있
다.

　　한자는 一點 一劃(일점일획)이 모두 有意符號(유의부호)이기 때문
에, 쓸 때 무단히 한 획을 더하거나 한 점을 빼게 되면 자형이 잘못
될 뿐만 아니라, 자의도 올바로 나타낼 수 없다.

　　지금까지 필자가 학생들에게 '다할 진' 자의 정획을 물어본 결과

갑골문　　　금문　　　전서　　　예서　　　해서

〈 盡(진)' 자의 자형 변천〉

'盡' 자보다는 '盡' 자가 맞다는 학생이 훨씬 더 많았다. 그 이유는 평상시 '盡' 자의 자획을 자세히 살피지 않고 '書(글 서)' 자의 자획에서 유추현상으로 '盡' 자가 맞은 것으로 생각하는 것 같다.

그렇다면 '書' 자에서는 '聿' 의 자형으로 써야 하는데, '盡' 자에서는 왜 '聿' 의 형태로 써야 하는지를 살펴보기로 한다.

은대의 갑골문에서 '盡' 자의 자형을 찾아보면 「⿰」의 형태로 되어 있고, 주대의 금문에서는 「⿰」의 형태로 되어, 소전체에서 「盡」의 형태로 정리되어 오늘의 '盡' 자가 된 것이다.

'盡' 자의 본래 뜻은 화로(皿)의 불(灬 → 火)을 손(크)에 부젓가락(⿰)을 잡고 휘젓는 상태를 그린 것이다. 그러므로 이 자는 사물의 윤곽을 그린 상형자로서 명사가 아니라, 동작을 나타낸 지사자로서 동사이다. '⿰(불똥 진)' 자와 '皿(그릇 명)' 자의 합체자로서 형성자로 보는 사람도 있다.

'盡' 자는 손에 부젓가락을 잡은 것이기 때문에 '⿰ → 聿' 의 형태로 써야 하지만, '書' 자는 손에 붓을 잡은 것이기 때문에 '⿰ → 聿' 의 형태로 써야 한다. 만일 '盡' 자를 '盡' 자처럼 쓰면 붓이 타버리게 되어 '다할 진' 자의 뜻을 나타낼 수 없게 된다. 옛날 서체 중에는 '聿' 와 '聿' 의 두 형태를 혼동하여 쓴 경우도 있기는 하다. 그러나 '⿰' 의 형태는 삼지창 모양의 부젓가락이고, '⿰' 의 형태는 털이 많은 붓의 모양을 나타낸 것이다.

화로 속의 불을 부젓가락으로 휘저으면 불이 어떻게 되겠느냐고 요즘 젊은이들에게 물으면, 대개 불이 잘 피어날 것이라고 대답할 만큼 화롯불과는 거리가 먼 세대들이다. 실은 불이 꺼지게 된다. 그러므로 필자가 어렸을 때만해도 아이들이 화롯불을 휘저어 불씨가 꺼지는 것을 막기 위하여, 어른들은 항상 인두나 부삽으로 불을 꼭꼭 눌러 아침까지 불씨가 이어지도록 아이들을 각별히 단속했던 일이 생각난다.

옛날에는 불씨가 꺼지면, 추운 겨울에 덜덜 떨어야 하고 밥도 해먹을 수 없게 되니까 그야말로 일이 나쁜 결과로 다 되어버리는 것이다. 그리하여 본래의 '꺼질 진(盡)' 자가 '다할 진' 자로 전의된 것이다.

이처럼 한자는 본래 一字一義(일자일의)의 문자였으나, 시대가 지나면서 자의가 점점 확대되거나 전의되어 一字多義(일자다의)의 문자로 변하게 되었다.

'盡'의 자의가 '꺼지다'에서 '다하다'의 뜻으로 변하게 되자, '燼'의 형태로 다시 '꺼질 진' 자를 만들었으나, '火'자가 중복되어 있어 造字(조자)의 방법으로는 모순된 누중자이다. 우리나라 자전에는 '燼' 자에 대하여 '재 신, 깜부기불 신'과 같이 '신'으로 자음을 표시하고 있으나, '盡'의 누중자이므로 '진'으로 발음해야 한다. '盡'과 '燼'의 관계는 '然'과 '燃'의 경우와 같다.

화로와 부젓가락

여기서 중요한 사실은 우리 민족은 예로부터 '불씨'를 매우 소중히 하는 생활습관을 가지고 있는 것이다. 강원도 어느 집안에서는 매일 세 개의 화로에 불씨를 받아 400여 년을 꺼지지 않고 이어 오고 있다는 것을 방송에서 소개한 일이 있다. 어떤 노인 부부가 아파트로 이사를 오면서도 먼저 살던 집에서 사용하던 연탄불을 옮겨와서 다음날 버리면서도 일단 불씨를 가져왔다는 상징적인 의미를 부여하려는 모습을 직접 본 일이 있다.

이처럼 불씨를 소중히 간직하는 습속을 가진 민족이 '盡' 자를 만들었다고 본다면, 역시 불을 소중히 하는 북방민족인 동이족에 의하여 만들어진 글자라고 생각된다.

'盡' 자에 대하여 중국의 문자 학자 중에는 음식을 먹은 뒤에 그릇을 깨끗이 씻어 그릇 안에 아무것도 없음을 나타낸 글자라고 풀이한 이도 있으나, '盡' 자의 자형에 '火' 자가 들어 있는데 그렇게 해석하는 것은 타당성이 없다.

고려 때의 치우상 화로(국보 145호)와 고대 중국의 화로. 모양이 매우 흡사하다.

「來(래)」자와 보리밭 밟기

필자가 광복 전 항일시대(일제 식민지 시대가 아님) 때, 이른 봄에 찬바람을 쏘이며 귀찮은 마음으로 보리밭을 밟으면서 일본 사람들이 강제로 시키는 노동으로 생각했던 일이 있다. 문자학을 연구하면서 보리밭 밟기가 수천 년 된 우리 민족의 전통적인 농사 풍속임을 알고, 지난날의 바보 같은 생각에 스스로 웃음을 금할 수 없었다.

지금은 꽁보리밥이 무슨 별식처럼 취급되어 식당에서 쌀밥보다도 비싸게 팔리지만, 우리는 어려서 대부분 끼니마다 꽁보리밥에 물렸던 애환의 시대를 겪었다. 일 년 중 설이나 추석명절이 아니면, 생일이나 제삿날에나 먹던 쌀밥의 진미를 요즘 사람들은 잘 모르고, 세 끼를 모두 하얀 쌀밥을 먹으며 싫증난 사람들이 오히려 불쌍하게 여겨진다.

우리 집은 살기가 좀 나은 편이라 꽁보리밥은 면하고 쌀과 보리쌀의 반지기밥을 먹을 수 있었지만, 어머니께서는 내가 공부하느라

최근까지도 이른 봄에는 보리밭에 가서 밟아주고 와야 했다.

힘들다며 늘 보리밥 밑에 하얀 쌀밥덩이를 넣어 주셔서 먹을 때마다 송구스럽던 기억이 새삼스럽다.

지금은 '來' 자를 보면 거의 다 '오다' 의 뜻으로 알고 있지만, 본래는 '보리' 를 상형한 글자이다. 은나라 때 갑골문에는 '來' 자의 자형이 '**𣎴**' 와 같이 그리어, '벼 화(禾)' 의 상형자인 '**𣎴**' 의 자형으로 구별하였다.

옛사람들의 관찰력이 비상하였음을 알 수 있다. 곧 보리는 잎이 부드러워 끝이 꺾인 모양에, 또한 보리이삭은 익어도 꼿꼿하기 때문에 '**𣎴**' 와 같이 그렸고, 벼는 잎이 쭉쭉 뻗고, 벼이삭은 익으면 수그리기 때문에 '**𣎴**' 와 같이 그렸다.

보리는 가을에 심어 이듬해 여름에 수확하는데, 겨울에 얼었던 땅이 녹으면서 보리뿌리가 들뜨기 때문에 이른 봄에 보리밭을 밟아 주지 않으면 보리가 모두 말라 죽게 된다.

벼를 상형한 「禾(화)」자

보리를 상형한 「來(래)」자

그러므로 이른 봄 해동할 때, 농사짓는 이들은 누구나 만백사 제폐하고 반드시 보리밭에 가서 보리를 밟아 주고 와야 한다. 여기에서 보리의 상형자인 '✻→來' 자가 '오다'의 뜻으로 전의되어 쓰이게 되었다. 따라서 '보리'를 뜻하는 글자가 다시 필요하게 되자, 이미 만들어진 보리의 상형자에다 보리를 밟아주고 와야 함을 나타내는 발의 상형자인 '✕'를 더하여 '✻'의 자형을 만든 것이 오늘날 우리가 쓰고 있는 '麥(보리 맥)'자이다. '來(올 래)'자 밑에 있는 '夕'자를 중국인들도 '저녁 석(夕)'자로 생각하는 사람이 많은데, 곧 '발'의 갑골문인 '✕'의 자형이 '夕'자처럼 변형된 것임을 알아야 한다. 보리에 저녁 석(夕)자가 붙어야 할 이유가 전연 없다.

한나라 때 『설문해자』를 편찬한 허신은 주나라 때 보리가 하늘에서 내려왔기 때문에 보리를 상형한 '來'자가 '오다'의 뜻으로 전의되었다고 설명하여 놓았다. 그래서 오늘날도 중국인들은 그렇게 믿고 있지만, 허신의 설은 옳지 않다. 왜냐하면 이미 은나라 때 갑골문에 보리를 나타낸 '✻(來)'의 자형이 쓰였는데, 주나라 때라면 시대적으로 맞지 않고, 또한 보리가 하늘에서 내려왔다는 것은 과학성이 없다.

보리의 원산지를 살펴보면 동구 쪽으로서 이미 은나라 이전에 동이족에게 전래되었던 것이다. 우리말의 '보리'는, 곧 영어의 'barley'가 일찍이 들어와 우리말화 하였음을 알 수 있다.

보리를 밟아 줄 필요가 없는 곧 겨울이 없는 지역에서는 '𡶬→麥'의 자형이 만들어질 수 없다. 또한 지금까지도 '麥'자의 자원을 밝히지 못하고 있는 중국인들이 만든 글자인데, 우리가 차용해서 쓰고 있다고 생각한다면 얼마나 어리석은 생각인가?

보리농사를 짓기 몇천 년이 지나도록 아직도 이른 봄이면 한결같이 보리밭을 밟아 주고 오는 풍속을 면면히 지키고 있는 우리의 조상인 동이족이 '來→麥' 자를 만들었음은 누구도 부인할 수 없을 것이다.

「夏(하)」자와 하다(크다)

　우리나라 사람으로 '夏' 자를 보고 '크다'의 뜻이 있다고 생각하는 사람은 매우 드물 것이다. 왜냐하면 우리나라에서 발간된 자전에는 일반적으로 '여름 하'로만 훈음을 달아 놓았기 때문에 '夏' 자의 본래 뜻이 '여름'인 것으로 알고 있는 사람이 대부분이다.

　'夏'의 본래 뜻이 무엇인가를 알기 위하여 은대의 갑골문에서 그 자형을 찾아보면, '夆'의 형태로서 화려하게 옷을 입은 대인의 모습을 그리어 '크다'의 뜻을 나타낸 것이다. 그러나 중국의 문자 학자 葉玉森(섭옥삼)은 갑골문에서 '夒'의 자형을 '夏' 자로 보고 '매미'의 상형자로 해석하였다. 매미 소리를 들으면 곧 여름임을 알 수 있으므로 매미의 상형자로써 여름을 나타냈다고 풀이하였으나, 자형 자체를 잘못 취하여 牽强附會(견강부회)시킨 것이다.

　주대의 금문에서 '夏'의 자형을 찾아보아도 '夒'의 자형으로서 결코 매미의 모양을 그린 것이 아니라, 위풍당당한 대인의 盛裝(성장)한 모습임을 알 수 있다. 진대의 소전체에서는 '夏'의 형태로 정리되어 곧 대인의 얼굴(頁), 양손(ㅌㅋ), 발(夊)을 구별하여 나타내어, 오늘날 쓰고 있는 '夏' 자가 된 것이다. '夏' 자는 해서체로서 '夂(뒤져올 치)'가 아니라 '夊(천천히 걸을 쇠)' 부수에 속하기 때문에 '夏'와 같이 써야지 '夏'로 써서는 안 된다.

'夏'는 은나라 이전의 국명이기도 한데 '매미'나 '여름'의 뜻으로 나라를 세우지는 않았을 것이며, 마땅히 '크다'는 뜻으로 국명을 삼았을 것이다.

한자는 본래 一字一義(일자일의)의 문자였으나 시대가 지나면서 의미가 전의 확대되어 대부분 一字多義(일자다의)의 문자로 변하였다. 식물이 크는 것은 여름에 크기 때문에 '夏(클 하)'자가 뒤에 '夏(여름 하)'자로 전의되어 쓰이게 된 것이다. '夏'자가 본래 '크다'의 뜻인 것은 '廈(큰집 하 : 중국에서는 빌딩을 대하라고 함)'자에서도 엿볼 수 있다.

'夏'자의 자형은 갑골문에서 해서체에 이르기까지 많이 변하였으나, 자음은 '하(ha)'로서 반절음 '胡駕切'로 볼 때, 상고음이 그대로 유지되고 있음을 알 수 있다. 그러나 중국에서는 현재 'ha'가 아니라 'shiah'로 변음되어 쓰이고 있다.

우리말에서는 '하(ha)'가 '크다', 또는 '많다'의 뜻으로 예로부터 현재까지 쓰이고 있다. 『月印釋譜(월인석보)』에 '내모미하커', 「松江歌辭(송강가사)」에 '하도할사'의 예와 '한내[大川]', '한밭[大田]', '한뫼[大山]', '한아비[祖]' 등의 '한'은, 곧 '큰'의 뜻으로 '하'의 관형사형임을 알 수 있다.

그렇다면 하나라를 세운 민족은 어느 민족인가를 문자학적으로 고증할 수 있다. '크다'는 뜻으로 나라를 세우려면 '하(ha)'를 예로부터 '크다'의 뜻으로 말을 쓰고 있는 민족이 세웠음은 의문의 여지가 없다. 그 민족이 곧 우리의 조상인 동이족인 것이다.

그러나 시대가 오래 지남에 따라 주객이 전도되어 우리 한국인 스스로도 '夏'는 중국의 최초 나라 이름으로 인식하고 있음은 무지의 소치로 제 나라의 상고사를 잃어버린 것이다.

「秋(추)」자와 메뚜기

　은대의 갑골문을 살펴보면 당시 글자를 만든 사람들이 얼마나 머리가 좋았는가를 감탄하지 않을 수 없다.

　나무(木), 산(山), 물(水) 등은 한나라 때 六書(육서)의 정의를 내린 허신이 "象形者, 畫成其物, 隨體詰詘.(상형이라고 하는 것은 그 사물의 윤곽에 따라서 그린 것이다.)"이라고 말한 것처럼 자형을 만듦에 있어서 그리 어렵지 않았을 것이다. 그러나 추상적인 어휘를 형상화하여 보는 사람들로 하여금 즉시 무엇을 나타낸 글자인가를 알게 하기에는 매우 어려웠을 것이다.

갑골문　　금문　　전서　　예서　　해서

〈 '秋(추)' 자의 자형 변천〉

왜냐하면 한자는 본래 無聲字(무성자)로서 이루어진 상형자이기 때문이다. 한자가 무성자라는 말에 대하여 부언하면, 한자를 처음 만들 때는 그림처럼 시각적으로 보기 위하여 실제 생활의 구어와는 관계없이 다만 자형만을 나타냈다는 것이다. 점점 그 자수가 많아지면서 글자마다 읽어야 할 필요가 생기면서 마치 사물에 명칭을 붙이듯이 자음을 주입하였다. 이때 일률적인 특징은 '日(일), 月(월), 山(산), 川(천), 水(수), 木(목)' 등처럼 모든 글자의 음을 일음절로 통일시킨 것이다.

다시 말해서 일상생활의 구어로서의 어휘와 자음이 동일하지 않았을 것이다. 그 이유는 어느 민족의 말이나 모든 어휘가 단음질로 이루어질 수는 없는 것이다. 결론적으로 말해서 한자는 단음절의 단어문자로서 그 자음은 자연스럽게 형성된 구어가 아니라 인위적으로 지정한 문자음인 것이다.

'가을'이란 추상어를 형상화하여 상대가 보는 즉시 '가을'로 인식시키게 하기는 지금도 어려운 일이다. 은대의 갑골문에서 '가을'의 글자를 찾아보면 '䖝, 䖵, 龜, 龜' 등과 같이 메뚜기만을 그린 것도

가을에 나타나는 메뚜기

지금도 논두렁에서 메뚜기를 잡는 어린아이들

있고, 때로는 밑에 '⚖' 곧 '火'의 자형을 더하여 나타내기도 하였다.

'가을'을 메뚜기로 형상화한 것을 오늘날 젊은이들은 이해하기 어렵겠지만, 필자가 어렸을 때를 회상하면 동감하지 않을 수 없는 착상이다. 가을철 출출할 때 메뚜기를 잡아서 즉시 불에 구워 입이 시커멓도록 먹고 나면 그보다 가을의 인상이 짙을 수 없었다.

주대의 금문에 이르면 '秌, 燓'의 자형과 같이 크게 변하였다. 누구나 그림을 그리기는 쉽지 않으므로 간자화한 것이다. 메뚜기는 벼(禾)에 붙어살기 때문에 메뚜기의 형상을 '禾(禾)'로 바꾸고, 메뚜기는 반드시 불에 구워 먹어야 하기 때문에 '火'자를 합쳐서 '秋'자로 자형을 만든 것이다.

동이족의 후예인 우리 한국인들은 지금도 가을철이면 논두렁을 찾아다니며 메뚜기를 잡아다가 솥에 볶아 맛있게 먹지만, 중국인들은 아무리 가난한 사람도 메뚜기는 蝗虫(황충), 곧 벌레라고 하여 절대로 먹지 않는다. 예를 들면, 중국의 농촌을 배경으로 쓴 펄벅의 『大地(대지)』라는 소설에 그렇게 메뚜기 떼가 많아도 농민들이 잡아 먹을 줄을 모른다.

필자가 대만에 살 때에 신문 기사 중에 남방의 중국인이 북방이 고향인 아내가 가을철에 메뚜기를 잡아 솥에 볶아 먹는 이야기를 신나게 하자, 그 남편이 "…中國大陸收復, 我一定去多吃些你們北方的螞蚱, 我這樣說, 是因爲我根本不相信有吃螞蚱那回事.〈中央日報. 1970. 11. 15. 文魁〉(중국 대륙을 수복하면, 내 반드시 가서 당신 고향의 메뚜기를 먹어 보아야겠군, 내가 이렇게 말한 것은 나는 근본적으로 메뚜기를 먹는 사실을 믿지 않기 때문이다.)"라고 한 이야기

하늘을 가득 메우고 있는 메뚜기떼   솥에 볶아먹는 메뚜기

로 보아도 중국인들이 메뚜기를 철저히 먹지 않는 것을 알 수 있다. 북방이 고향인 그 아내가 메뚜기를 먹는 것은 지금 비록 중국 국적으로 되어 있으나, 그 혈통은 메뚜기를 잡아먹던 북방의 동이족의 풍습이 면면히 이어지고 있음을 알 수 있다. 여기서 말하는 '螞蚱(마책)'은 황충의 북방사투리이지만, 실은 우리말의 '메뚜기'를 차음표기한 것이라고 생각된다. 중국어에서 '葡萄(포도), 琉璃(유리), 檳榔(빈랑)' 등과 같이 반드시 그 글자가 합쳐서 하나의 단어로서 뜻을 나타내는 것은 비록 한자로 표기하여도 대부분 외래어이다.

이상을 종합하여 볼 때, 은대에 메뚜기의 형상을 자형화하여 '가을'이란 글자를 만든 민족은, 곧 우리의 조상인 동이족임은 명확한 사실이다. 지금까지도 메뚜기는 황충, 곧 벌레라고 하여 철저히 먹지 않는 중국 민족이 만들었다고 생각하는 것은 매우 잘못된 편견이 아닐 수 없다.

이제라도 한자는 중국 민족이 만든 것을 빌어다 쓰는 차용문자라는 종래의 잘못된 인식을 말끔히 씻어 버리고, 우리의 조상인 동이족이 만든 문자로서 한글과 더불어 분명히 國字(국자)라는 인식을 확고히 하여야 할 것이다.

나아가 한글과 한자는 인류가 만든 200여 종의 문자 중에 가장 과학적이고 발달한 최고의 문자일 뿐만 아니라, 이 두 문자는 마치 돼지고기가 김치를 만나듯이 궁합이 잘 맞는 상호보완의 문자이지, 어느 하나를 제거해서 사용해야 하는 상호대치의 관계가 아니라는 것을 조속히 깨달아야 할 것이다.

여기에 부언할 것은 지금 시중에 자원 풀이에 대한 책이 많이 나와 있는데, '秋' 자에 대한 풀이가 대부분 제멋대로 상상하여 잘못되어 있으니, 참고는 하되 믿지는 말아야 할 것이다.

19

「契(글)」자와 글

    황하문명을 중심으로 보면, 동방에서는 이른바 '한자'가 가장 이른 시대에 만들어졌다고 할 수 있다.

    그렇다면 한자는 과연 언제쯤 만들어졌을까, 먼저 살펴볼 필요가 있다. 1899년에 하남성 안양에서 발견된 은대의 '갑골문'으로 보면 약 3,400년 전에 한자가 만들어져 문자로서 사용된 것이다.

    그러나 지금까지 발견된 '갑골문'의 자형으로 볼 때, 매우 精緻(정치)하고도 다양한 형태로 발달되어 있어, 상식적으로 생각하여도 그 당시에 금방 그러한 자형이 만들어졌다고는 볼 수 없다.

    아직 하대의 문자가 발견되지는 않았지만, 은대의 '갑골문'으로 미루어 볼 때, 당연히 하대에도 문자가 존재했다고 보는 것이다.

    그 이유로서 고증할 수 있는 자료가 있다. 1950년대에 중국 陝西省(섬서성) 西安(서안)의 半坡遺跡址(반파유적지)에서 발굴된 '陶符(도부)'이다. 이 '陶符'는 약 6000년 전 모계사회시대에 속했던 이른바 '仰韶文化(앙소문화)' 유적지로서 여기에서 출토된 도기에 人面(인

〈 '契(글)', '文(문)', '字(자)' 자의 자형 변천 〉

면), 魚(어), 鹿(녹), 魚網(어망) 등의 문양이 그려져 있었으나, '도부'
는 이러한 문양과는 달리 '有意符號(유의부호)' 로서 문자의 시작으
로 보는 것이다.

이로써 '한자' 의 시작은 약 6000년 전 서안 반파유적지의 '도
부' 를 최초의 자료로 보는 것이 가장 타당한 학설로 되어 있다. 그
러나 '도부' 가 '갑골문' 처럼 매자 자의를 가지고 연결된 문장으로
서 어떠한 의사를 표출했던 것은 아니다.

그러므로 현재로서는 현재 사용되고 있는 한자는 '갑골문' 까지만
소급하여 字形(자형) · 字音(자음) · 字義(자의)를 고찰할 수뿐이 없다.

중국 서안의 반파유적지에서 출토된 도기와 그 문양

　은대에 이렇게 문자가 발달되어 쓰였다면 마땅히 그 명칭이 있었을 것이다. 오늘날 우리가 쓰고 있는 글자의 명칭인 '문자'가 은대에도 쓰였을까?

　'文'의 자형을 갑골문에서 찾아보면 '𡥈, 𢁷, 𢄻' 등의 자형으로서, 곧 사람이 두 팔과 두 다리를 벌리고 서 있는 모습에, 가슴에다 문신을 한 형태를 그린 상형자이다. 그러므로 '文'자를 처음 만들 때는 '무늬'의 뜻으로 만든 것이지, 결코 글자의 뜻으로 만들어진 것이 아니다.

　'字'의 자형은 은대의 갑골문에는 없었으며, 주대의 '금문(종정문)'에「𡥈, 𡦂, 𡦹」 등의 자형으로 나타난다. 이 '字'도 처음에는 글자와는 전연 관계없이 '집안에서 아이를 낳다'의 뜻으로 만들어진 글자이다.

　'文'은 춘추시대(770~B.C. 403) 이전에 글자의 뜻으로 쓰였지만, '字'는 진시황 때 呂不韋(여불위, ?~B.C. 235)가 『呂氏春秋(여씨춘추)』를 함양성에 걸어놓고 "有能增損一字者, 予千金.(한 글자를 더하거나 뺄 수 있는 자가 있으면 千金을 주겠다.)"이라고 한 것에서 비로소 글자의 뜻으로 쓰였고, 두 글자를 합쳐서 '文字'로써 글자의 뜻으로 쓴 것은 진시황 28년(B.C. 219)에 琅邪(낭야)의 비석에 "同書文字(동서문자)"라고 새긴 데서 비롯되었다.

이렇다면 은대의 '갑골문'에서는 글자를 무엇이라고 일컬었을까? 갑골문에서 쓰인 글자의 자형은 '𠜱'의 형태였다. 이 글자는 '𠃌'와 '丯'의 상형자로서, 곧 칼(𠃌→刀)로써 나뭇조각에 숫자를 새긴 것(丯→丰)을 나타낸 것이다. 옛날에는 상대에게 만일 돼지를 5마리 주었다가 뒤에 돌려받으려면 어떤 徵標(징표)가 있어야 하므로, 나무판에 그 수를 칼로 새기어 반으로 쪼개어 서로 지니고 있다가 뒤에 맞추어 일치하면 약속을 이행했던 것을 위와 같은 자형으로 표현한 것이다.

뒤에 나무판에 이렇게 새긴다는 것을 더욱 구체적으로 나타내어 '栔'의 자형으로 바뀌고, 또한 이러한 약속은 大約(대약), 곧 큰 약속을 할 때 한다는 뜻으로 '契'의 자형으로 바뀌어 쓰였다. 다시 말해서 '𠜱→栔→契'와 같이 변천되어 '契' 자가 오늘날은 '맺을 계, 애쓸 결, 사람 이름 설' 등으로 쓰이지만, 본래는 글자의 최초 명칭이었던 것이다. '𠜱(契)' 자의 발음이 옛날에 '欺訖切(기흘절)'의 반절음으로서 '글'이었다는 것이 매우 중요하다.

우리는 문헌의 기록으로도 삼국시대부터 오늘날까지 문자를 '글'이라고 하는데, 문자를 '글'이라고 일컫는 나라는 세계에서 우리뿐이다.

어떤 민족이고 말이 먼저 있고, 뒤에 글이 만들어지는데, 이렇게 볼 때 은대에 '갑골문'을 만든 민족이 우리의 조상이었음을 증명하게 된다.

어떤 이는 오히려 우리말의 '글'을 한자인 '契'에서 연원된 것이라고 주장하는데, 이것은 그 반대로 우리말의 '글'이 '㓞(契)'의 자음이 되었다고 보아야 마땅하다.

그 이유는 우리말의 글씨를 '쓰다'보다 더 옛말이 '긋다'이다. 글씨는 붓으로 쓰기 전에 칼로 긋는데서 부터 시작되었음을 의미한다. 또한 우리말에는 글씨를 나무판에 긋던 도구, 곧 刻刀(각도)의 명칭으로서 '쓸〉끌'이란 말도 가지고 있다. 다시 말해서 '글(근), 긋다(근다), 그리다, 쓸(끌), 그스다' 등이 동어원의 말이라고 할 수 있다. 이러한 사실을 부정하고 우리말의 '글'이 '契'에서 온 것이라고 주장한다면 편견이 아닐 수 없다.

발해의 유물인 부절(전쟁기념관 소장)

우리말의 어휘 중에는 한자어에서 연원된 것이 적지 않지만, 우리말의 구어음이 이른 시대에 한자의 자음을 형성한 것도 적지 않다는 새로운 사실도 알아야 할 것이다.

한자의 모든 글자가 일음절어로 되었다는 것은 본래 한자는 무성자였는데, 뒤에 인위로 음을 주입하였음을 의미한다. 다시 말해서 오늘날 한자음을 연결하여 언어를 구사하는 중국어는 한자 형성 이후의 언어이고, 한자 형성 이전의 구어로서 고대 중국어는 이미 사라졌음을 알아야 한다.

그러므로 한자의 자음을 형성하고 있는 바탕이 되고 있는 말은 우리의 조상인 동이어에서 그 연원을 찾아야 한다. 그 첫째로 찾은 것이 '글(契)' 이라는 것을 강조하는 바이다.

「鍥(계)」자와 끌

문자의 발달과정을 살펴보면 結繩文字(결승문자)나 結珠文字(결주문자)의 과정을 거쳐서 刻木文字(각목문자)나 암각화의 단계에 이르러서는 칼이나 정을 이용하여 긋거나 새기는 방법을 썼다. B.C. 3000년 이전에 메소포타미아 지역에서 수메르인이 발명한 楔形文字(설형문자)도 진흙판에 갈대펜을 사용하였기 때문에 쐐기(楔)형태로 떠내 만든 문자이다.

앞에서 이미 고증하였지만 한자의 은나라 때 명칭인 '𤔲(글)'을 자형상으로 보아도 칼로 나무판에 '𤔲'의 형태로 그어서 표시하였음을 알 수 있다.

갑골문의 刻字(각자) 방법을 보아도 먼저 밑글씨를 써 놓고 그대로 刻刀(각도)를 이용하여 새긴 것도 있고, 어떤 것은 직접 뼈에 새긴 것도 있다. 이것은 마치 오늘날에도 인장을 새기는데 숙달된 사람은 웬만한 것은 밑글씨를 써놓지 않고 직접 새기는 것과 같이 은대에 갑골문을 새기던 각공들도 숙련된 사람들은 직접 새겼을 것

갑골문을 새기던 각도의 명칭을 지금도 우리는 '끌(鍥)'이라고 한다.

이다.

이상과 같이 문자의 표기 방법이 붓이나 펜으로 쓰기 전에 칼로 새기는 방법을 먼저 썼음을 알 수 있다.

그렇다면 문자를 새기던 도구의 명칭이 반드시 있었을 것이다.

左民安(좌민안)은 "當'刻'字用的'契', 有時還加'金'字旁, 表示用 金屬刀雕刻之意, 字爲'鍥'.〔마땅히 글자를 새기는데 쓴 것은 契(글) 이겠으나, 때로는 또한 '金'자를 더하여 금속 칼을 사용하여 새겼 다는 뜻을 나타내어 '鍥(결)'의 글자를 만들었다. 『漢字例話』〕"이라 고 한 것에서 글자를 새기던 도구의 명칭으로 '鍥(결)'이 있었음을 알 수 있다.('鍥'의 한국 한자음은 '새길 계', '낫 결'로 되어 있음.)

'鍥'자의 반절음은 '苦結切(고결절), 詰結切(힐결절)'로서 '契'자 와 동음이므로, 곧 '글'이었다. 『설문해자』에서는 '鎌(렴)', 곧 풀을

중국에서는 도장을 새기는 칼을 '끌' 이라 하지 않고
'각도' 라고 한다.

베는 낫으로 해석하였으나 『광운』,
『전국책』 등에서는 '刻', 곧 '새기
다'의 뜻으로 해석하였다. 또한 『형
음의자전』에서는 '鍥爲從中割分之
利器'의 기록과 같이 「物」의 信符
(신부)를 나누던 예리한 연장으로
풀이하였다. 이로써 '鍥(글)'자는
刻字(각자)의 도구 명칭이었음을
확신할 수 있다.

우리나라에서는 각도 형태의 도
구를 '끌 → 끌'이라고 일컫는다.
경음화 현상 이전에는 당연히
'글'이라고 했을 것이다. 이로써
'鍥'의 자음은 우리말의 '글'에서 취음되었음을 알 수 있다.

중국에서는 도장을 새기는 칼의 본래 명칭을 쓰지 않고 '刻刀(각
도)'라고 하지만, 우리는 지금도 '끌'이라는 말을 쓰고 있음은 '붓'
이전의 '刻字(각자)'의 명칭을 면면히 유지하고 있음을 보여 주는 것
이다.

「筆(필)」자와 붓

이미 앞에서 인용한 바와 같이 중국의 문자학자 이경재가 "可見我國文字東夷人亦多所創造.〔우리나라(中國)의 문자는 東夷人이 다 창조한 바라고 볼 수 있다.〕"라고 논급한 대로 한자를 우리의 조상인 동이족이 만들었다는 전제하에서는 많은 문제들을 재고하여야 한다.

우리는 일반적으로 진시황 때 蒙恬(몽념) 장군이 만리장성을 축성하면서 토끼털을 가지고 처음으로 붓을 만들었다고 알고 있다. 그러나 이미 은허에서 은나라 때 사용하던 붓이 발굴되었으므로 '蒙恬製筆(몽

은허에서 발굴된 갑골편. 붓으로 쓴 흔적을 찾을 수 있다.

| 갑골문 | 금문 | 전서 | 예서 | 해서 |

〈 '筆(필)' 자의 자형 변천〉

넘제필)' 의 전설은 시정되어야 할 것이다.

갑골문에서 '筆(붓 필)' 에 해당하는 글자를 찾아보면, '𦥑, 𦥑, 𦥑' 등의 자형이 있는데, 중국의 문자 학자 중에는 손에 붓을 잡은 것으로 풀이하였다. 필자는 붓이 아니라 각도를 잡은 것으로 생각된다. 왜냐하면 초기의 필기도구는 붓이 아니라 각도를 사용했기 때문이다. 주대의 금문에서도 갑골문의 자형과 비슷한 형태로 '𦥑' 과 같이 쓰이다가 진대의 소전체에 이르러 '𦥑' 의 자형과 같이 크게 달라졌다. 곧 '竹' 자와 '聿' 의 합체자로서 상형자이면서 형성자로 製字(제자)되었다.

이로써 筆管(필관)이 대나무로 사용되었음을 알 수 있다. 史書(사서)의 기록에 "秦之蒙恬爲兎毫竹管筆之始"라고 한 바와 같이 은대에는 아직 남방의 대나무가 황하 이북으로 이식되지 않았기 때문에 필관을 일반 나무로 사용하다가 진대에 이르러 대나무를 사용하여 붓을 만들게 되어 '竹' 부수자를 더하여 '筆' 자를 만들게 된 것이다.

'筆' 의 자형은 이와 같이 만들어졌지만 그 자음은 어떻게 형성되었는가를 고찰해보고자 한다. 우리나라에서는 일찍부터 '筆' 자의 훈음을 '붓 필' 이라고 일컬어 왔다. '붓' 은 우리의 고유어인 것이다. 얼른 보면 '붓'과 '필'은 전연 다른 말인 것 같지만 古音(고음)으로 소급하면 동계어이다.

'筆'의 반절음은 '鄙密切(비밀절), 逼密切(픱밀절)'로 되어 있다. 여기에서 '筆'의 우리 한자음 '필'이 형성되었음을 알 수 있다. 그렇다면 '筆'의 자음이 '필'로 유입되기 전에 우리는 이미 '붓'이란 말을 썼던 것이다.

허신은 『설문해자』에서 "楚謂之聿, 吳謂之不律, 燕謂之弗 … 秦謂之筆"이라고 한 바와 같이 한 사물을 '聿(율), 弗律(불율), 弗(불), 筆(필)' 등과 같이 여러 가지로 표기했다는 것은 어떠한 외래어를 차음표기하였음을 알 수 있다. 燕(연)나라는 우리 고조선과 가장 가까이 있던 나라였으므로 그 말도 동이계어로서 비슷하였음을 엿볼 수 있다. 燕에서는 '筆'을 '弗'이라 하였다고 하는데, '弗'의 고음을 살펴보면, 칼그렌은 [pjiuət]으로 의측하였고, 객가 방언에서는 [fut]으로 쓰이는 것으로 보아 '붓'의 고대 우리말을 취음하여 '불

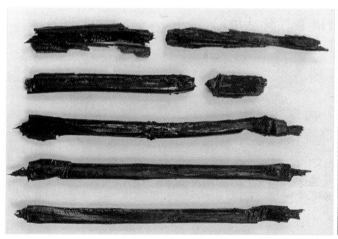

우리나라 창원 다호리고분에서 발굴된 기원전 1세기의 붓과 현대의 붓

(弗)’로 적었음을 알 수 있다. 우리말에서도 조선 중기 이전까지는 ‘붇’으로 표기한 것을 참고할 때 ‘불’의 고음과 일치한다. 이 ‘붇’이 일본으로 전입되어 일본어로는 ‘ふで(후데)’로 발음되어 쓰인다.

이로써 한자를 우리 조상인 동이족이 만들었다는 것을 그 필기도구의 명칭까지도 면면히 쓰이고 있음으로써 방증이 되는 것이다. 결코 진시황 때 몽념 장군이 처음 만든 것이 아님도 확실히 알게 된 것이다.

「墨(묵)」자와 먹

앞에서 한자의 최초 명칭은 ‘文’ 이나 ‘字’ 가 아니라 ‘글(㓞→契
→契)’ 이라는 것을 밝혔고, 그것은 한자 ‘契’ 에서 우리말의 ‘글’ 이
이루어진 것이 아니라, 우리말의 ‘글’ 이 ‘㓞’ 자의 음이 되었다는 것
을 고증한 바 있다.

또한 글씨를 새겼던 도구인 ‘鍥(글)’ 의 음은 우리말의 ‘쓸→끌’
에서 찾아볼 수 있고, 또한 글씨를 썼던 도구인 ‘筆’ 의 자음은 우리
말의 ‘붓’ 에서 취음되었음을 밝힌 바 있다. 글씨를 쓰려면 붓과 아
울러 붓에 찍어 쓸 수 있는 안료가 절대로 필요했을 것이다.

우선 그 자료로 썼던 한자의 ‘墨(먹 묵)’ 자에 대해서 살펴본다.
‘墨’ 자는 ‘黑’ 자와 ‘土’ 자의 합체자임을 알 수 있다. ‘黑’ 자가 갑골
문에서는 발견되지 않고, 금문에서부터 나타난 ‘黑’ 의 자형이 ‘果,
鼎, 裹’ 등과 같다. 한대 허신의 풀이에 의하면, 아궁이에서 불을 땔
때 연통으로 연기가 나가면서 그을린 부분의 검은 색깔을 뜻한 글
자라는 것이다. 나중에 ‘黑’ 자에 ‘今’ 자를 더하여 형성자를 만들면

현존하는 고려시대 최고의 먹인 丹山烏玉(단산오옥) (보물 제1880호)

서 우리말의 '검다'의 '검'으로써 취음한 것으로 보아도 '黑' 자가 검은 색깔을 뜻한 글자임에는 틀림없디.

'墨' 자도 갑골문에서는 발견되지 않고 춘추전국시대 금문에서부터 '墨'의 형태로 나타나 있다. '黑' 자에 '土' 자를 더한 것으로 볼 때, 松煙墨(송연묵) 이전에 石墨(석묵), 곧 검은 土石(토석)이 먹으로 쓰였던 것으로 생각된다.

'墨' 자가 비록 갑골문에서 발견되지는 않지만, 이미 은나라 때 사용하던 붓이 출토된 바 있고, 또한 갑골문의 밑글씨를 먹으로 쓴 것이 있고, 더욱 소급하여 약 6000년 전의 서안 반파유적지에서도 채도상에 흑색이 사용되었던 것으로 보면, 이른 시대부터 흑색의 안료인 '墨'이 있었던 것으로 생각된다.

'墨'의 자음은 '莫北切(막북절), 密北切(밀북절)'의 반절음으로서 頭音(두음)은 'm' 자음, 종성은 'k' 입성음이다. 칼그렌은 '墨'의 고음을 'mək' 으로 의측했다. 우리나라에서는 일찍부터 '墨' 의 훈음을 '먹 묵' 이라 일컬어 왔다. 이로써 '墨' 자의 반절음이 유입되기 이전에 '먹' 이란 구어를 사용했다는 것은 글씨를 쓰는 자료로서 '먹' 이 이미 있었음을 알 수 있다. 다시 말해서 '墨' 의 자형이 형성된 뒤에 자음은 동이계어로서 우리말의 '먹' 이 취음되었을 것이다.

동이족이 처음으로 글(㓦)을 만들고, 필기도구인 붓(筆)을 만들었음이 이미 고증되었으므로 글씨를 쓰는데 필수 안료인 먹(墨)을 동이족이 만들고, 그 말이 동이족어일 것은 의문의 여지가 없는 것이다.

중국 문헌에 당나라 초에 고려의 송연묵이 세공되어 호평되었다는 기록으로 보아도 방증할 수 있다.

「黔(검)」자와 검정색

한·중어가 동계어였음을 우선 어휘면에서 찾아본다. 한자 중에서도 형성자 중에 한국어와의 동계어휘가 많다.

한자 중에 '검다'의 뜻을 나타낸 초기 글자로서 '黑(검을 흑)'자가 있다. 주대의 금문에서부터 나타난 '黑'자의 자형을 보면 '', '', '' 등의 형태로서 『설문해자』의 풀이에 의하면, 아궁이에서 불을 때면 연통으로 연기가 나가면서 그을린 부분의 검은 색깔을 뜻한 글자라는 것이다. 소전체에서는 '' 의 형태로 정리되어 오늘의 '黑' 자가 된 것이다.

금문	전서	예서	해서

⟨ '黑(흑)' 자의 자형 변천 ⟩

여하간 '검정색, 검다'의 글자가 만들어져 있는데, 또 '검다'의 뜻을 가진 '黔(검을 검)'자를 만든 이유가 무엇일까? '黔'자는 '黑(검을 흑)'자와 '今(이제 금)'자의 합체자로

고구려 포로들이 살았다고 전하는 중국 귀주의 검령산

서 형성자이다. 이와 같이 형성자를 만든 것은 동이계어의 '검다'라는 말을 적기 위하여 이미 만들어진 '黑'자에 '검다'의 말을 적기 위하여 '今'으로써 자음을 나타냈음을 알 수 있다.

이것을 반대로 우리말의 '검다'란 말이 한자 '黔'의 자음에서 유래되었다고 한다면 합리성이 없을 뿐만 아니라, 한국어의 연원을 너무나 경시하는 억설이 아닐 수 없다.

'검다'의 유사 형태로는 '거멓다, 거무데데하다, 꺼멍, 시커멓다, 새카맣다, 새까맣다, 까마귀, 거먹돼지' 등의 우리말이 모두 '黔'에서 유래된 말이라고는 할 수 없다. 이상의 어휘들을 분석하여 보면 그 어근이 '검'이기 때문에 이 음절이 '黔'자의 자음으로 취하여졌음은 의문의 여지가 없다.

중국의 옛 지명 중에는 '黔山(검산), 黔中郡(검중군), 黔中道(검중도), 黔安郡(검안군), 黔州(검주), 黔江(검강), 黔西縣(검서현), 黔姓鎭(검성진), 黔彭縣(검팽현)' 등과 같이 '黔'자가 들어간 곳이 많은 것을 보면 일찍이 중국 내에 '검다'라는 말을 쓰던 동이계족이 얼마나 많이 살았나를 추찰할 수 있다. 특히 고구려의 포로들이 많이 잡혀가 살았던 귀주의 옛 이름이 '黔'이었음에 대하여 앞으로 더욱 깊이 연구할 필요가 있다.

「蟹(해)」자와 게

우리 속담에 '마파람에 게눈 감추듯한다.'는 말이 있다. '마파람'이란 말은 뱃사람들이 남풍을 일컫는 말이다.

이 속담을 가장 잘 인용한 것은 『춘향전』에서 이도령이 거지 행색을 하고 장모 월매의 집을 찾아 밥을 허겁지겁 먹자, 보다 못한 월매가 "마파람에 게눈 감추듯하는구나."라고 한 장면이라고 생각된다.

이 밖에도 '게도 구럭도 다 잃었다', '게도 구멍이 크면 죽는다', '게 잡아 물에 넣는다', '게 새끼는 집고 고양이 새끼는 할퀸다.' 등과 같이 '게'에 대한 속담이 많다.

게로 만든 요리 중에서도 참게장에 대한 특이한 조리법과 만인에게 膾炙(회자)하는 기호식품임을 보아도 '게'와 우리 한민족은 오랜 인연을 가지고 있음을 알 수 있다.

'게'에 대한 방언으로는 '거이, 거이, 개, 고이, 쾌, 귀이, 궈이, 궤, 귀, 그의, 그이, 긔, 기, 기에, 깨, 께, 끼' 등과 같이 많은 형태가

있으나, 어두에 'ㄱ' 자음의
공통점을 가지고 있다. 어휘
의 음운 변천에 있어서 모음
은 매우 유동적이기 때문에
어두 자음의 유지가 매우 중
요하다.

게

한자에서 '게'에 대한 글
자로는 '蟹(게 해)'가 있다. 은
대의 갑골문이나 주대의 금
문에서는 나타나지 않고, 진대의 소전체에 '𧒽'의 형태로 처음 나
타난다. 곧 '虫(벌레 충)'과 '解(풀 해)'의 합체자로서 형성자이다. 그
러므로 '解(해)'의 음이 곧 명칭으로 쓰인 것을 알 수 있다.

'解'의 古音(고음)을 찾아보면, 韻書(운서)에 '佳買切(가매절), 擧解
切(거해절)'로 표기되어 있다. 이 반절음으로써 '解'의 고음이 '해'
가 아니라, '개'였음을 알 수 있다. 스웨덴의 한학자인 칼그렌(高本
漢)은 '解'의 상고음을 [ɣai]로서 '蟹, 懈'와 동일하게 보았다. 또한
일본에서 '解'의 漢音(한음)은 [kai]이고, 吳音(오음)은 [ge]이다.

현재 북경음으로는 '解'를 '지에', '蟹'를 '시에'처럼 달리하고
있지만, 이상으로 볼 때 중국에서도 고대에는 어두음이 'k'였음이
확실하다.

이렇게 볼 때 '蟹'자는 동이족의 말, 곧 지금 우리말의 '게'에 유
사한 형태를 표음한 글자임을 알 수 있다. 역으로 '蟹'의 자음을 통
하여 우리말 '게'의 고대어를 추찰하면 [kəi]이었을 가능성이 크다.

그러나 혹자는 우리말의 '게'라는 말이 한자 '蟹'의 고음에서 유

입된 말이라고 생각할지도 모른다. 그렇게 되면 우리말의 '게'는 진대 이후에 형성되었다고 볼 수밖에 없다. 일반적인 상식으로도 '게'는 진대 이전부터 존재하였음을 것이며, 이른 시대부터 동이족의 구어로서 써 내려오던 말을 적기 위해서 '蟹'와 같은 형성자를 만들었음을 생각할 때, 결코 우리말의 '게'가 '蟹'자의 음에서 유래되었다고 볼 수 없다.

더구나 '懈(게으를 해)'의 고음도 '解, 蟹'와 동음으로서 어두자음이 'k'였고, 또한 '懈'에 대한 우리말이 '게르다, 게으르다'로서 역시 어두자음이 'k'인 것으로 보아도 우리말에서 한자의 음이 취해진 것이지, 한자음에서 우리말이 형성되었다고 할 수 없다.

고대 한자음에는 'k'의 어두 자음이 뒤에 'h'음으로 변한 것이 많다. 예를 들면 '河(물 하)', '汗(땀 한)', '旱(가물 한)', '柙(우리 합)', '虹(무지개 홍)', '峴(고개 현)' 등에서 볼 때 '可(가), 干(간), 甲(갑), 工(공), 見(견)'의 [k] 어두음이 [h]음으로 변음되었다.

이와 반대의 경우도 있다. 예를 들면 '減(덜 감)'자는 '氵(水)'와 '咸(다 함)'의 합체자로서 형성자이다. '咸(함)'의 음이 '減'에서는 '감'으로 발음되어 본래의 [h]의 음이 [k]의 음으로 변음되었음을 알 수 있다. 感(느낄 감), 械(함 감)도 마찬가지다. 이로써 보면 고대 동이어에 있어서 [k]와 [h]는 상호 통음되었던 것으로 생각된다.

「舌(설)」자와 뱀의 갈라진 혀

　戰國時代(전국시대)의 책사인 蘇秦(소진)과 張儀(장의)는 口辯(구변)
이 좋기로 유명하여, 다시 말해서 세치 혓바닥을 잘 놀리어 출세를
했기 때문에, 뒷날 말 잘하는 사람을 일러 '蘇秦張儀'라는 사자성
어가 생겼지만, 반면에 세상에는 세치 혓바닥을 잘못 놀리어 패가
망신한 사람도 적지 않다.

　또한 舌戰(설전), 舌劍(설검)이란 말도 있지만, 舌芒于劍(설망우검),
곧 혀가 칼보다 예리하다는 말에 이르면, 세치도 안 되는 연약한 혀
가 칼보다 더 심하게 남을 상해할 수 있음을 말해 주고 있다.

　이런 면에서 한평생 살면서 가장 삼가야 할 일이 세치 혀를 놀리
는 일이 아닐까 생각된다. 참으로 守口如瓶(수구여병)처럼 삼가고 삼
갈 일이다.

　먼저 갑골문에서 입의 상형자를 살펴보면, 오늘날 해서체의 'ㅁ'
의 형태가 아니라, 'ᄇ'의 형태와 같이 입의 모양을 상형한 것이 매
우 흥밋거리다. 왜 이와같이 양측의 입꼬리가 위로 올라가게 그렸

을까? 관상에서 입의 꼬리가 아래로 처지면 賤格(천격)이라고 한다. 이런 면에서 볼 때 이미 은대에 관상을 중시하여 'ㅂ'의 자형이 형성된 것이 아닐까 생각된다.

오늘날은 일반적으로 입의 모양을 그릴 때 'ㅂ'의 형태보다는 'ㅁ'의 형태로 그리는 사람이 많다. 訓民正音(훈민정음)에서도 脣音(설음)의 기본자를 제정함에 있어 '象口形(상구형)'이라 하여 '미음(ㅁ)'의 형태로 制字(제자)하였다.

이처럼 '입'의 자형이 'ㅂ'의 형태로 만들어진 상태에서, '혀'를 상형하여 보는 사람으로 얼른 혀로 인식하게 하는데 있어서 옛사람의 조자상의 고민을 엿볼 수 있다.

말하다의 뜻을 나타낸 '가로 왈(曰)' 자를 갑골문에서 찾아보면, 「ㅂ, ㅂ」의 형태로 되어 있고, 주대의 금문에서도 「ㅂ, ㅂ, ㅂ」 등과 같이 비슷한 형태로 되어 있고, 소전체에서는 「ㅂ」과 같이 변형되어 오늘의 '曰(가로 왈)'이 된 것이다. 중국의 갑골문 학자 徐中舒(서중서)는 '曰' 자에 대하여 목탁의 형태를 본뜬 것이라고 풀이했으나 자형으로 볼 때 수긍하기 어렵다.

'ㅂ'의 자형은 엄연히 입의 상형자인 'ㅂ(입 口)' 자에 혀의 놀림을 표시하여 'ㅂ'와 같이 나타낸 지사자로 보아야 할 것이다.

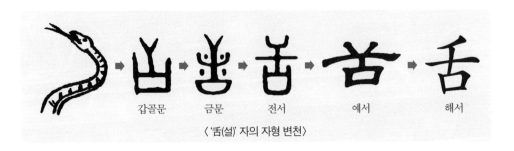

| 갑골문 | 금문 | 전서 | 예서 | 해서 |

〈'舌(설)' 자의 자형 변천〉

이처럼 '出(가로 왈)' 자가 만들어진 상태에서 '혀'의 자형을 또 상형하기는 쉽지 않았을 것이다. 사람의 혀의 모양으로는 특색을 찾기 어려우니까 혀가 둘로 나누어져 있으며, 항상 혀를 밖으로 내어 날름거리는 뱀의 특징 있는 혀를 본떠 상형자를 만든 것으로 생각된다.

갑골문에서 '舌(혀 설)'의 자형을 찾아보면 「

뱀의 갈라진 혀

」 등과 같이 모두 혓바닥이 둘로 갈라져 있을 뿐만 아니라, 뱀이 독침 방울을 내뿜는 것까지 표시되어 있어 뱀의 혀를 상형했음이 틀림없다.

지금까지 중국의 문자 학자들이 착안하지 못한 것을 필자가 여러 가지 갑골문의 자형을 보고 처음으로 확신을 가지고 착안하게 된 풀이를 자부하는 바이다. 갑골문의 '舌'의 자형을 보고 사람의 혀를 상형했다고는 볼 수 없으며, 더구나 목탁의 모양을 상형했다는 것은 타당성이 없다.

혹자는 '耳, 目, 口, 鼻(自)' 등의 인체 명칭이 모두 사람의 '귀, 눈, 입, 코'의 모양을 상형했는데, '혀'는 사람의 혀 모양을 상형하지 않고, 뱀의 혀를 상형한 것에 의문을 가질지 모르겠으나, 앞에서 설명한 바와 같이 사람의 혀냐 뱀의 혀냐가 중요한 것이 아니라,

‘혀’의 자형을 만듦에 있어 어떻게 상형하는 것이 보는 이로 하여
금 식별성이 명확한가를 조자의 바탕으로 삼았을 것이다.

여기서 중요한 것은 ‘舌’의 자음이다. 현재 한국 한자음으로
‘설’이지만, 隋(수)·唐(당)시대의 반절음을 이어 받은 『廣韻(광운)』
에는 ‘下刮切(하괄절)’로 기록되어 있다. 또한 고려 때의 우리말을
적어 놓은 송나라의 孫穆(손목)이 지은 『鷄林類事(계림유사)』의 ‘舌曰
蝎(설왈갈)’(蝎 : 胡葛切)과 ‘舌’의 일본어 ‘*hita〈sita’로 미루어 볼
때, ‘혀’의 우리말 고대어가 ‘*혈〈혀〈서〈세’의 형태로 변천하
였음을 알 수 있다.

이렇게 볼 때, ‘舌’의 자음이 우리말의 고어인 동이어, 곧 ‘혈’에
서 취음되었음을 알 수 있다.

「豬(저)」자와 윷놀이의 도

한자 중에서 形符(형부)와 聲符(성부)의 합체자인 형성자를 살펴보면, 이미 3400년 전 은대의 갑골문에서도 약 350자가 쓰였다.

현재 쓰이고 있는 한자 중에서는 중국의 문자학자 王力(왕력)의 연구에 의하면 90% 이상이라고 한다. 한자를 일반적으로 상형문자 또는 표의문자라고 일컫지만, 형성자가 차지하는 퍼센트로 볼 때, 실은 표음화된 단어문자이다.

오늘날 쓰이지 않는 글자까지 포함하면 한자의 총수는 약 6만 자로 보고 있으나, 한자의 核(핵)을 이루고 있는 상형자는 약 400여 자뿐이 안 된다. 그러므로 우리 주변의 일상적인 사물은 대부분 그 윤곽을 그리어 상형자로 만들었다.

돼지는 동양에서 이른 시대부터 가축으로서 길러 온 일상적인 동물이기 때문에 은대에 이미 갑골문에서 「丏, 丏」의 형태, 곧 상형자로 나타내었다. 불과 선 5개로 돼지의 모양을 그럴듯하게 그리었다. 추상화의 극치라고 할만하다. 이런 점에서 피카소는 말년에 한

| 갑골문 | 금문 | 전서 | 예서 | 해서 |

〈'豕(시)' 자의 자형 변천〉

자에 심취했었다고 한다.

　이상과 같이 은대에 이미 돼지에 대한 글자로서 '𠫚→𢎥→𢎥 →豕'와 같이 변천하여, 곧 '豕(돼지 시)'가 만들어졌는데, 진대에 이르러 돼지에 대한 글자가 형성자로서 '豬(돼지 저)' 자가 또 만들 어진다.

　무슨 이유로 돼지에 대한 글자가 또 만들어졌는지 매우 의문스러 운 일이다. 또한 '豕(돼지 시)' 자가 상형자인데 대하여 '豬(돼지 저)' 자는 형성지라는 짐이나.

　상형자는 사물의 윤곽을 그려서 나타내지만, 형성자는 이미 만들 어진 글자를 이용하여 말을 자형화한 단어문자인 것이다.

　한국어의 '돼지'라는 말을 살펴보면, 고어는 '돝'으로 되어 있 다. 우리말에서 가축의 어미와 새끼의 명칭이 이루어진 형태를 보 면 다음과 같다.

소 + 아지 → 송아지
말 + 아지 → 망아지
개 + 아지 → 강아지
돼지 (돝) → 돼지새끼

여기서 돼지는 소, 말, 개에 대하여 대단히 이색적인 형태로 되어 있음을 발견하게 된다.

국어학에서 '소＋아지'와 같이 모음과 모음이 직접 만나는 것을 모음충돌 현상이라고 하는데, 이것을 회피하기 위하여 '송아지'는 '소'와 '아지'의 사이에 'ㅇ(이응)'음이 첨가된 것이다.

그러나 '돼지'라는 말을 분석하여 보면, 본래 '도＋아지'에서 '돼지(도야지)'가 되었음을 알 수 있다. 같은 가축인데 돼지의 幼畜 (유축)만은 '돼지새끼'일 수가 없는 것이다. 또한 돼지의 고어가 '돝'의 형태였다면 '돝＋아지'로서는 모음충돌 현상이 일어나지 않기 때문에 '돼지'가 될 수 없다.

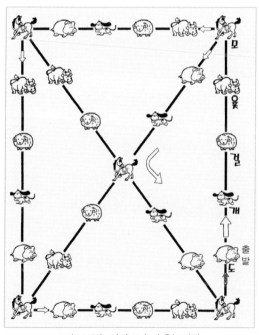

五畜(오축)놀이의 모습인 윷놀이판

이로써 볼 때, '돝'의 더욱 오래된 고어는 '도'였음을 추리할 수 있다. 곧 '도＋아지'에서 '도야지', 또는 '돼지'의 어형이 나올 수 있다. 국어의 음운현상에서 모음충돌 현상 회피의 방법으로 'ㅇ'음 첨가 이외에 반모음 'ㅣ(j)'의 첨가, 모음축약의 경우도 있다. '도＋아지 → 도야지'는 반모음 'j'의 첨가현상이고, '도＋아지 → 돼지'는 모음축약 현상으로 형성된 것이다. 다시 말해서 '돝(도)'의 새끼 명칭이 지방에 따라서는 '도야지', 또는 '돼지'로 일컬어지게 된 것이다.

'돝'의 고어가 쓰이지 않게 되면서, '도야지'는 돼지의 사투리로, '돼지'는 成畜(성축), 곧 어미돼지로 와전되어 '돼지'가 새끼인 줄 모르고 돼지만은 幼畜(유축)을 '돼지새끼'라고 일컫게 된 것이다.

'돝'의 고어인 '도'가 이른 시대에 중국으로 들어가 쓰이자, 이제는 돼지의 형상을 그리는 것이 아니라, '도'라는 말을 자형화하게 된 것이다.

따라서 이미 '돼지'를 그려서 만든 상형자 '豕(돼지 시)'에 '도'에 해당하는 발음으로서 '者(자)'를 더하여 '豬(돼지 저)'의 형성자를 만든 것이다.

'豬'의 발음이 지금은 '저'이지만 '都(도읍 도)', '睹(볼 도)', '賭(도박 도)' 등의 형성자로 유추할 때, '豬'의 고음이 '도'였음을 알 수 있다.

우리말에서 '돝'의 고어가 '도'였음을 증명할 수 있는 자료로는 윷놀이에서 찾을 수 있다. 윷놀이는 이른 시대부터 농경민족의 五畜(오축)놀이에서 유래된 것이다. 윷놀이의 '도, 개, 걸, 윷, 모'는 곧 돼지, 개, 걸(양의 일종), 소(윷은 소의 고어), 말(모는 말의 고어)로

한말의 돼지 장수

서 그 동물의 뛰는 속도로서 순서를 정한 놀이다.

일반적으로 어휘의 음운이 시대에 따라 변하지만, 그 어휘가 다른 말에 쓰였을 때는 상당히 보수성을 지닌다. 예를 들면 '갈(刀)'이란 말은 이미 '칼' 로 변하였지만, '갈치(刀魚)' 라는 말은 지금도 쓰이는 것처럼 윷놀이에서 쓰인 '돝' 의 고어가 지금까지 '도' 로 쓰이고 있는 것이다.

'도' 가 '돝' 으로 변한 것은 아마도 멧돼지를 나타내는 '彘(멧돼지 체)' 자가 '豬' 자에 붙어 '豬彘(도체)' 로 쓰이면서 '돝' 이란 말이 형성되었을 것이다. 옻나무인 칠(=漆)의 액이 검은 것을 나타내기 위하여 '烏(까마귀 오)' 를 더하여 烏漆(오칠)이란 말이 되었는데, 이것을 생략하여 '옻' 이란 말이 생긴 것과 같은 형태라고 볼 수 있다.

이상으로 볼 때, 한자의 자형만을 우리의 조상인 동이족이 만든 것이 아니라, 한자의 자음도 우리말이 들어가 이루어졌음을 알 수 있다. 따라서 종래 한국어는 알타이어계에 속하는 膠着語(교착어)이고, 중국어는 漢藏語系(한장어계)에 속하는 孤立語(고립어)로서 전연 이질적인 언어로 여겨 온 학설을 마땅히 시정해야 할 것이다. 결론적으로 말해서 이른 시대에는 한국과 중국어는 동계언어였다.

동물들의 어미에 대한 새끼들의 명칭

소 - 송아지	말 - 망아지
개 - 강아지	범 - 갈가지
호랑이 - 개호주	닭 - 병아리
꿩 - 꺼벙이	고등어 - 고도리
갈치 - 풀치	곰 - 능소니
돌고래 - 가사리	매 - 초고리
명태 - 노가리	방어 - 마래미
새 - 열쭝이	숭어 - 오쟁이
파리 - 구더기(애벌레)	개구리 - 올챙이
이 - 가랑니	모기 - 장구벌레(애벌레)
잠자리 - 학배기(애벌레)	갈치 - 풀치
매미 - 굼벵이(애벌레)	

「黽(맹)」자와 맹꽁이

　　미국에서 공학박사 학위를 받고 갓 돌아온 한 교수가 강의실에서
공자와 맹자 누가 더 먼저냐는 학생의 갑작스런 질문에 맹자가 먼
저라고 대답했다가 그 뒤에 '맹꽁이 박사'라는 별명을 얻게 되었다
는 실화가 있다.

　　우리나라에서 '맹꽁이'라는 말은 융통성이 없거나 아둔한 사람
을 비하하여 일컫는 말로 쓰이지만, 양서류 중에 실제로 '맹꽁이'
라는 동물이 있다. 개구리가 개굴개굴 울기 때문에 '개굴+이→개
구리'라고 일컫듯이 맹꽁이도 맹꽁맹꽁 울기 때문에 '맹꽁+이→

| 갑골문 | 금문 | 전서 | 예서 | 해서 |

〈 '黽(맹)' 자의 지형 변천 〉

맹꽁이'로 붙여진 의성어이다.

맹꽁이의 형태는 몸길이가 40mm 내외이고, 몸집이 뚱뚱하고 머리는 짧다. 황색 바탕에 청색 또는 흑색의 무늬가 있고, 비가 오거나 흐린 날에 요란하게 울며, 연중 땅속에서 서식하고, 밤에 땅 위로 나와 먹이를 잡아먹는다. 한국 만주 등지에 분포한다는 것이 매우 중요한 사실이다.

'맹꽁이'에 해당하는 한자는 자전의 214부수 중 하나인 '黽(맹꽁이 맹)'자이다. 은대의 갑골문에 '𪓰, 𪓷'와 같이 맹꽁이의 모양을 상형하였고, 소전체에서는 '𪓰'의 형태로 변형되어 지금의 '黽'자로 되었다.

'黽(맹)'자의 반절음은 '莫杏切(막행절), 武盡切(무진절), 母耿切(모경절), 眉耕切(미경절)'등으로 되어 있으나, 현재 중국어에서는 [min], 또는 [mian]으로 발음되고 있다. 더구나 '맹꽁이'의 뜻으로는 잘 쓰이지 않고 '黽勉(민면)'으로서 노력하다의 뜻으로 쓰인다.

오늘날 중국인들은 '맹꽁이'의 울음소리를 '맹'이라고 의성어를 말하지도 않는다.

우리말의 '맹꽁이'는 그 울음소리를 의성한 명칭이기 때문에 자고이래로 면면히 쓰이고 있는 말이다. 그러므로 '黽'자의 음을 동이계어로서 우

맹꽁이의 '맹'자를 의성하여 '黽'자의 음이 '맹'이다.

리말의 '맹' 을 취하였음을 알 수 있다.

　혹자는 우리말의 '맹꽁이' 가 '黽' 자의 음 '맹' 에서 만들어진 말이라고 주장할지 모르겠으나, 우리나라 사람 중에 '黽' 자를 전연 모르는 사람도 다만 '맹꽁이' 의 울음소리를 듣고 '맹맹' 운다고 하는 것을 보면 결코 '黽' 자에서 유래된 말이라고 할 수 없다.

　앞에서 언급하였지만, 맹꽁이의 서식분포지가 한국 만주라고 하는 것으로 보아도 이미 은대의 북방의 동이계어족이 '黽(맹꽁이 맹)' 자를 만들었음을 방증할 수 있다.

「窟(굴)」자와 굴

우리말 어휘의 70% 이상이 한자어로 되어 있기 때문에, 일반적으로 대부분의 어휘가 중국에서 유입된 것으로 생각하는 사람이 많다.

한·중 양국은 지리적으로 인접해 있을 뿐만 아니라, 역사적으로도 수천 년 동안 문화교류의 관계를 가지고 있는데, 일방적으로 중국어만 한국어에 유입되고, 한국어는 전연 중국어에 유입된 것이 없다고 생각하는 것은 매우 잘못된 견해이다.

이상과 같은 한·중 양국의 여건하에서는 유입되는 양의 차이는

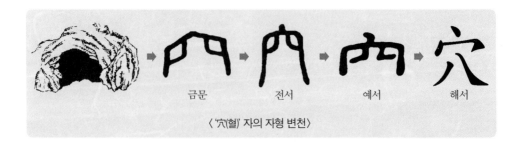

금문　　　　전서　　　　예서　　　　해서

〈 '穴(혈)' 자의 자형 변천〉

있었겠지만, 완전히 일방적인 유입이란 있을 수 없는 일이다. 당연히 상호간의 유입교류가 있었을 것이다.

이러한 상식적인 수준에서 가정할 때, 우리말도 중국어에 상당수가 들어가서 중국어화 되었음을 부정할 수 없을 것이다. 다만, 지금까지 잘못된 선입견에서 그러한 어휘를 찾아보지 않았을 뿐이다.

한자에서 '穴(구멍 혈)'을 살펴보면, 소전체에서 '穴'의 형태로서 사람이 혈거하던 토실의 모양을 본뜬 상형자로 풀이하였다. 그런데 같은 뜻의 '窟(굴 굴)'자가 또 있다. '窟'자도 소전체에서부터 '穴'과 '屈'의 합체자로서 형성자로 만들어졌다. 이미 같은 뜻의 '穴'자가 있는데, '窟'자를 또 만든 이유를 캐내지 않을 수 없다.

동서교류의 유산인 돈황의 막고굴

'穴'이 굴의 모양을 본뜬 상형자인데 대해서, '窟' 자가 형성자인 까닭은 동이족어의 '굴'이란 구어가 들어와 쓰임으로써 이 말을 자형화하기 위하여 이미 '굴'의 의미를 가진 '穴'을 형부로 하고 '屈'을 성부로 하여 만들어진 후기자임을 알 수 있다.

　　국어사전에도 '굴'이 우리의 고유한 말이 아니라, 한자 '窟'에서 유입된 한자어로 표기하여 놓았다. 이것은 사전을 편찬한 사람들이 '굴'에 대하여 상세한 고찰을 하지 않은데서 빚어진 오류라고 생각된다.

　　한자음에서 'ㄹ' 종성의 글자가 모두 단음인데, '窟' 자만이 장음으로 발음되는 것으로도 우리말의 '굴'이 중국에 유입되어 '窟' 자의 자음으로 취해졌음을 알 수 있다.

고구려 최초의 도성인 五女山城(오녀산성)

우리말에 있어서 '굴'의 연원은 상당히 이른 시대로 소급된다. 우선 '고구려'란 국호의 '구려'란 말이 '굴'의 차음표기라고 볼 수 있다. 陳壽(진수)의 『삼국지』위서 동이전에 "今胡猶名此城爲幘溝漊, 溝漊者, 句麗名城也.(지금은 오랑캐들이 이 성을 책구루(幘溝漊)라 한다. 구루(溝漊)는 구려에서 성을 일컫는 말이다.)〈卷三十 高句麗〉"라고 한 바와 같이 '溝漊'는 곧 고구려에서 '城'이란 뜻의 말로 쓰인 것이다. 이보다 더 소급되는 기록으로는 중국의 사학자 鄒君孟(추군맹)이 치우천왕에 대하여 "蚩尤屬于哪個集團, ……都認爲他是九黎的君長. ……蚩尤爲東夷集團.(치우는 어느 집단에 속하는가. … 모두 다 치우는 九黎(구려)의 君長(군장)이라고 하였다. … 치우는 東夷 집단에 속한다고 여긴다.)〈華夏族起源考論〉"라고 언급한 바와 같이 치우천왕이 '九黎(구려)'의 우두머리였다고 하였는데 '九黎(구려)'도 역시 '句麗(구려)'와 동어원이다.

'굴'이란 말이 '九黎, 溝漊, 句麗, 句驪' 등의 한자어로 표기되고, 그 뜻도 '谷(곡), 郡邑(군읍), 城(성)' 등으로 전의되어 쓰이면서, '고을, 골' 등의 말로 변천하였다.

「稗(패)」자와 피

五穀(오곡)을 국어사전에서도 '쌀·보리·콩·조·기장' 등으로 '피'를 빼놓았고, 벼농사를 짓는데 있어서 '피사리', 곧 잡초처럼 섞여 있는 피를 뽑아내는 일을 꼭 해야 하기 때문에, 현재 우리나라 사람 중에 내부분이 '피'가 곡식의 하나인 줄을 모르는 이가 많다.

그러나 송나라의 孫穆(손목)이 사신으로 고려에 직접 와서 기록한 『계림유사』에 "五穀皆有之, 粱最大無秫糯以粳米爲酒, …… 以稗米定物之價而貿易之, 其他皆視此爲價之高下.(오곡이 다 있는데, 수수가 제일 많고, 찹쌀은 없으므로 멥쌀로 술을 빚는다. … 핍쌀로써 물건의 값을 정하여 물물교환을 하는데, 기타는 모두 이것을 보아 값의 고하를 정하였다.)"라고 한 바와 같이 고려 때는 오곡 중에서도 '稗米[핍쌀]'로써 물건의 값을 정할 만큼 '稗(패)', 곧 피가 주곡이었음을 알 수 있다.

필자가 어렸을 때 고향 충주에서는 피농사를 많이 지었고, 피밥을 주식으로 먹은 기억이 있는데 60세 이상 노인들도 피밥을 먹어

본 일이 없다고 할만큼 현재는 논에서 뽑아내는 돌피만을 생각하게 되었다.

중국에서 오곡은 『한서』 주례에는 '麻(마), 黍(서), 稷(직), 麥(맥), 豆〔두, 菽(숙)〕'로 기록하여 놓았고, 『楚辭(초사)』에는 '稻(도), 稷(직), 麥(맥), 豆(두), 麻(마)'로 되어 있고, 후대의 기록에는 '大麥(대맥), 小麥(소맥), 稻穀(도곡), 小豆(소두), 胡麻(호마)', '粳米(갱미), 小豆(소두), 大豆(대두), 麥(맥), 黃黍(황서)'

은대 동이족, 곧 우리 조상들이 식량으로 했던 곡식은 '도·직·서·맥·속'이다.

등과 같이 일치되지는 않지만 중국에서도 옛날에는 오곡 중에 '稷(피 직)'이 들어 있었는데, 후대로 오면서 오곡 중에 '피'가 빠지게 된 것이다.

'稷' 자는 이미 주대의 금문에 '𥚃, 𥡴, 𥡳' 등의 형태로 나타나는데, 소전체에 이르러 '𥡴' 과 같이 정리되어 오늘의 '稷' 과 같이 쓰이게 되었다. '禾' 와 '畟' 의 형성자이면서 '畟' 은 또한 '田＋人＋夊' 의 합체자로서 농부가 힘써 밭을 갈아야 풍부한 수확을 할 수 있다는 뜻을 겸한 것이다. 뒤에 와서 '社稷(사직)' 의 '稷' 이 穀神(곡신)으로 일컬어질 만큼 고대에는 '피' 가 五穀(오곡) 중에서도 으뜸이었음을 알 수 있다. 중국의 옛 문헌에도 '稷粟也(직속야)', 곧 피는 조라고 하였는데, 피와 조는 전연 다른 곡식이다.

'稷' 과 같은 곡식의 명칭이 진대의 소전체에 '𥟝(피 패)' 자로 된 것이다. 곧 '禾' 와 '卑' 의 형성자이다. '稗' 자의 반절음이 '傍卦切

(방패절)'이지만, 다시 '卑'의 반절음을 찾아보면 '府移切(부이절)', '賓彌切(빈미절)'로 되어 있으므로 '稗'의 고음은 '피'였을 것이다.

이로써 볼 때 '稷'에 대한 동이족어로서 '피'가 중국에 유입되어 쓰이자, 부득이 뜻을 나타내는 '禾(벼 화: 禾는 곡식임을 나타낸 뜻)'에 성부로서 '卑(낮을 비)'를 더하여 '稗(피 패)'자를 만들었음을 알 수 있다. 여기서 '卑'는 단순히 음으로만 취해진 것이 아니라, '피'는 아마도 '稷'과 유사한 곡식이지만, 그 질이 좋지 못하기 때문에 賤(천할 천)의 뜻을 가진 '卑'를 취하였을 가능성도 있다.

중국의 문자 학자 중에는 피는 벼를 해하는 잡초이기 때문에 '禾'에 '卑'를 더하여 만든 글자라고 풀이했으나, 곡식으로서의 '피'와 논에서 뽑아내는 잡초로서의 돌피는 다른 식물임을 모르고 혼동하여 설명한 것이다.

수확기의 피

혹자는 한자 '稗'에서 우리말 '피'가 형성되었을 것이라고 추측할지도 모르겠으나, 우리는 문자의 출현보다는 구어로서 전승해 온 음성언어가 먼저였다는 것을 잊지 말아야 할 것이다. 더구나 재강조하지만 '稗'자는 '피'라는 말을 적은 형성자라는 점이다.

「布(포)」자와 베

오늘날 우리는 다양한 옷감으로 의복을 만들어 입지만, 우리 한국인들이 이른 시대에 입은 옷의 재료는 무엇이었을까가 궁금한 일이다. 초기에는 마땅히 나무의 잎이나 짐승의 가죽을 이용하였겠지만, 식물의 섬유질을 이용하여 실을 만들어 옷감을 짜서 사용한 것은 명칭으로 고찰하여 볼 때, 베옷일 것이다.

우리는 흔히 '무명베' 라는 말을 쓰지만 옳지 않은 말이다. '베' 는 삼(麻)으로 만든 직포인 것이다. '무명' 은, 곧 '木棉(목면)' 의 중국음 '무미엔' 이 우리나라에 들어와서 변음된 것이다. 목화는 고려 때 문익점이 원나라에서 목화씨를 가져 옴으로써 재배하게 된 것이라고 전한다. 이때는 중국에서 [k]종성이 탈락되어 쓰였으므로 '木棉' 을 '목면' 이라 발음하지 않고 '무미엔' 이라고 발음한데서 유래된 말이다. 방언으로는 '무명옷' 을 축약하여 '명옷' 이라고도 일컫는다.

그러므로 목화가 유입되기 이전에 우리나라 사람들의 옷감은 주

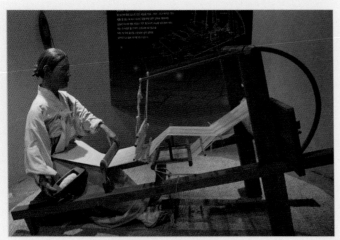
베틀에서 베를 짜는 모습

로 '삼베'였으며, 明紬(명주)나 모시, 곧 紵布(저포), 葛布(갈포)도 있었으나 귀해서 일반인은 입기 어려웠다.

'布'의 자형이 갑골문에서는 발견되지 않고, 주대의 금문에 '糸, 布, 帛' 등의 형태로 나타난다. 『설문해자』에서 '布'에 대하여 허신은 枲織(시직)이라고 풀이하고, '布'를 '巾(수건 건)'자와 '父(아비 부)'의 합체자로서 형성자라 하였다. '枲(시)'에 대하여 씨가 없는 수삼(牡麻)이라 한 기록도 있고, 『설문해자주』에서 단옥재는 '未治謂之枲, 治之謂麻〔아직 삼지 않은 것을 枲(시)라 하고, 삼은 것을 麻라 한다.〕'라고 주를 단 것으로 보면 '布'의 재료는 '삼'이었음을 알 수 있다.

'麻'에 대해서 허신은 삼은 반드시 집 밑에서 삼아야 하기 때문에 그 자형이 '广(집 엄)'에 '㕜' 匹卦切(필괘절)자를 더하여 만든 회의자로 풀이하였다. 실제로 집안 시렁에 늘어뜨려 삼껍질은 그늘에서 말려야 한다. '㡀'자에 대해서는 『설문해자』에 '莦之總名(비지총명)'이라 하였는데, '莦(비)'는 곧 삼씨를 뜻하며, 또한 삼껍질(麻皮)을 가늘게 쪼개 놓은 것을 말한다.

'布'의 음이 현재 한국 한자음으로는 '포'로 되어 있으나, '博故切(박고절)'의 반절음으로 되어 있는 것으로 추찰하면 '布'의 고음은 우리말 '베'의 고어 '뵈'에 가까운 음이었을 것이다. 이로써 '布'의 자음은 동이계어로서 우리말의 '뵈'를 취하였음을 알 수 있다.

목화

삼(麻)

혹자는 '布'의 고음에서 우리말의 '뵈→베'가 쓰이게 되었다고 주장할지 모르겠으나, '布'자가 주대에 금문에 처음 출현하는데 대하여, 베옷은 이미 주대 이전에 입었을 것이며, 그에 따른 구어로서 명칭도 있었을 것이므로 우리말의 '뵈'가 '布'자의 자음으로 취해 졌다고 보는 것이 객관적인 타당성을 갖는다.

「跋(발)」자와 발

　지금 우리는 팔(肱 : 팔 굉)과 발(足 : 발 족)을 구별하여 말하고 있지만, 조선 초기까지만 해도 '볼 爲臂'(『훈민정음』 용자례 참고)이라고 한 것처럼 '팔'이란 말이 없이 팔도 '볼'이라고 일컬었다. 이것은 사람도 진화 이전에는 일반 짐승과 같이 네 발로 기어 다녔으며, 팔은 앞발이고, 다리는 뒷발인 정도의 구별이 있을 뿐이지, 지금처럼 그 기능을 크게 구별할 필요가 없었으므로 모두 '발'이라고 한 것이 아닐까.

　그런데 한자에는 足(발 족), 脚(다리 각), 臂(팔 비), 肱(팔 굉), 股(넓적다리 고), 肢(팔다리 지), 脛(정강이 경), 脾(허벅다리 비), 腕(팔 완), 腿(넓적다리 퇴) 등과 같이 상세히 구별되어 있다.

　이 중에서 발을 상형한 글자는 '足(발 족)'이다. 갑골문에서는 '𤴔, 𤴔, 𤴔' 등과 같이 무릎에서 발까지의 모양을 그리어 나타냈고, 금문에서는 '𤴔, 𤴔, 𤴔' 등과 같이 변형되고 소전체에서는 '𤴔'과 같이 도안화되어 오늘날의 '足'이 된 것이다. '足'에서 '口'의

〈 '足(족)', '肱(굉)' 자의 자형 변천〉

자형은 입구(口)가 아니라, 무릎의 둥근 형태가 변한 것이다.

'팔'을 나타낸 갑골문은 '𝔶, 𝔶, 𝔶' 등과 같이 팔과 팔꿈치에 손가락을 그리어 나타냈고, 금문에서는 '𝔶' 과 같이 변하여 뒤에 月(肉)을 더하여 오늘의 '肱(팔 굉)' 자가 된 것이다.

'발'이 이미 상형자로서 만들어졌는데, '足'을 형부로 하여 발이란 뜻을 나타내고 '犮(개 달아날 발)'을 성부로 하여 '跋(발)'이 글자로서 물건의 아랫부분을 뜻하거나 문장의 서문에 대하여 발문의 뜻으로도 쓰인다. 이와 같은 형성자를 만든 것은 동이계어로서 중국에 유입되어 쓰인 우리말의 '발'이란 말을 취음 표기하기 위하여 만든 글자임을 알 수 있다. 우리말에서는 면면히 사람이나 동물의 발뿐 아니라, 물건의 밑 부분을 '다릿발'처럼 '발'이라고 한다.

더욱 중요한 방증 자료로는 부수 중에 '癶(필발머리)'이다. '癶' 자는 '登, 發, 癸' 등의 부수자로서 쓰이지만, 본래 '發' 자는 갑골문에

서 '𝖄' 의 형태로서 두 발을 그려 놓은 것이다. 금문에서는 '𝖞'
의 형태로, 소전체에서도 '𝖘' 과 같은 형태로 변하여 오늘날의
'癶' 이 된 것이다.

'登' 의 자형을 갑골문에서 '𝕰, 𝕱, 𝕲' 등과 같이 그린 것으로
볼 때, 제기를 받들고 계단을 올라가 신에게 바치는 뜻을 나타낸 글
자임을 알 수 있다. 허신은 사람이 발을 들어 수레에 오르는 모습을
나타낸 글자라고 풀이하였는데, 자형 내에 엄연히 '豆(제기 두)' 자가
있는데 수레로 본 것은 잘못이다. '登' 자가 '오르다' 의 뜻으로 쓰
이기 때문에 그에 맞추기 위한 견강부회라고 아니할 수 없다. 신을
모신 사당에 오르다의 뜻으로도 충분히 '오르다' 의 뜻이 될 수 있
다.

여기서 더욱 중요한 것은 '𝖄 → 𝖘 → 癶' 자의 음이 '北末切(북
말절)' 의 반절음으로서 '발' 이라는 것이다. 이로써 동이계어의 '발'
이란 말이 일찍이 중국 내에서 쓰였음을 알 수 있다.

우리나라 자전에 '癶' 의 부수자를 '필발머리' 라고 한 것은 '發
(필 발)' 자의 윗부분에 쓰였다는 데서 '필발머리' 란 명칭을 붙였으
나, 그것은 속칭일 따름이다. 또한 '배반할 발' 이라고 훈음을 붙인
것도 '登' 이나 '發의' 자의로 볼 때 옳지 않다. 마땅히 '癶' 의 훈음
은 '두발 발' 이라고 해야 할 것이다.

「枺(말)」자와 말뚝

　동물의 세계를 보면 맹수일수록 자신의 영역 표시를 철저히 해 놓고, 상대가 침범하면 사생결단으로 투쟁하는 모습을 볼 수 있다. 우리 속담에서 자신의 영역을 표시하거나 점거하는 것을 '말뚝을 박는다' 고 한다. 이 외에도 '말뚝 댕기, 말뚝 망둥어, 말뚝 벙거지, 말뚝 잠(簪:비녀)' 등 '말뚝' 이라는 말이 널리 쓰이고 있다.

　옛말에서는 '橛음 말히라' (능엄경언해), '나귀 밀 말히라' (몽산화상법어략록)와 같이 'ㅎ' 종성 체언으로 쓰였다. 이로써 보면 본래 단음절어로서 '말' 이었는데, 뒤에 '뚝' 이라는 접미사가 더해져 쓰였음을 알 수 있다.

　말에 대한 이른 시대 기록으로는 『삼국사기』에 "金大問云 麻立者, 方言謂橛也. 橛謂諴操, 准位而置, 則王橛爲主, 臣橛列於下, 因以名之.〔金大問(김대문)은 이르기를, "麻立(마립)은 방언에서 말뚝을 일컫는 말이다. 말뚝은 諴操(함조, 자리를 정하여 둠)를 뜻하는데, 그것은 위계에 따라 놓는 것이니, 임금의 말뚝이 주가 되고 신하의 말뚝은

통일신라 시대의 장보고가 완도에 박은 말뚝

그 아래에 배열되었다. 이로 말미암아 임금의 명칭으로 삼은 것이다."고 하였다.]《『三國史記』卷第三 新羅本紀 第三》"라 하였다.

『삼국유사』에도 "或曰 麻立干[立一作袖] 金大問云, 麻立者, 方言謂橛也, 橛標准位而置, 則王橛爲主, 臣橛列於下, 因以名之.(혹은 麻立干[立은 袖로도 되어 있다.]이라고도 한다. 김대문은, "마립이란 우리말로 서열을 말한다. 서열은 직위에 따라 설치하니, 임금의 서열은 그 주가 되고, 신하의 서열은 그 아래가 되기 때문에 이렇게 이름 지은 것이다."라고 하였다.)《『三國遺事』第二 南解王》"라 하여 신라의 임금 '智證麻立干(지증마립간)'의 '麻立(마립)'에 대하여 김대문은 '橛(말뚝 궐)'의 고유어 '말'에서 연원된 것으로 풀이하였다. 이로써 보면 6세기 초 이전에 이미 '말'이란 고유어가 있었음을 엿볼 수 있다.

한자의 '杛'에 대하여 살펴보면, 한대의 『설문해자』에는 실려 있지 않고, 송대의 『집운』에 처음 나타난다. 『집운』에 '杛'의 반절음은 '莫葛切(막갈절)'로서 '末' 음과 같다고 하였다. 뜻은 우리말의 '말뚝'과 같은 뜻으로 되어 있다.

중국에서 '杧'이 만들어진 시대는 송나라 때이므로 우리말의 '말'이 먼저 쓰였음을 알 수 있다. 중국에서는 말뚝을 뜻하는 글자로서 이미 '橛(궐), 橛(표), 杙(익)' 등이 있는데, 또 '杧'이란 글자를 만든 것은 우리말의 '말'이 중국에서 쓰이게 되자 그 발음을 적기 위하여 말뚝의 재료인 木(나무)을 형부로 하고 '末'을 성부로 만든 글자라고 볼 수 있다.

'푯말'을 국어사전에 '標抹(표말)'로 적어 마치 한자어처럼 설명하여 놓았는데, 실은 '標말'로 적어야 한다. '杧'을 비록 중국에서 만들었다고 하여도 본래 우리의 고유어가 유입되어 다만 음역한 글자라는 것을 밝혀서 써야 한다.

「霹靂(벽력)」과 벼락

일반적으로 옛 문헌에 한자로 된 단어는 모두 중국어로 생각하는 경우가 많다. 그러나 한자 어휘 중에는 일찍이 중국에 들어온 외래어를 다만 한자로 차음표기하여 중국어화한 것이 적지 않다.

檳榔(빈랑)은 말레이시아 말을 한자로 표기한 것이다.

한자어 중에서도 쌍음절로 된 聯綿語(연면어) 가운데 외래어가 많다. 예를 들면 '葡萄(포도)'는 이미 한나라 때 고대 大宛語(대완어), 곧 이란말의 'badaga'를 비슷한 한자음으로 차음표기한 것이다. 또한 '檳榔(빈랑)'은 말레이시아어의 'pinang'을 음역한 말이다. 이때 '葡'와 '萄'를 분리해서는 포도의 뜻이 전연 없다. 반드시 합쳐서 쓰일 때 포도의 뜻을 가지게 되는 특징이 있다. 본래 중국어는 단음절어이기 때문에 '松(송), 花(화), 鳥(조), 禾(화)' 등처럼 한 글자로서 독립된 뜻을 나타낼 수 있어야 한다.

우리는 흔히 큰 목소리를 과장하여 '청천벽력 같다.'고 하거나, 뜻밖의 일을 당할 때 '이 무슨 날벼락인가.'라고 하는데, 대부분 한 자어 '霹靂(벽력)'에서 '벼락'이란 말로 변음된 것으로 생각한다.

그러나 이것은 오히려 '벼락'이란 고유한 우리말이 중국에 유입 되어 앞에서 언급한 '葡萄'나 '檳榔'처럼 한자로 음역된 것이라고 주장하는 바이다.

우선 그 이유로 '霹靂 (벽력)'은 포도와 마찬가 지로 '霹'과 '靂'이 나누 어져서는 '벼락'의 뜻이 없다. 또한 중국 문헌을 살펴보면, 벼락의 뜻으로 쓰이는 말이 '霹靂(벽력)' 외에도 '劈歷(벽력), 霹歷 (벽력), 礔礰(벽력)' 등이 있다. 본래 한자어라면 이와 같이 동음의 음역표

'벼락'이란 고유한 우리말이 중국에서 유입되어 '벽력'이 되었다.

기가 많을 수 없는 것이다. 이로써 외래어임을 확증할 수 있다.

그런데 葡萄(포도)는 이란어가 들어가서 음역되었음을 수긍하면 서, 霹靂(벽력)은 우리말의 벼락이 들어가서 음역되었음을 수긍하지 않을 뿐만 아니라, 오히려 중국어인 '霹靂'이 '벼락'으로 속음화되

었다고 생각한다면, 이것도 일종의 사대주의에서 발생된 편견이 아닐 수 없다.

우리말의 '벼락' 외에, 중국 주변의 다른 나라 말에 '벼락'과 유사한 말이 있다면 고려할 수 있겠지만, 필자가 찾아본 것으로는 유사한 말이 없으므로 우리말의 '벼락'이 유입되어 차음표기된 것으로 확신하는 바이다.

『爾雅(이아)』에 "雷之急擊者謂霹靂.(우레가 급히 치는 것을 벽력이라고 이른다.)"이라고 한 기록으로 보면 적어도 한대 이전에 유입되었거나, 동이계어로서 이른 시대부터 이미 쓰였다고 생각된다.

'벼락'의 방언으로는 '배락, 배랑, 밸락, 베락, 벵녁, 별락, 비락, 빌락, 빙녁, 베랑, 뻬락' 등이 있는데, 이 중에는 '벵녁, 빙녁' 등과 같이 한자음 '벽력'에서 변음된 이차적인 방언도 있다.

「蘿蔔(나복)」과 나박김치

　우리 속담에 '떡 줄 사람은 꿈도 안 꾸는데 김칫국부터 마신다.' 는 말이 있다. 이때 '김칫국' 은 일반 김치의 국물도 아니고, 김치를 넣고 끓인 국이란 뜻도 아니다. 보통 손님에게 떡을 대접할 때는 물 김치는 '나박김치' 를 함께 내놓기 때문에 생긴 말이다.

　이처럼 우리는 흔히 '나박김치' 를 먹으면서도 '나박김치' 의 뜻을 아는 사람은 별로 없는 것 같다. 심지어 요리 전문 교수도 '무를 나박나박 썰어서 만들기 때문' 에 붙여진 명칭이 아니겠냐고 하는 대답을 듣고 웃지 않을 수 없었다.

　'나박김치' 의 '나박' 은, 곧 '무' 의 우리 고유어이다. 그러므로 '나박김치' 는, 곧 '무김치' 라는 말이다. 지금은 무뿐만 아니라, 배추속·미나리·생강·파·마늘·실고추·잣 등을 붉은 고춧가루를 우린 넉넉한 국물에 넣어 만든 김치를 일컫지만, 본래는 무를 사각형으로 얇게 썰어서 넉넉한 붉은 고추 국물에 간단한 양념을 넣어 만들었다. 그러므로 나박김치는 명실공히 무김치면서 물김치이

'나박김치'의 '나박'은 곧 '무'의 우리 고유어로, '나박김치'는 곧 '무김치'라는 말이다.

중국에서는 '무'라는 한자보다 '나복(뤄버)'을 쓰고 있다.

기 때문에 '김칫국부터 마신다.'는 말을 하게 된 것이다.

여기서 무의 뜻인 '나박'의 어원을 밝히는 것이 매우 중요하다. 오늘날 중국어에서는 무를 '뤄버(蘿蔔)'라고 한다. 이 한자어의 우리 발음이 '나복'이기 때문에 우리말의 '나박'이 곧 蘿蔔(나복)에서 변음된 한자어로 생각하기 쉽다.

그러나 이것은 우리말의 '나박'이 중국에 유입되어 비슷한 한자음으로 음역한 것이 蘿蔔(나복)인데, 중국 북경어에서는 원대이후 입성인 'ㄱ'음이 탈락되어 '뤄버'로 발음하게 된 것이다.

그 증거로는 이미 설명한 바와 같이 葡萄(포도)와 동류의 연면어로서 '蘿'와 '蔔'을 분리했을 때는 무의 뜻이 없다는 점이다. 또한 중국에서는 '蘿蔔' 외에도 '蘿菔(나복), 萊菔(내복), 蘆菔(노복), 蘆蔔(노복), 蘿葍(나복)' 등과 같이 여러 가지로 취음표기를 했다는 점이다. 외래어가 아니라, 본래 한자어였다면 이와 같이 한 가지 사물을 여러 가지로 표기할 이유가 없다.

오늘날 우리나라에서는 '나박김치' 외에는 '무'의 뜻으로 '나박'을 일컫는 일은 거의 없다. 지금은 '무'라는 말이 널리 쓰이고 있지만 '무'는 오히려 한자 '蕪(거칠 무)'의 음에서 온 말이다. '蕪'는 우리나라에서는 일반적으로 거칠다는 뜻으로 '荒蕪地(황무지), 野蕪(야무)' 등으로 쓰이지만, '蕪'에는 '순무'라는 뜻도 있다.

이로써 보면 우리말의 '나박'은 중국에서 널리 쓰이고, 한자의 '蕪'는 한국에서 널리 쓰이고 있으니, 어휘가 뒤바뀌어 쓰이는 결과가 되었다.

중국의 農書(농서)에 "北人蘿蔔, 一種四名, 春日破地錐, 夏日夏生, 秋日蘿蔔, 冬日土酥.〔북방인들의 나복은 네 가지 명칭이 있는데, 봄에는 破地錐(파지추), 여름에는 夏生(하생), 가을에는 蘿蔔(나복), 겨울에는 土酥(토소)라고 일컫는다.〕"라고 기록한 것과 같이 중국의 북쪽에서 '蘿蔔'이라고 했다는 것은, 지리적으로도 곧 동이계어에서 '나박'이라는 말을 썼다는 것을 방증하는 자료가 될 수 있다.

「躑躅(척촉)」과 철쭉꽃

　근래 우리나라에서는 해마다 철쭉꽃 축제를 열 듯이 이 땅의 봄
을 으뜸으로 상징하는 꽃은 진달래와 철쭉이라고 할 만큼 한국을
대표하는 꽃이라고 할 수 있다.

　그러니 많은 사람들이 신날래와 철쭉꽃을 잘 구별하지 못하는 것
같다. 크게 다른 점은 진달래는 잎이 나오기 전에 꽃만 피는데 대하
여, 철쭉꽃은 잎이 나온 뒤에 꽃이 핀다. 또한 철쭉꽃 안에는 검은
점들이 돋아나 있지만, 진달래꽃은 검은 점이 없고, 철쭉꽃 받침에
는 끈끈한 액이 있고 진달래는 없으며, 진달래에는 독이 없어서 꽃
을 먹을 수 있지만, 철쭉꽃에는 독이 있어서 먹을 수 없다.

　중국에서 진달래는 '杜鵑花(두견화)'라고 하면서도 우리말의 '진
달래'를 음역하여 '金達萊[진다라이]'라고도 일컫는다. 철쭉은 '躑躅
(척촉)'이라고 하는데 우리나라에도 『삼국유사』 수로부인 조에 "傍有
石嶂, 如屛臨海, 高千丈, 上有躑躅花盛開.(옆에 바위 절벽이 있어, 병
풍처럼 바닷가에 임하여 높이가 천길이나 되는데 꼭대기에 철쭉꽃

철쭉(좌)과 진달래(우) 철쭉꽃 안에는 검은 점이 있고, 진달래꽃은 없으며, 진달래꽃에는 독이 없어 먹을 수 있지만, 철쭉꽃에는 독이 있어서 먹을 수 없다.

이 만발해 있었다.)"란 기록을 비롯하여 '躑躅' 이란 한자어도 쓰여 왔다.

이처럼 한·중 양국에서 쓰이고 있는 '躑躅' 에 대하여 자세히 살펴보고자 한다. '躑躅' 이 '足' 의 부수자라는 것은 본래 식물과 관계 없는 한자어임을 알 수 있다. 『설문해자』에는 '躅(머뭇거릴 촉)' 은 실려 있지만 '躑(머뭇거릴 척)' 은 실려 있지 않다. 『강희자전』에 의하면, '躑' 은 '躑(머뭇거릴 척)' 과 같은 글자라 하였고, '躑躅' 은 '行不進也(주저하다)' 의 뜻으로 풀이하였다. 『순자』에서는 "躑躅以足擊地也.(척촉은 발로 땅을 차는 것이다.)" 라고 풀이하였다.

이로써 보면, 『순자』가 B.C. 3세기경에 편찬되었으니까 '躑躅' 이라는 말이 쓰인지는 오래되었지만, 본래 '발로 땅을 차다' 의 뜻으로 쓰였던 말인데, 진·당대에 이르러 두견화의 별칭으로 쓰였다. 대만에서 필자가 직접 본 것으로는 한국의 진달래와 같은 꽃은 없고, 철쭉을 '杜鵑花' 라고 일컬었다. 이처럼 중국에서는 진달래, 곧 두견화와 철쭉꽃을 명확히 구별하여 일컫는 것 같지 않다.

우리나라에서는 '진달래' 와 '철쭉' 은 전연 다른 꽃이기 때문에 우리말의 '철쭉'이 중국에 유입되자 부득이 비슷한 음으로 음역할 수밖에 없었을 것이다. 그러므로 식물과는 관계도 없는 '躑躅'으로서 '철쭉'을 취음한 것이라고 볼 수 있다. 우리나라에서도 훈민정음이 창제되기 이전에는 부득이 중국에서 쓰고 있는 '躑躅'으로서 표기한 것이라고 생각된다.

철쭉꽃의 분포산지가 한국을 비롯하여 만주 일대인 것으로 보아도 우리말의 '철쭉'이 중국에 유입되어 '躑躅'으로 역음되었음을 반증할 수 있다.

종래의 우리나라 학자 중에는 중국어의 '躑躅'에서 우리말의 '철쭉'이 생긴 것이라고 인식하는 이들이 많았다. 이것도 일종의 사대사상의 편견에서 나오는 잘못이라고 말할 수 있다. 먼 훗날 '진달래'도 오늘날 중국에서 쓰고 있는 '金達萊'에서 온 한자어라고 주장할 사람이 있지 않을까 염려된다.

우리는 언제부터 동이계어로서 역사 오랜 우리말도 대부분 중국어에서 연원된 것으로 경시하는 풍조가 생겼는지 매우 아쉬운 일이다. 우리말이 오히려 고대 중국어의 연원을 이루고 있다는 사실을 새로이 알아야 할 것이다.

학자 중 중국어의 '척촉'에서 우리말의 '철쭉'이 생겼다는 것은 잘못이다.

4부

우리 조상 동이족의
유적 찾아, 중국 내
東夷文化(동이문화) 대장정

서안 半坡遺蹟(반파유적) 동이족 문자의 시작인 陶符(도부)를 찾아

한국한자문화연구원의 知雲會(지운회) 회원 39명이 중국 내 동이 문화 유적지 답사단을 미리 조단하여, 2016년 9월 20일 오전 9시 20분, 우선 陝西省(섬서성) 西安(서안)으로 일행 모두가 학창시절 수학여행을 떠나는 즐거운 기분으로 대한항공 대형 여객기를 타고 인천공항을 출발하였다.

이번 답사는 2002년 7월, 제1차 大東夷文化(대동이문화) 유적지 답사로서 하북성 탁록의 치우천왕릉을 비롯하여, 필자가 중국의 지인과 연락하여 1997년 새로 발견한 산동성 문상현의 蚩尤天王陵(치우천왕릉)과 곡부의 少昊帝陵(소호제릉)을 답사한 행사에 이어 제2차 동이유적 답사 행사로서 그 의미가 깊다.

이번 서안에서는 진시황릉과 병마용, 비림, 화청지, 장안성, 섬서 박물관 등을 관람하였지만, 주목적은 서안 시내에 있는 半坡遺蹟址 (반파유적지)를 답사하는 것이다. 이곳은 황하 지류인 渭河(위하)의 남쪽 지류인 滻河(산하)와 灞河(패하)가 합류되는 삼각지역이다.

우리의 조상 동이족이 살았던 서안 반파유적지 앞에서

본 유적지는 약 6,000년 전 仰韶文化期(앙소문화기)의 유적지로서 동이족의 주거지이다. 1957년에 전체가 발굴된 주거지 전체를 지붕을 덮어 박물관으로 보존하고 있다. 여기서 많은 채도들이 발굴되었는데, 陶器(도기) 口緣部(구연부)에 칼로 刻劃(각획)한 陶符(도부)가 단 한 개씩 있다. 이는 채도에 그려진 인물, 어류, 사슴, 어망 등의 그림과는 달리 유의부호로 볼 수 있는데, 여기서 발견된 도부는 모두 도면과 같이 30종이다.

중국의 학자들 중에는 도공의 표시로 보는 사람도 있으나, 필자가 고찰한 바로는 소유자의 표시로 보는 것이 타당하다.(참조 : 『書通(서통)』 제37호, 동방연서회, 1993. 8)

이 도부를, 곧 최초로 한자가 만들어지는 과정의 문자로 주장하는 학자도 있으나, 필자로서는 유의부호로서 문자의 시작일 수는 있으나, 곧바로 한자의 출발로 볼 수는 없다고 생각한다. 왜냐하면 이 도부로는 은대의 갑골문으로 발전한 과정을 볼 수 없으며, 甲骨文(갑골문) 이후에도 도부로서 춘추전국시대까지 이어져 왔기 때문이다.

서안 반파에서 출토된 도기와 그 문양

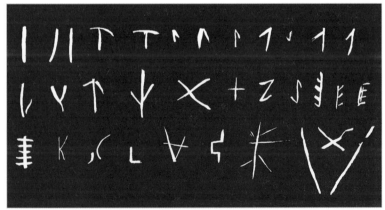

서안 반파유적지에서 출토된 도기상의 유의부호들

안양 殷墟(은허)의 동이족이 만든
殷契(은글, 갑골문)을 찾아

2016년 9월 22일, 서안을 작별하고 하남성 安陽(안양)으로 출발하였다. 이곳은 殷墟(은허)로 1899년에 약 3,400년 전의 殷契(은글, 갑골문)이 출토된 곳이다. 앞에서 언급한 西安 半坡遺蹟址(반파유적지)의 仰韶文化期(잉소문화기)에 도부는 문자의 출발이라고 할 수 있고, 안양의 갑골문은 지금 우리가 쓰고 있는 한자의 시작이라고 할

중국 하남성 안양에 있는 갑골문 출토지 은허

수 있다. 안양은 중원 깊숙이 있어, 일반 관광객은 잘 찾지 않는 곳이다. 심지어 여행 가이드도 초행이라고 말하면서 관심을 가졌다.

11시 30분 고속열차로 안양에 도착하자 驛舍(역사)의 간판에 갑골문으로 「安陽(安陽)」을 써 놓은 것이 우선 눈에 띄었다. 중식을 마치고 곧바로 관광버스를 타고 小屯村(소둔촌)에 있는 殷墟博物館(은허박물관)을 찾아 갔다.

끝없는 넓은 평원에 은대의 건축양식으로 지은 거대한 박물관 앞에서 기념 촬영을 하고, 안으로 들어가 甲骨片(갑골편)을 직접 관람하였다. 갑골문은 1899년 殷墟(은허)들판의 자연적으로 단절된 밭에서 농부들이 발견하여, 오래된 龍骨(용골)로 한약재로 판매하던 것을, 청조의 국자감 祭酒(좨주) 겸 단련대신으로서 금석학자인 王懿榮(왕의영)이 병을 치료하기 위하여 사 온 한약재에서 갑골편을 찾아내어 은대의 문자임을 고증하게 된 것이다.

뜰에 있는 분수 바닥에 갑골문으로 새겨 놓은 대만에서 만났던 갑골문 연구의 대학자인 董作賓(동작빈)의 글씨를 보니 환생한 모습을 만난 듯 무척 반가웠다. 갑골문은 "日在林中初入暮, 風來水上自成文"의 내용으로 곧 "해는 수풀 속으로 막

박물관에 전시된 갑골편을 살펴보고 있는 필자와 일행

저무는데, 바람이 물 위로 불어 절로 무늬를 만드네."라고 詩興(시흥)이 넘치는 대련구를 새겨 놓았다.

지금까지 출토된 갑골문은 약 4,500자이고 그 중 완전 해독된 갑골문은 1,000여 자이다. 사용된 문자의 수나 자형으로 볼 때 갑골문은 결코 원시적 문자가 아니라, 상당이 높은 수준의 문자이다. 당시에 조각된 옥기나 청동기의 수준 높은 문양이나 조각 솜씨를 보아도 은대의 문화가 매우 높았음을 알 수 있다. 여기서 중요한 것은 은대의 갑골문은, 곧 우리의 조상인 동이족이 황하 이북 지역에서 만들어 썼다는 사실이다.

갑골문은 본래 無聲字(무성자), 곧 字音(자음)이 없는 상형자로서 표의문자였던 것인데, 뒤에 字數(자수)가 많이 늘어나면서 읽을 필요를 느껴 인위적으로 매자마다 단음절로 자음을 붙인 것이다. 실례를 들면 '日(일), 月(월), 山(산), 川(천), 草(초), 木(목)'처럼 모든 한자기 고립어로서 난음절로 되었다는 것은 한자는 구어의 문자가 아니라, 문어의 문자임을 알 수 있다.

결론적으로 말해서 오늘날 중국어는 갑골문 이전의 자연스러운 구어는 모두 사라지고, 인위적인 단음절을 연결하여 구어화하여 쓰고 있는 것이다. 그러므로 갑골문 이전의 漢語(한어)를 연구하려면 구어로서 면면히 이어오는 같은 동이족 계통의 한국어를 비교 연구해야 한다. 서양의 학자는 물론 중국의 학자도 이 점을 간과하고 있다.

갑골문은 은대에 거북의 갑편이나 짐승의 골편에 문자를 새기어 점을 친 문자이다. 거북의 甲은 腹甲(복갑)과 背甲(배갑)이 있는데, 배갑이 아니라 대부분 복갑을 사용하고, 짐승의 뼈는 牛骨(우골), 鹿

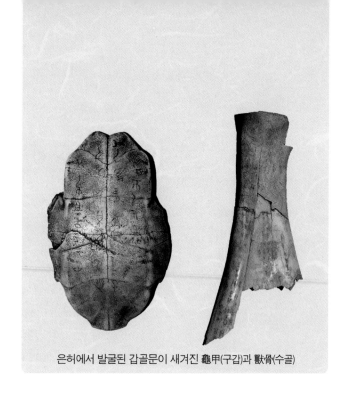

은허에서 발굴된 갑골문이 새겨진 龜甲(구갑)과 獸骨(수골)

骨(녹골), 심지어 虎骨(호골)까지 사용했으나, 주로 소의 어깨뼈(견골)를 사용하였다.

회원들은 갑골문에 큰 관심을 가지고 상세히 관람하며 설명을 듣는 모습이 매우 진지하여 보기 좋았다. 회원들 중에는 비록 모조품이지만 갑골편을 기념으로 구입하였다.

은허에서 발굴된 많은 무덤 속의 인골이 대부분 臥骨(와골)이지만, 坐骨(좌골), 立骨(입골)이 무기를 든 채 모습을 드러내고 있어, 마치 당시 전쟁터를 돌아보고 있는 느낌이었다. 밤에는 돌아다니기도 섬뜩한 느낌이 들 것 같다. 약 3,500년을 지났는데도 인골이 그대로 보존된 것을 보면서 백골이 얼마나 단단한지 새삼 느꼈다.

3

은나라 여장군 '婦好(부호)'의 능을 관람하며

은허에서 발굴된 동이족 최고의 여전사이며 왕비였던 '婦好(부호)' 상

은허 답사에서 빼놓을 수 없는 특기할 사실이 있다. 1976년 발굴된 '婦好陵(부호릉)'이다. 현지에 '墓(묘)'라고 써 놓았으나 '陵(능)'이라고 칭해야 옳다고 생각한다. 1975년 한 농민이 이곳을 개간하다가 발견하게 되었는데, 당시 발굴을 주도한 사람은 중국 최초의 여성 고고학자인 鄭振香(정진향)이다.

'婦好(부호)'는 그동안 사서에는 기록이 없었다. 갑골문과 고분에서 출토된 청동기의 명문에 의하여 고증된 것은 B.C. 1250~1192년까지 59년간 재위한 은나라 武丁(무정) 왕이 거느린 60여 명 왕비 중 한 왕비로 祖庚(조경) 왕과 祖甲(조갑) 왕의 어머니이다. '毋辛(무신)'이라고 칭하기도 한 부호는 갑골문에 의하면 막강한 권력을 가지고 군사 방면에 대단한 활약을 한 동이족 최초의 여장군이었다.

더욱 중요한 것은 부호릉이 그동안 전연 도굴되지 않은 채 발굴된 것이다. 부호릉 속으로 들어가 보니, 발굴된 유물이 옥기 755점, 골제품 564점, 청동기 468점, 석기 63점, 도기 11점, 상아제품 5점, 순장자 16명, 개 6마리 등이며, 이 중 銘文(명문)이 있는 청동기가 190점이며, 그 중 '婦好'라는 갑골문이 새겨진 유물이 109점이나 된다.

실로 세계를 놀라게 한 약 3,300년 전의 역사적인 유물이다. 필자의 개인적인 생각으로는 중국의 어떤 황릉보다도 역사적인 가치가 크다고 본다. 이번 답사 기획의 큰 수확이다.

3,300년전 동이족의 미인으로서 양귀비보다 아름답게 보였다.

婦好陵(부호릉)에서 발굴된 유물들

곡부의 공자와 맹자의 유적지를 覲參(근참)하며

殷墟(은허)를 떠나 당일 밤늦게 1,000여 리를 달려 山東省(산동성) 曲阜(곡부)에 도착하였다. 필자는 이미 곡부를 여러 번 방문한 바 있으나, 회원들은 대부분 초행이라 약 2,500년전 공자와 맹자의 유적시에 큰 관심을 보였다.

2016년 9월 23일 오전 9시부터 우선 맹부를 관람하였다. 우선 입구에 漢柏(한백), 곧 향나무가 울창하게 용틀임을 한 모습에 일행은 탄사가 절로 나온다. 櫺星門(영성문)을 들어서니 고색창연하고 우람한 모습의 亞聖殿(아성전)이 우뚝하다. 불원만리 찾아온 우리 일행을 맹자께서 반가이 맞이하는 모습을 보는 듯하다.

다음은 孔廟(공묘)로 향하였다. 이곳에도 우선 입구에 약 1,000년의 老柏(노백)들이 밀림을 이루고 있음에 회원들은 '와와' 탄성이 절로 나온다.

이곳에서도 돌기둥으로 된 櫺星門(영성문)을 들어서니 맹묘의 아성전보다 거대한 규모의 大成殿(대성전)이 仰視(앙시)하지 않을 수 없

맹부를 관람하는 필자와 일행들

도록 드높다. 모택동의 집권시 홍위병들의 난동으로 많이 파괴되었
던 것이 지금은 잘 보수되었으나, 파괴된 비석에는 아직도 흔적이
남아 있다. 위정자를 잘못 만나면 공자 같은 성인도 정치적 수난을
당한다는 사실의 현장을 보았다. 우리 일행의 뜻으로 우선 대성전
앞에서 향을 피우고 경건한 마음으로 다같이 묵념하였다.

　다음은 孔府(공부)를 찾았다. 곧 공자로부터 후손들이 누대로 살
아온 곳이다. 공자의 후손 중에는 처첩을 한 집에서 거느리어 한 여
인은 스트레스가 쌓여 19세에 자살했다는 가이드의 설명을 듣고 착
잡한 심회를 금치 못하였다. 시간이 급하여 공부를 주마간산으로
돌아보고 孔林(공림), 곧 공자의 묘를 비롯하여 공씨 후손들의 무덤
이 약 10만 기나 있다는 묘역으로 경내 관람차를 타고 전 일행이 향
하였다. 넓은 수림 중에 대소묘가 백석비와 함께 무질서하게 빽빽

하다. 그중 康熙帝(강희제)의 딸이 공씨 집안으로 시집와 살았다는 공주의 능은 규모가 크지만 수리 중이라 들어가 보지는 못했다.

드디어 大成至聖文墓(대성지성 문묘)에 이르러 墓殿(묘전) 안으로 들어가다 보니 입구에 "子貢手植 楷(자공수식해)"라는 표석이 있고 비각내에는 비가 있는 것이 아니 라 楷樹(해수)의 죽은 등걸이 있는 데 공자의 제자인 子貢(자공)이 직접 심었다는 것이다.

여기서 특기할 것은 한자 서체 의 하나인 '楷書(해서)'라는 말이 곧 이 나무의 가지가 곧고 바르게 자라기 때문에 한자를 정서로 쓰 는 것을 '楷書(해서)'로 일컫게 된 것이다. 또는 '眞書(진서)'라고도

공묘 입구 "子貢手植楷(자공수식해)" 표석과 해수의 죽은 등걸이. 자공이 직접 심은 것으로 '楷書(해서)'가 곧 이 나무의 가지에서 연유하였다.

칭하였는데, 우리나라에서는 訛傳(와전)되어 '진서'를 '諺文(언문)' 에 대칭하여 '漢文'이란 뜻으로 잘못 쓰이고 있음을 밝힌다.

萬世師表(만세사표)인 至聖先師(지성선사) 공자의 묘전에 특히 필 자가 경건한 마음으로 대배를 올린 것은 先妣(선비)가 곡부 공씨로 공자의 후손이었기 때문에 외조부를 모시는 뜻이었다.

필자의 姓(성) 陳哥(진가)는 舜(순)임금의 후손이며, 순임금은 또한

黃帝(황제)의 8대손이다. 필자가 어려서 집안의 어른들이 우리 진씨는 송나라 때 '陳秀(진수)'라는 분이 난을 피하여 고려에 귀화한데서 한국의 진씨가 시작되었다고 하여, 어린 마음에 우리의 조상이 중국인이었다는 것이 석연치 않았다. 그러나 뒤에 『맹자』에 "舜(순)은 東夷之人(동이지인)"이라는 기록을 보고, 비로소 우리 진씨는, 곧 동이족 중에서도 역사가 가장 오래된 성씨임을 알게 되어 자부심을 가지고 있다.

　감동을 시조로 그려 본다.

　　黃帝(황제)의 8대손 舜(순)임금 후손 陳氏(진씨)
　　胡公(호공)은 嬀滿始祖(규만시조) 한중해외 일억 同姓(동성)
　　맹자가 舜(순)은 東夷族 진씨 뿌리 長久(장구)타

5부

한자와
동이족의 풍속

'모시'와 '모란'의 어원

— 1 —

우리나라 사람들이 이른 시대부터 착용한 옷감으로는 먼저 '삼베'를 들 수 있다.

'삼'의 한자인 '麻'자가 은대의 갑골문에는 나타나지 않지만, 주대의 금문에 '𣏗'의 자형으로서 처음 나타난다. 삼은 껍질을 베끼어 반드시 집 밑의 그늘에서 말려야 하기 때문에 '𣏗'는 곧 지붕 밑(广)에서 麻皮(𣏗)를 말리는 것을 나타낸 회의자이다.

고려시대 우리말을 송나라 孫穆(손목)이 수록해 놓은 『鷄林類事(계림유사)』에도 '麻曰三(마왈삼)'이라고 한 것을 보면, 오늘날 우리가 일컫고 있는 '삼베'는 적어도 『계림유사』가 편찬된 서기 1103년 이전부터 쓰인 우리의 고유어임을 알 수 있다.❶

'삼베'는 곧 '삼(麻)'으로 짠 천이란 말인데, '베'는 어떤 말에서 온 것인지 궁금한 일이다. 『계림유사』에는 '布曰背(포왈배)', '苧布曰

毛施背(저포왈모시배)'로 표기하여 놓은 것을 보면, 당시 우리나라에서는 '麻布(마포)'만을 '베'라 하지 않고, 일반 직물의 통칭으로서 쓴 것을 알 수 있다.

'베'의 고어를 조선 초기 문헌에서 찾아보면 '뵈'❷이다. '布'의 현재 한국한자음은 '포'❸이지만 反切音(반절음)은 『廣韻(광운)』, 『集韻(집운)』 등에 '博考切(박고절)' 곧 '보'로 표기되어 있고, 현대 중국음은 [bu]로 발음하는 것을 볼 때, '布'의 고음과 우리말의 고어 '뵈'가 동계어임을 알 수 있다. 혹자는 '布'의 음에서 우리말의 '뵈→베'가 형성되었다고 생각할지 모르겠으나, 필자는 오히려 고대 우리말의 口語(구어)가 '布'의 자음으로 취해졌다고 생각한다. 왜냐하면 '布'의 갑골문은 지금까지 출현된 바 없고, 주대의 금문에서부터 ''❹의 형태로, 곧 '父'와 '巾'의 형성자로 만들어졌으나, 우리말의 '뵈'는 의복의 발달 역사로 보아 주대 이전부터 있었다고 보아야 하기 때문에 우리말의 '뵈'가 '布'의 자음이 되었

삼(麻)을 채취하는 모습

삼베(麻布)

다고 주장하는 바이다.

— 2 —

『설문해자』에서 허신은 '布'에 대하여 '枲織也(시직야)', 곧 '枲'로 짠 직물이라 하고, 段玉裁(단옥재)는 枲(시)를 '屋下治之曰麻(옥하치지왈마)', 곧 집 밑에서 말리어 손질하는 것을 '麻'라고 한다고 풀이하였으나 옳지 않다고 생각한다. 엄연히 '麻'와 '枲'는 품종이 전연 다른 식물인데, 허신이나 단옥재 같은 대학자들도 삼(麻)과 모시(枲)를 구별하지 못하였음은 매우 의문스러운 일이다.

'麻'와 '枲'의 자형으로 살펴보아도 삼(麻)은 일년생인데 대하여, 모시(枲)는 다년생이므로 '木' 부수자로 구별한 것으로도 종이 다름을 알 수 있다.

우리나라 속담에 말 잘하는 사람을 비유하여 "참새 열씨 까듯한다."고 하는데, 이때 '열씨'는 곧 '삼씨'를 일컫는 것으로 보아도 '삼'은 분명히 씨가 있음을 알 수 있다.

『小爾雅(소이아)』에서 '麻紵葛曰布(마저갈왈포)', 곧 삼, 모시, 칡의 섬유질을 취하여 짠 것이 '布'라고 설명하였으나, 우리말에서는 '베옷'이라 하면 '삼베'로 만든 옷만을 칭하는 것을 볼 때, 우리나라에서는 섬유질 옷감으로 처음 만들었던 것은 '麻(삼)'로 짠 '布(뵈)'였음을 알 수 있다. 따라서 처음에는 '麻布(마포)'만을 '布(뵈)'라고 일컫다가 뒤에 옷감의 재료가 늘어나면서 모시베(紵布), 칡베(葛布, 綌布), 무명베(綿布) 등처럼 확대되어 쓰였다고 볼 수 있다. '무명'은 곧 '木棉(목면)'의 중국음 '무몐'이 변한 것이다.

필자가 『계림유사』를 연구하면서 '苧曰毛施(저왈모시)'와 '苧布曰毛施背(저포왈모시배)'의 '毛施'는 고려어의 취음표기로서 지금도 우리가 쓰고 있는 '모시'임에 틀림없겠으나, 그 어원이 대단히 궁금하였다.

그러던 중 근래 옛 문헌을 뒤지다가 '모시'의 어원을 찾게 되어 필자는 마치 광부가 지하 수백 척 속에서 금맥을 발견한 것 이상으로 기뻐서 나도 모르게 혼자 탄성을 질렀다.

『齊民要術(제민요술)』에 "麻有雌雄, 雄者名枲, 雌者名苴." 곧 삼에는 암수가 있는데 수컷을 枲(시), 암컷을 苴(저)라 일컫는다고 하였고, 『本草綱目(본초강목)』에서 李時珍(이시진)은 "苧麻, … 宿根在土中, 至春自生, 不須栽種." 곧 모시(苧麻)는 宿根(숙근)으로서 봄에 스스로 나기 때문에 씨를 심을 필요가 없다고 했으며, 『形音義綜合大字典(형음의종합대자전)』에서는 '枲(모시풀 시)'를 풀이하여 "牡麻曰枲, 麻之無實者, 夏至開花, 榮而不實, 亦曰夏麻, 雄麻." 곧 牡麻(수컷삼)를 '枲'라 하는데, 삼 중에 열매를 맺지 못하는 것으로, 하지에 꽃이 피지만 열매를 맺지 않는다. 또는 '夏麻(하마)', '雄麻(웅마)'라고도 일컫는다 라고 한 바와 같이 '枲'를 중국에서는 '삼'의 일종으로 보지만, 우리나라에서는 옛부터 '모시 시'자로 일컬어 왔다. 우리나라에서 '苴布(저포)'는 '삼베'를 일컫는다.

한중 양국에서 同名異物(동명이물)의 경우는 적지 않다. 예를 들면 '栢'이 우리나라에서는 '잣나무'를 지칭하지만, 중국에서는 한국에서 이른바 '향나무'라고 하는 침엽수를 지칭한다. 중국에서는 잣나무에 해당하는 단독의 한자는 없고, 소나무의 일종으로 보고 '五葉松(오엽송)'이라고 칭한다.

‘枲’는 秦代(진대)의 小篆(소전)에 ‘𣾷’의 자형으로서 처음 나타나는 것을 보면, ‘삼(麻)’보다는 늦게 옷감의 재료로 재배된 것 같다.

‘모시’는, 곧 ‘牡枲’의 한자음이다. ‘牡’는 ‘수컷 모’자로, ‘枲’는 꽃은 피지만 열매를 맺지 못하기 때문에 붙여진 명칭이다.

— 3 —

이와 비슷한 예로 ‘牡丹(모란)’을 들 수 있다. ‘모란꽃’도 꽃은 피지만 열매로 번식하는 것이 아니라, 뿌리로 번식하기 때문에 ‘牡’를 취하고, 모란꽃은 여러 가지 색이 있지만, 붉은색 모란이 가장 아름답다 하여 ‘丹(붉을 단)’을 취하여 ‘牡丹’이라 칭한 것이다.

우리나라에서는 ‘丹’이 ‘란’으로 변음되어 본래 ‘牡丹(모단)’을 ‘모란’이라 일컫게 되었다. ‘丹(단)’이 ‘란’으로 변음된 것은 『東國正韻(동국정운)』에 “端之爲來, 不唯終聲, 如次第之第, 牡丹之丹之類.” 곧 우리나라 한자음에서 ‘ㄷ’이 ‘ㄹ’로 변음된 것은 종성에서 뿐만 아니라, 초성에서도 ‘次第(차제)’가 ‘차례’, ‘牡丹(목단)’이 ‘모란’으로 발음되는 것과 같다고 한 바와 같이 우리나라 자체에서의 속음화 현상이다. 더구나 ‘牡’를 ‘牧’으로 잘못 써서 ‘牧丹(목단)’이라고 흔히 일컫기도 한다. ‘牡丹’을 ‘牧丹’으로 오기한 것은 신라 때 당나라에서 선덕여왕에게 모란씨를 보내왔다는 『三國遺事(삼국유사)』의 “唐太宗送畵牧丹, 三色紅紫白, 以其實三升, 王見畵花曰: 此花定無香. 仍命種於庭, 待其開落, 果如其言.”이라 한 기록에서부터 시작되어 오늘날까지 잘못 쓰이고 있는 것이다.

모란도 씨로 번식하지 못하는데, 씨를 보내왔다는 기록은 믿을

모란(牡丹)

조선시대 민화. 모란에 나비가 꼬이는 것은 향기가 있기 때문이다.

수 없는 것이며, 씨와 함께 보내 온 모란화 그림에 벌 나비가 없는 것으로 보아 선덕여왕이 미리 이 꽃은 향기가 없을 것이라고 예견하였는데 과연 심어서 꽃을 피워보니 향기가 없었다는 것이다. 오늘날 모란화가 피었을 때 향기가 은은히 풍기는 것을 보면, 이 말도 사실과 다름을 알 수 있다.

'牡丹'을 '牧丹'으로 잘못 쓴 명칭이 만주지역에까지 전파되이, 오늘날 연변 지역에 사는 우리 동포들이 '牡丹江'을 '목단강'이라고 칭하고 있다. 중국 현지에서 '牧丹江'이라고 쓰지 않는데도 우리 동포들만은 '목단강'이라고 칭하는 것을 보면, 만주 지역이 우리 동포들이 오래 살아온 땅임을 말해 주기도 한다.

— **4** —

이상을 종합하여 보면, '모시'는 본래 '牡枲(모시)'의 한자에서 온 식물명이었는데, 오늘날은 '모시'를 그 직포의 명칭으로 쓰고

모시풀

있으며, 식물로서의 명칭은 '모시풀'이라고 일컫는다.

『계림유사』의 저자 손목이 '麻曰三(마왈삼)', '布曰背(포왈배)', '苧曰毛施(저왈모시)', '苧布曰毛施背(저포왈모시배)'라고 기록해 놓은 것을 보면, 그가 얼마나 정확하게 기록해 놓았는가를 감탄하지 않을 수 없다. 그러나 '苧曰毛施'라고 취음해 놓은 것을 보면 '苧'의 고려어인 '모시'가 한자어 '牡枲'라는 것은 몰랐던 것 같다. 또한 '牡枲'는 중국에서 일상적으로 쓰이던 어휘로서 우리나라에 유입된 것이 아니라, '天動(천동)'이나 '朱四位(주사위)'❺처럼 우리나라에서 조어한 한자어임을 알 수 있다.

고려 말기 한어 회화교본으로 편찬된 『朴通事諺解(박통사언해)』 중에 "毛施布, 卽本國人呼苧麻布之稱, 漢人皆呼曰苧麻布, 亦曰麻布, 曰木絲布, 或書作沒絲布, 又曰漂白布, 又曰白布. 今言毛施布, 卽沒絲布之訛也, 而漢人因麗人之稱, 見麗布卽直稱此名而呼之. 記書

者因其相稱而遂以爲名也."❻라고 기록된 것을 보면 '毛施'란 한자 표기도 손목이 임의로 취음한 것이 아니라, 일찍이 우리나라 자체에서 그렇게 표기했던 것이다.

여기서 '毛施布(모시포)'는 '沒絲布(몰사포)'의 訛稱(와칭)이라고 언급하였는데, 그런 것이 아니라, '沒絲布'는 우리말의 '모시베'를 중국에서 '沒(mot)'음의 입성음이 탈락된 뒤에 곧 송대 이후에 취음 표기한 것이라고 보아야 한다.

조선시대 육의전 중 모시만을 거래하던 저포전의 깃발

또한 楊聯陞(양연승)의 『老乞大朴通事裏的語法語彙(노걸대박통사이적어법어휘)』 중에서 "歷朝中國與高麗通好, 從高麗來的禮物單子上, 差不多總有苧布, 而且常常佔第一位. 其重要性可想. 直到民國初年, 還有人特別喜歡用毛施布(讀如毛絲布)作面巾.(中略) 元代毛施布在中國受歡迎的情形, 可從元曲中看出. 漁樵記第二折, 旦白: '你將來波, 有甚麼大綾大羅, 洗白復生高麗毿絲布.'(中略) 毿絲布就是毛施布, 細而耐洗, 所以說洗白復生. (中略) 毛施布之名, 是由 'muslin'轉借而來, 似無可疑. 不過 'muslin'一般是棉布, 而高麗毛施布是苧布, 所以還是可以分別的."❼라고 고증한

것으로도 일찍부터 우리나라의 '모시'가 중국에 전래되어 중국인
들에게 '洗白復生'이라고 칭할 만큼 특별히 호평을 받았음을 알 수
있다.

모시풀이 중국 각 성에 흔하여 서양에서는 '支那草(지나초)'라고
일컬을 만큼 중국 자체의 모시베도 흔하지만, 우리나라의 모시를
더 좋아했던 것 같다.

또한 실크로드를 통하여 우리나라의 모시가 서역까지 전파되어
'muslin'이라고 일컬어졌고, 일본에서는 '가라므시(からむし)'라고

일컬은 것을 보면, '모
시'라는 말은 비록 중국
의 한자 '牡枲'에서 연
원되었지만, 직물로서
'모시'는 우리의 것이
일찍이 세계 으뜸이었음
을 알 수 있다.

순조 원년(1801) 이전
까지 한양의 六注比廛
(육주비전)에 모시만을 팔
고 사던 '苧布廛(저포
전)'이 있었던 것으로도
모시가 많이 생산되었음
을 알 수 있다.

지금도 우리나라에서
'삼베'는 '안동포'를 제

삼베실을 만드는 모습

일로 치고, '모시'는 '한산모시'를 제일로 치는데, 그 역사 오래되었음을 알 수 있다. 우리말의 '모시'를 중국에서 취음표기하여 '木絲布(목사포), 沒絲布(몰사포), 毛施布(모시포), 毛絲布(모사포), 璜絲布(모사포).' 등과 같이 여러 가지로 표기한 것으로 보아도 '모시'란 말이 중국으로 유입된 것임을 알 수 있고, 중국인들에게 얼마나 좋은 옷감으로 회자되었는지를 엿볼 수 있다.

또한 '모시'의 어원은 비록 한자 '牡枲'에서 비롯한 것이지만, 우리나라에서 만든 한자어임도 입증할 수 있다.

❶ 계림유사의 편찬 연대에 대하여 아직까지도 동아출판사 간행『세계대백과사전』에는 미상이라 하였고, 국립국어연구원의『표준국어대사전』에는 연대를 밝히지 않고 있는데, 분명히「1103」년에 편찬된 것이다. 또한『표준국어대사전』에는 356 어휘가 수록되었다고 하였는데,「361」어휘로 수정되어야 한다. 참조 졸고「계림유사 편찬연대고」,『새국어교육 21호』한국국어교육학회, 1975. 졸고「계림유사 역어부 정해를 위한 연구」,『고려조어연구 논문집』한국국어교육학회 2003.

❷ 참견 석보상절(13:52), 능엄경언해(5:18).

❸ '布(부→포)'와 같이 중국에서는 평음의 한자음이 한국에서는 격음으로 발음되는 경우가 적지 않다. 包(바오)→포, 必(비)→필, 筆(비)→필, 鬪(도우)→투, 忠(중)→충.

❹ 甲骨金文字典(四川大學歷史系古文字研究室).

❺ '주사위'에 대하여 국립국어연구원의『표준국어대사전』에도 고유한 우리말로 되어 있으나, 한자어 '朱四位'에서 온 말이다. 참조 졸문『한글+漢字문화』통권28호 2001년 11월호 p.67.

❻ '모시포'는 곧 본국인(중국인)이 '저마포'를 일컫는 명칭인데, 한인(漢人)들은 모두 '저마포' 또는 '마포', '목사포'라 부르고, 또는

‘몰사포(沒絲布)’, ‘표백포(漂白布)’, ‘백포(白布)’라고도 쓰며, 오늘날은 ‘모시포(毛施布)’라고 말하는데, 곧 ‘몰사포(沒絲布)’로의 와전은 한인(漢人)들이 고려인들의 일컬음에 따라서 ‘여포(麗布)’를 보고 곧바로 이 이름을 일컬어 부르는 것이다. 기록하는 사람이 그 서로 부르는 발음에 기인해서 드디어 이름이 된 것이다.

❼ 역대 중국과 고려 사이에 통래가 좋아, 고려에서 오는 예물 단자상에 거의 모두 ‘저포(苧布)’가 들어 있었으며, 또한 늘 첫째를 차지하였다. 그 중요성을 가히 상상할 만하다. 민국 초년까지 또한 어떤 사람은 특별히 모시포(毛絲布라고 읽음)로 면건(面巾)을 만드는 것을 좋아하였다.(중략) 원대에 모시포가 중국에서 환영을 받은 상황은 원곡(元曲) 중에서 볼 수 있다. 어초기 제2절 대화에서 “너 장래 어떤 대릉(大綾) 대라(大羅)라도 빨수록 하얗게 되살아나는 고려 모사포(毈絲布).”(중략) 모사포는 곧 모시포(毛施布)인데, 가늘면서도 세탁에 강한 까닭에 ‘洗白復生(세백부생)’ 곧 빨수록 흰색이 되살아난다고 말한다. 모시포의 명칭이 ‘muslin’으로 전래되었음은 의심할 수 없을 것 같다. 그러나 ‘muslin’은 일반적으로 면포(棉布)이고, 고려 모시포는 저포(苧布)이기 때문에 역시 분별해야 할 것이다.

바둑의 발상지는 한국이다

1. 서언

바둑이 지금은 세계적으로 전파되어 서구에서도 바둑을 전문으로 연구하고 즐기는 사람이 적지 않지만, 아직도 바둑은 한·중·일 삼국이 위주로 단순한 놀이가 아니라, 하나의 道(도)로서, 또는 고도의 정신적 스포츠로서 널리 두어지고 있다.

과거 한 때는 일본이 바둑의 종주국처럼 바둑을 도로서 승화시켜 연구하고 棋士(기사)의 실력도 우세하여, 한국이나 중국에서 棋道(기도)를 연마하기 위하여 일본으로 유학을 간 일도 있었다.

그러나 1955년 사단법인 한국기원이 설립되면서 한국의 바둑계는 점점 활기를 찾기 시작하였고, 1965년 11월 16일 서울에서 개최된 제1회 동양삼국바둑대회에서 한국이 우승하면서부터 현재 일본과 중국을 제패하고 있다. 또한 바둑 역사상 대학에 바둑 전공학과를 개설하고, 바둑전문 TV 채널을 가지고 있는 나라도 한국이 유일

백제 의자왕이 왜국에 보낸 현존하는 세계 최고의 목제 바둑판인 목화자단기국과 상아를 가공해서 만든 바둑알인 홍감아발루기자, 바둑알함인 은평탈합자. 이 유물들은 일본 왕실의 보물을 보관하는 동대사의 정창원에서 소장하고 있다.

할 것이다.

이처럼 한국이 바둑의 연구와 실력면에서 명실 공히 중심국으로 부상하게 된 것은 근래에 들어와서 적극적으로 연구 노력한 결과 이상의 무엇이 있다고 보는 것이 필자의 소견이다.

아직도 국내외적으로 바둑의 發祥地(발상지)는 중국으로서 뒤에 한국과 일본으로 전파되었다고 생각하는 것이 일반적이다. 그러나 필자는 문자학을 통하여 바둑의 연원을 연구하면서 바둑의 발상지가 중국이 아니라, 우리 한국이라는 확신을 갖게 되었다. 그래서 필자는 우리나라가 근래에 와서 바둑의 중심국이 된 것은 수천 년 전 바둑의 발상지로서 내면에 면면히 흐르는 전통과 역사의 재현이요, 부흥이라고 생각하는 바이다.

북한의《노동신문》(2003. 2. 23)에서도 평양바둑원 원장 리세충의 '바둑의 발생지 조선' 이란 제목으로 "(전략) 바둑의 발생문제와 관련해서는 고대 우리나라의 첫 노예 소유자 국가였던 고조선에서 발생되었다고 보는 견해가 우세하다. (중략) 바둑의 발생지가 우리나라이고 바둑이 우리 민족의 전통적인 민속놀이였다는 것은 바둑이란 말 자체가 고유한 조선말로서 한자로는 표기할 수 없다는 한 가지 사실만을 통해서도 잘 알 수 있다."라고 언급한 바 있다.

그러나 충분한 고증도 없이 '바둑' 이 고유어란 것만으로 고조선에서 발생되었다고 주장한 것은 객관적인 신빙성이 부족하다고 볼 수 있다.

필자는 중국의 고문헌에 쌍음절어 표기로서 전하는 바둑의 명칭을 중심으로 문자학적인 면에서, 또한 우리의 고유어인 '바둑' 의 어원적인 면에서 구체적으로 비교 고찰해 보고자 한다.

2. 종래 바둑의 기원설과 명칭

바둑의 기원에 대하여 혹자는 인도에서 발생되었다고 하지만, 일반적으로 중국 고문헌의 기록을 인용하여 중국에서 발생했다고 여겨 왔다. 가장 많이 인용하는 것은 『博物誌(박물지)』에 실린 "堯造圍棋, 丹朱善之." 곧 堯(요)임금이 바둑을 만들었고, 丹朱(단주)가 바둑

'한성백제 천년의 꿈'이란 주제로 열린 「서울 등 축제」에 재현한 개로왕과 도림이 바둑을 두는 장면을 나타낸 등

을 잘 두었다는 기록으로 기원전 2300년경에 요임금이 그 아들 丹朱(단주)를 위하여 바둑을 처음으로 만들었다고 말한다. 또한 晉(진)나라 『中興書(중흥서)』에서도 "堯舜以敎愚子", 곧 堯(요)와 舜(순)임금이 어리석은 자식을 가르치기 위하여 바둑을 만들었다고 하였다.

이에 따라 예로부터 우리나라 사람들도 중국에서 만들어진 바둑이 한국, 일본으로 전파되었을 것이라고 여겨 왔으며, 지금도 대부분 그렇게 생각하고 있다.

그러나 『博物誌(박물지)』나 『中興書(중흥서)』는 요순으로부터 훨씬 후대의 기록이기 때문에 그대로 믿기 어렵다. 순임금에 대하여 대만의 문자 학자 李敬齋(이경재)는 "대저 東夷(동이)는 어떤 사람인가, 곧 마음이 너그럽고 자상하며, 무력보다는 예술을 숭상하는 사람들이다. 그 대표 인물이 순임금(맹자는 순은 동이사람이라 하였다)이다.…그 다음이 契(설) 같은 이인데 순은 설을 사도로 삼았다.

사도는 곧 지금의 교육부장관으로…우리나라 문자는 동이인이 다 창조한 것이다."(整理文化中途自述)와 같이 동이족의 대표적인 인물이 舜(순, 맹자도 순이 동이인이라고 말하였다)이라고 하였을 뿐만 아니라, 한자도 실은 모두 동이족이 창조한 것이라고 주장하였으니, 순이 바둑을 만들었다고 하여도 곧 우리의 조상이 만들었다고 말할 수 있다.

우리나라에서 바둑에 대한 기록으로 가장 오래된 것은 『三國史記(삼국사기)』 百濟本紀(백제본기) 蓋鹵王條(개로왕조)에 "이에 도림은 거짓으로 죄를 짓고 도망하여 온 것 같이 하여 백제로 들어왔다. 이때에 백제왕 近蓋婁(근개루)가 바둑과 장기를 좋아하였다. 도림이 대궐 문에 나아가 고

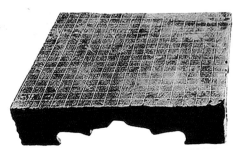

후한 시대 돌에 새긴 바둑판(북경역사박물관 소장)

위진 교체기의 죽림칠현이 바둑을 두는 모습을 그린 「위기도」

갑골문 → 전서 → 예서 → 해서

〈 '棋(기)' 자의 자형 변천〉

하였다. 신은 어려서 바둑을 배워 자못 신묘한 경지에 들었습니다. 원컨대 곁에서 알려 드리고자 합니다. 왕이 불러들여 바둑을 두어 보니 과연 國手(국수)였다."(권25) 곧 이에 고구려에서 바둑으로 이름난 중 도림이 거짓 백제로 망명하여 개로왕이 바둑을 좋아함을 알고, 도림이 궁궐로 찾아가 신은 어려서부터 바둑을 배워 높은 경지에 이르렀으니 왕을 모시며 대국해 보고 싶다고 청하였다. 개로왕은 허하여 대국해보니 과연 국수였다고 찬탄하였다. 마침내 도림은 고의로 왕릉 성곽 등을 개축케 하여 국고를 탕진시킨 틈을 타서 고구려는 백제를 쳐서 멸망케 하였다는 이야기다.

이밖에도 『(新)唐書』 高(句)麗傳에 "바둑 투호 축국을 즐겨하였다."(喜弈投壺蹵鞠), 新羅傳에 "또 그 나라 사람들이 바둑을 잘 둔다."(國人善棋), 『(後)周書』 百濟傳에 "投壺(투호)와 樗蒲(저포) 등의 여러 가지 놀이가 있으나 바둑이나 장기를 더욱 좋아한다."(有投壺 樗蒲等雜戱然尤尙弈棊)라 하여 삼국시대에 왕을 비롯하여 백성들이 바둑놀이를 좋아하였음을 알 수 있다. 이처럼 문헌의 기록만으로 보면, 바둑놀이를 한 연대가 중국보다 훨씬 늦음을 알 수 있다.

바둑이 처음으로 어디에서 만들어졌는지 그 기원을 살피기 전에 먼저 문헌에 전하는 명칭을 살펴보면, '圍棋(위기), 弈棋(혁기), 手談

(수담), 忘憂(망우), 烏鷺(오로), 坐隱(좌은), 橘中樂(귤중락), 木野狐(목야호), 爛柯(난가), 博弈(박혁), 博棊(박기), 簿棊(박기), 簿局戲(박국희), 弈具(혁구), 棊槊(기삭), 簿簺(박새), 博棋(박기) 등 많은 명칭이 있다.

이상의 명칭은 대부분 중국 문헌에 전하는 한자어들이다. 이에 대하여 우리말의 고유어로서 바둑에 대한 방언으로는 '바닥, 바독, 바돌, 바득, 빠닥, 바고누, 고니, 꼰, 꼬누, 꼰뚜기, 꿘' 등이 있다. 일본에서는 바둑을 '고(ご)'라고 하지만, 일본의 고유어가 아니라, 한자 '棊'의 음이 변음된 것이다.

이렇게 명칭으로 볼 때, 한국과 중국은 이른 시대부터 매우 이질적인 명칭이 따로이 전해 내려왔음을 알 수 있다. 바둑의 명칭으로 볼 때, 일반적으로 바둑이 중국에서 한국으로 전래되었다고 생각하는 것은 매우 주관적인 단정으로 좀 더 구체적으로 고구할 필요가 있다고 본다.

3. 문자학적인 면에서 고찰

중국에서 '바둑'의 뜻으로 쓰이는 한자로는 '棊(기), 棋(기), 櫢(기), 碁(기), 弈(혁)' 등이 있다.

3400년 전 은대의 갑골문에서 '棊'의 자형을 찾아보면 '🈂'의 형태로서 '木(木)'자와 '🈂(其)'자를 합쳐서 전서체의 '棊'의 자형과 비슷하지만, '木'과 '其'의 위치가 다를 뿐만 아니라, 현재까지 발견된 갑골문의 자료로서는 '🈂'자가 '바둑'의 뜻으로 쓰인 것은 없고, 다만 지명으로 쓰였기 때문에, 바둑의 뜻으로 쓰인 해서체의

'棊' 字로 단정하기는 어렵다. 중국에서도 唐蘭(당란)은 갑골문의 ''를 '棊'로 풀이 했지만, 대부분의 갑골문 학자들은 '棊'로 보지 않는다.

후한시대(A.D. 100년경)에 편찬된 허신의 『설문해자』에는 '棊' 자가 실려 있으며 "簙棊, 從木其聲"으로 풀이하여 놓았고, 단옥재는 "簙局戱也"라 주해 놓은 것

프로바둑 기사와 대국을 하고 있는 필자(2010, 서울시청앞)

으로써 '棊' 자가 바둑의 뜻으로 쓰였음을 분명히 알 수 있다.

또한 '弈' 자에 대해서 『설문해자』에 "圍棊也. 從(從)廾亦聲. 『논어』曰: 不有博弈者乎"라고 한 바와 같이 역시 바둑의 뜻으로 풀이하였다. '棋, 碁, 檱'에 대해서 『康熙字典(강희자전)』에 "棊, 或作碁, 檱, 通作棋"라고 하여, 『설문해자』 이후에 '棋, 碁, 檱' 등 자로도 '棊' 와 통용되었음을 알 수 있다. 『正字通(정자통)』에 "棊一作碁 俗棊字"라 하였고, 『六書故(육서고)』에서는 "碁, 借棋棊"라 설명하였다. 『佩文韻府(패문운부)』에서도 "徐廣曰: 古通謂博弈之子爲棊, 亦作棋碁"라 하였다. 『廣韻(광운)』, 『集韻(집운)』에 '碁', 『集韻』에 '棋' 字는 수록되어 있으나, '檱' 자는 『廣韻』, 『集韻』에 수록되어 있지 않은 것으로 보아 '檱' 자가 제일 뒤에 쓰였음을 알 수 있다. 반고는 "北方之人謂棋爲弈"(太平御覽)이라고 하여 중국 북방에서는 '弈' 이라고 칭한다 하였다.

이상을 종합하여 볼 때, '弈(혁)' 자가 갑골문이나 금문에는 나타나지 않고 소전에 비로소 나오고, '棊' 자도 비슷한 형태가 비록 갑골문에 나오지만, 금문에는 보이지 않고, 역시 소전에서 바둑의 뜻으로 쓰였다. 이로써 추찰할 때 주대에는 아직 바둑이 만들어지지 않았음을 알 수 있다.

그러나 '弈' 과 '棊' 자가 『논어』, 『맹자』, 『장자』, 『좌전』, 『사기』 등에 쓰인 것을 보면, 적어도 한대 이전부터 바둑이 있었음은 분명한 사실이다.

'棊' 자에 대하여 高樹藩(고수번)은 "옛날에는 바둑을 나무로 만들었기 때문에 '棋' 자에 '木' 부를 썼으며, '其' 는 '箕(키 기)' 의 초문으로서 본래 물건을 담는 그릇인데, 대나무나 나뭇가지로 엮어 만들므로 바둑판의 가로 세로의 선이 대나무 조각으로 엮은 키와 같아서 '棋' 자의 聲符(성부)는 '其' 자를 썼다."고 하였다.

여기서 바둑을 나무로 만들었기 때문에 '木' 부의 '棋' 자로 표기하였다고 한 것은 응당 바둑의 판을 지칭한 것이겠으나, 초기의 명칭이라고는 볼 수 없다. 바둑을 처음부터 오늘날처럼 나무판에 두었다고 볼 수는 없기 때문이다. 처음에는 '고누' 의 형태로 땅바닥에 금을 그어 놓고 흑백의 돌을 가지고 놀았을 것이다.

'弈' 자에 대해서 桂馥(계복)은 『左傳正義(좌전정의)』를 인용하여 "竦兩手而執之" 곧 두 손을 들어서 그것(바둑알)을 짚기 때문에 "從廾, 又以亦作「又」解. 有兩者相須之意, 一人不能獨弈, 必須兩人, 故弈從亦聲." 곧 '廾(받들 공)' 부수자를 취한 것은 바둑은 혼자는 둘 수 없고, 반드시 두 사람이 놀아야 하기 때문에 '廾(𠬞)' 의 形符(형부)에 '亦' 聲符(성부)를 더하여 '弈(바둑 혁)' 자가 만들어진 것이라고 풀이하였다.

『맹자』에 "오늘날 무릇 바둑을 배우는 이가 적기는 하지만, 오로지 마음을 써서 배우지 않으면 잘 배울 수 없다. 弈秋(혁추)는 전국에서 바둑을 아주 잘 두는 이었다. 弈秋로 하여금 두 사람에게 바둑을 가르치게 하였는데, 그중 한 사람은 전심으로 弈秋가 가르치는 것을 잘 듣는데, 또한 사람은 비록 듣기는 하지만, 한편 마음속으로는 한 마리의 고니가

단원 김홍도의 「고누놀이」, 국립중앙박물관 소장.

날아옴에 활을 가져 와 쏘고 싶어 하였다. 비록 같이 배우지만 성적은 다른 사람만 못하였다. 이것을 그의 지혜가 다른 이만 못하기 때문이라고 할 수 있겠는가? 그렇지 않다."고 하였다.

맹자보다 앞서 공자는 "배가 부르도록 먹고 하루 종일 마음 쓰는 데가 없는 것처럼 한심한 일은 없다. 바둑도 있지 않은가? 이것이라도 한다면 아무것도 하지 않는 것보다 낫지 않겠는가?"(論語 陽貨)라고 하였다.

서한시대 楊(揚)雄(양웅)이 지은 『方言(방언)』에 "簙謂之蔽, 或謂之箘, 秦晉之間, 謂之簙, 吳楚之間, 或謂之蔽, 或謂之箭裏, 或謂之簙毒, 或謂之夗專, 或謂之璇, 或謂之棊, 所以投簙, 謂之枰, 或謂之廣平, 所以行棊, 謂之局, 或謂之曲道. 圍棊謂之弈, 自關而東齊魯之間,

皆謂之弈."(卷五) 곧 '바둑'에 대한 한대의 방언을 보면, 簙(박), 蔽(폐), 箘(균), 箭裏(전리), 簙毒(박옥), 夗專(완전), 匴璇(준선), 棊(기), 弈(혁) 등 대단히 이칭이 많았음을 알 수 있다. 이 중에서 '簙毒(박독)'은 우리말의 '바둑'과 상당히 유사한 발음으로서 고찰할 만한 자료이다.

한자는 본래 一字一義(일자일의)의 단음절어이기 때문에 葡萄(포도), 檳榔(빈랑)과 같이 이음절어일 때는 대부분 외래어를 음차하여 표기한 것이다. 이렇게 볼 때 '簙毒'은 우리말의 '바둑'이 중국에 일찍이 이입되어 음차 표기한 것임을 알 수 있다. 혹자는 오히려 '簙毒'의 한자음에서 우리말의 '바둑'이란 말이 쓰이게 되었다고 생각할지 모르겠으나, 우리말의 '바둑'의 어원을 살펴보면 그럴 수는 없음을 알 수 있다. 이는 마치 우리말의 고유어인 '철쭉'이 중국에 이입되어 '躑躅(척촉)'으로 취음표기되어 쓰인 것과 같은 예이다.

'바둑'의 방언 '바독, 바돌' 등으로 볼 때 '바'는 '바닥, 바탕' 등과 所(바 소)의 훈이 '바'인 것으로 볼 때, '바'는 곧 '땅바닥'의 뜻임을 알 수 있고, 지방에 따라 '石'을 '독'이라고 일컫는 것으로 보아 '독'은 곧 '돌(石)'의 방언임을 알 수 있다. 이로써 볼 때 '바둑'은 '바독'이 변한 말로 '바돌'과 같은 뜻으로서 전술한 바와 같이 초기에는 땅바닥에 금을 그어 흰 돌과 검은 돌을 서로 하나씩 놓으며 승부를 가렸던 놀이임을 알 수 있다.

바둑돌을 처음부터 지금처럼 가공된 것을 쓰지 않고, 자연석을 썼다는 것은 秋史(추사)가 경상도 양산군 車城縣(거성현) 棊浦(기포)의 바둑돌을 보고 「自然棋(자연기)」라는 長詩(장시)를 쓴 것으로도 참고할 수 있다. 흰 것은 貝殼(패각)을 이용하기도 했을 것이다.

이렇게 고증하여 볼 때, 그 어원이 우리말의 '바둑'이 중국으로 이입되어 '簿(博)毒(박독)'으로 취음표기되었음을 알 수 있다. '簿'에 대하여 『正字通(정자통)』에 "簿通作博"이라 하고, 『玉篇(옥편)』에 "博, 簿弈, 局戲也. 謂行棊也. 亦作博."이라 하여 '博(박)'에는 바둑의 뜻이 있기는 하지만, '毒(독)'에는 전연 '바둑'의 뜻이 없다. 이로써 우리말의 '바둑'이 중국에 이입되었을 때, 첫음절이 '바'이지만 '바둑'의 뜻이 있는 비슷한 음의 '簿(博)'자를 취하였고, '독'은 부득이 같은 음의 '毒'자를 취하여 '簿毒(박독, 博毒)'이란 어휘가 만들어졌음을 알 수 있다.

4. 결언

지금까지 일반적으로 '바둑'을 고대 중국에서 시작된 것으로 인식하고, 뒤에 한국을 비롯하여 일본 등지로 전파되었다고 생각하여 온 것은 다만 중국의 고문헌의 기록에만 의거하였을 뿐, 한자로 표기된 '棊'자 그 자체의 자원에 대하여 철저히 분석 고증하지 않았기 때문이다.

후한의 허신이 편찬한 『설문해자』보다도 앞서 전한의 양웅이 편찬한 『방언』에 棊에 대한 이칭으로 '簿毒(박독)'이 실려 있다는 것은 적어도 2000년 이전에 우리말의 '바둑'이 중국 땅에 전파되었음을 입증하는 것이다.

'바둑'이 처음 시작될 때는 '고누'와 마찬가지로 땅바닥에 선을 그어 놓고 검은 돌과 흰 돌로 두었던 것이 나무판에 오늘날의 형태를 갖추게 되었음은 의심의 여지가 없다.

자원으로 살펴볼 때, 나무판에 바둑돌을 놓는 것을 나타낸 '棋' 자보다는 땅바닥에 금을 그어 놓고 흑백의 돌을 놓았다는 뜻의 '바둑'이 먼저라는 것은 부정할 수 없다.

'棋'나 '弈'이 금문에서는 나타나지 않고, 소전에서 비로소 나타나는 것으로 볼 때, 바둑이 요순시대부터 있었다는 것은 믿을 수 없고, 주대 이후 춘추시대 이전 사이에 시작되었다고 보아야 할 것이다. 이 시대는 우리나라로는 고조선 이후 삼국시대 이전에 해당하는 시기로 보아야 할 것이다.

바둑을 여러 지방에서 '고누, 고니, 꼰'이라고도 일컫는 것과 바둑보다 간단한 형태의 놀이로 볼 때 '고누'에서 좀 더 발전한 놀이라고 볼 수 있다.

『방언』에서도 바둑을 '箘(균)'이라고 칭한다고 하였으며, '箘'은 곧 '筤(곤)'과 동자임을 참고할 때 중국에서도 바둑을 '꼰'이라고 칭한 것도 우리말이 들어간 것으로 생각할 수 있다. '돌'을 '독'으로 발음하는 방언지역이 주로 전라남북도 충청남도 등인 것으로 보아, '바둑'이 처음 만들어진 것도 마한 지역이었다고 추찰할 수 있다.

백제 말 의자왕(?~660)이 외교적인 차원에서 최고로 아름다운 바

바둑의 발상지는 한국이다

□ 글 / 진태하(인제대학교 석좌교수)

바둑이 지금은 세계적으로 전파되어 서구(西歐)에서도 전문으로 연구하고 즐기는 사람이 적지 않지만 아직도 바둑은 한 · 중 · 일 삼국 위주의 단순한 놀이가 아니라 하나의 도(道)로서, 또는 고도의 정신적 스포츠로서 널리 두어지고 있다.

과거 한때는 일본이 바둑의 종주국처럼 바둑을 도로서 승화시켜 연구하고 기사의 실력도 우세하여, 한국이나 중국에서 기도를 연마하기 위하여 일본으로 유학을 간 일도 있었다.

그러나 1955년 사단법인 한국기원이 설립되면서 한국의 바둑계는 점점 활기를 찾기 시작하였고, 1965년 11월 16일 서울에서 개최된 제1회 동양삼국바둑대회에서 한국이 우승하면서부터 현재 일본과 중국을 제압하고 있다. 또한 바둑 역사상 대학에 바둑 전공학과를 개설하고, 바둑 전문TV 채널을 가지고 있는 나라도 한국이 유일할 것이다.

이처럼 한국이 바둑의 연구와 실력면에서 명실공히 중심국으로 부상하게 된 것은 근래에 들어와서 적극적으로 연구 노력한 결과 이상의 무엇이

있다고 보는 것이 필자의 소견이다.

아직도 국내외적으로 바둑의 발상지는 중국이며 뒤에 한국과 일본으로 전파되었다고 생각하는 것이 일반적이다. 그러나 필자는 문자학(文字學)을 통하여 바둑의 연원(淵源)을 연구하면서 바둑의 발상지가 중국이 아니라 우리 한국이라는 확신을 갖게 되었다.

그래서 필자는 우리나라가 근래 바둑의 중심국이 된 것은 수천 년 전 바둑의 발상지로서 내면에 면면히 흐르는 전통과 역사의 재현이요, 부흥이라고 생각하는 바이다.

근래 북한의 《노동신문》(2003. 2. 23)에서도 평양바둑원 원장 리세충의 '바둑의 발생지 조선'이란 제목으로 "(전략) 바둑의 발생문제와 관련해서는 고대 우리나라의 첫 노예 소유국가였던 고조선에서 발생되었다고 보는 견해가 우세하다. (중략) 바둑의 발생지가 우리나라이고 바둑이 우리 민족의 전통적인 민속놀이였다는 것은 바둑이란 말 자체가 고유한 조선말로서 한자로는 표기할 수 없다는 한가서 사실만을 통해서도 잘 알 수 있다."라고 언급한

한국기원에서 발간하는 『월간 바둑』 2006년 8월호에 필자의 논문이 발표되어 바둑인들의 큰 호응을 받았다.

둑판과 바둑알을 만들어 왜나라의 실권자인 후지와라노 가마타리 (藤原鎌足)에게 보낸 것이 현재 까지 正倉院(정창원)에 보관되고 있는 것도 바둑이 이 땅에서 연원됨을 좌증할 수 있다.

결론적으로 말해서 오늘날 한국의 기사들이 기계를 제패하는 것은 단순히 노력만으로 이루어진 것이 아니라, 바둑의 연원이 이 땅에서 시작되었기 때문이라는 것을 재삼 강조하는 바이다.

앞으로 세계 각국에서 「바둑」의 명칭이 「ご」가 아니라, 본래의 명칭인 「바둑(Baduk)」으로 일컫도록 하는 것은 우리나라 기사들의 지금보다 더욱 각고의 분발이 있어야 할 것이다.

중앙일보

2006년 6월 2일 금요일

"바둑은 한국에서 생겼다"

진태하 인제대 교수 주장

바둑의 발상지는 중국이고 그것이 한국을 거쳐 일본으로 전파되었다는 것이 오랜 정설이다. 바둑이 인도에서 시작되었다는 설도 없는 것은 아니지만 한국기원의 연감에도 바둑은 중국의 요(堯)임금이 만든 것으로 되어 있다. 그런데 인제대 석좌교수인 진태하 씨가 '문자학으로 본 바둑의 연원' 이란 논문에서 '바둑의 발상지는 한국'

이라고 주장하고 나섰다.

다음은 논문의 요약.

바둑은 고대 중국에서 기(基)나 혁(弈)으로 표기되었다. 이들 글자는 논어·맹자·장자·좌전·사기(史記) 등에서 볼 수 있는데 이로써 바둑이 요순시대가 아닌 주(周)나라 이후, 한(漢)나라 이전에 만들어진 것으로 볼 수 있다. 후한시대의 설문해자(說文解字)에는 기(基)와 혁(弈)을 모두 바둑으로 풀이해 놓았다. 그런데 후한의 설문해자

보다 앞서 전한(前漢)의 양웅이 편찬한 『방언(方言)』이란 책에 바둑이 박독(博毒)으로 표기되고 있다. 이런 2음절어는 본래의 중국어가 아니고 외래어를 소리로 표기한 것이다. 즉 우리의 '바둑'이 중국에 일찍이 전파되어 박독으로 불리게 되었음을 알 수 있다.

바돌-바독-바둑의 흐름에서 '바'는 땅이나 판이고 '독'은 돌에 대한 전라·충청도의 사투리다. 그것이 바둑이 되어 적어도 지금부터 2000년 이전에 중국으로 들어갔으니 문자학적으로 볼 때 바둑의 발상지는 한국인 것이다.

필자의 "바둑은 한국에서 생겼다" 라는 주장을 중앙일보가 2006년 6월 2일에 보도하여 국내외로 많은 관심을 끌었다.

갑골문으로 본 짐승의 종류

―은대에 호랑이는 있었지만 獅子(사자)는 없었다―

먼저 갑골문에서 五畜(오축)의 자형을 찾아보자.

소(牛)의 자형이 '♉, ♈, ♉, ♉' 등과 같이 정면에서 본 兩角(양각)과 牛頭(우두)의 모양을 나타냈다. 이밖에 측면에서 본 소의 전체 모양을 상형한 '♉'의 자형도 있으나 주로 정면의 상형자로 쓰였다. 주대의 금문도 비슷한 자형으로 쓰였으며, 진대의 소전체로서 '♉'의 자형을 거쳐 지금의 '牛' 자가 된 것이다. 혹자는 '牛' 자와 '牛' 자가 조자과정에서 뒤바뀌었다고 하지만, 그것은 해서체의 모양만을 보고 잘못 추측한 것이다.

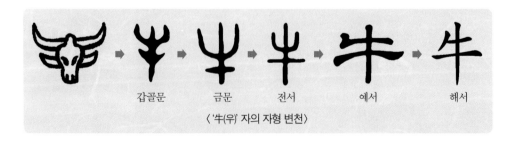

| 갑골문 | 금문 | 전서 | 예서 | 해서 |

〈'牛(우)' 자의 자형 변천〉

〈 '馬(마)' 자의 자형 변천〉

| 갑골문 | 금문 | 전서 | 예서 | 해서 |

말(馬)의 자형은 '羗, 羇, 羇, 羗' 등과 같이 말에서 큰 머리와 갈기, 긴 꼬리의 특징을 강조하여 측시한 상형을 세워 놓았음을 알 수 있다. 금문에서는 '羗, 羇' 등과 같이 말의 갈기를 더욱 강조하였으며, 소전체의 '羃' 의 자형을 거쳐 오늘의 '馬' 자가 된 것이다.

돼지(豕)의 자형은 '兗, 允, 允' 등과 같이 돼지의 뚱뚱한 배의 모양을 측시한 상형을 역시 세워 놓았음을 알 수 있다. 금문에서는 '勽, 劼, 劥' 등과 같이 오히려 갑골문의 자형보다도 돼지의 모양이 멀어져 '亥' 의 자형과 비슷하게 쓰였다. 소전체의 '豕' 자형을 거쳐 지금의 '豕' 자가 된 것이다.

개(犬)의 자형은 '犬, 犮, 犮, 犮' 등과 같이 돼지의 갑골문 자형과 비슷하지만, 돼지보다는 배에 살이 적고 꼬리가 길면서 끝이 쳐들어졌음을 달리하고 있다. 금문에서는 '犮, 犮' 의 자형과 같이 윤곽

초원을 노니는 五畜(오축)들

만을 상형하고, 소전에서는 '𤜼' 과 같이 변하여 오늘의 '犬' 자가 된 것이다.

양(羊)의 자형은 '𦍋, 𦍌, 𦍍, 𦍎' 등과 같이 양의 양각의 모양을 강조하여 정면에서 바라본 羊頭(양두)를 상형한 글자이다. 앞에서 본 소(牛)의 자형과 비교하여 보면 비슷한 것 같지만, 소의 뿔과는 달리 양끝이 꼬부라지게 그리어 구별하였다. 금문의 '𦍋, 𦍌' 자형에서 소전의 '羊' 자형을 거쳐 지금의 '羊' 이 된 것이다. 중국의 문자학자 중에는 '羊' 의 자형을 兩角(양각), 兩足(양족)에 양의 몸둥이와 꼬리를 그린 것이라고 풀이하였지만, 갑골문 중의 '𦍍' 자형을 보면, 양의 전신을 상형한 것이 아니라, 분명히 羊頭(양두)를 정면에서 상형한 것이다.

오축 놀이인 윷놀이

이상으로 볼 때, 은대에 五畜(오축)〔牛(우), 馬(마), 豕(시), 犬(견), 羊(양)〕이 모두 존재했음을 알 수 있다.

그러나 오축을 『한서』에서는 '牛(우), 羊(양), 豕(시), 雞(계), 犬(견)' 이라 하여 말(馬)이 제거되어 닭(雞)이 들어 있고, 六畜(육축)에 말이 들어 있다. 물론 갑골문에 닭(雞)의 자형도 있다.

우리나라 윷놀이는 이른 시대부터 전래되는 농경사회의 민속놀이다. 윷은 곧 五畜(오축)인 도(돼지), 개, 걸(양), 윷(소), 모(말)의 빨리 뛰는 순서에 의하여 달려가기 놀이를 하는 것이다. 이 중에 '걸'은 코끼리로 해석하는 이도 있으나, 코끼리를 오축에 넣을 수는 없는 것이다. '걸'은 마땅히 '羊'의 고유한 우리말이었음을 알 수 있다.

닭(雞)도 이른 시대부터 가축으로서 길러 왔지만, 우리의 윷놀이로 본다면 五畜은 마땅히 소(牛), 말(馬), 돼지(豕), 개(犬), 양(羊)'이어야 할 것이다. 중국의 『雲笈七籤(운급칠첨)』에서도 오축을 馬(마), 牛(우), 羊(양), 猪(저), 狗(구)라 하였다.

닭은 갑골문의 초기 자형에서는 '🐓'의 모양과 같이 닭의 윤곽을 상형했던 것인데, 다른 새의 모양과 혼동을 피하기 위하여 이미 갑골문에서 '🐓'와 같이 '奚(奚)'자를 더하여 형성자로서 쓰였다.

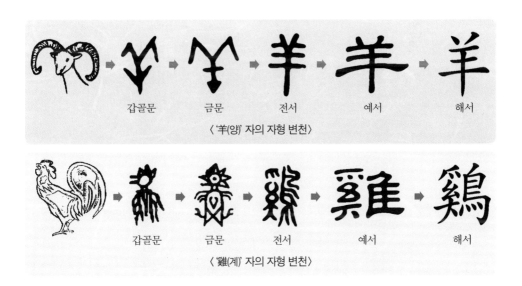

〈'羊(양)' 자의 자형 변천〉

〈'雞(계)' 자의 자형 변천〉

갑골문	금문	전서	예서	해서

〈'象(상)' 자의 자형 변천〉

다시 말해서 雞(鷄)는 곧 닭의 울음소리를 시늉한 의성자이다.

이상의 육축 외에 어떤 짐승이 있었는지 살펴보면 다음과 같다.

호랑이는 갑골문에서 '🐅, 🐅, 🐅' 등의 자형과 같이 호랑이의 강한 엄니와 얼룩무늬, 힘찬 긴 꼬리의 특색을 잘 나타내 상형하였다. 주대의 금문에서는 '🐅, 🐅' 와 같이 상당히 추상적으로 도안화되어 소전의 '🐅' 자형을 거쳐 오늘의 '虎' 자가 된 것이다. 이렇게 볼 때 한자의 자형은 시각적으로는 점점 알기 어렵게 변하였다.

코끼리는 갑골문에서 '🐘, 🐘, 🐘' 등의 자형과 같이 코끼리의 긴 코와 엄니를 강조하여 상형하였다. 코끼리도 측시한 상형이지만, 세워서 한자의 縱書字形(종서자형)에 맞추었음을 알 수 있다. 금문에서는 '🐘' 과 같이 변형되어 小篆(소전)의 '象' 자형과 같이 도안화되어 오늘의 '象' 자가 된 것이다.

지금은 중국에 코끼리가 야생하지 않지만 은대에는 코끼리가 번성했던 기록이 있다.

이 밖에도 토끼(兎)의 갑골문 '🐇, 🐇', 여우(狐)의 갑골문 '🦊, 🦊, 🦊', 염소(羔)의 갑골문 '🐑, 🐑' 이리(狼)의 갑골문 '🐺', 종류가 다른 이리(狽)의 갑골문 '🐺, 🐺', 사슴(鹿)의 갑골문 '🦌, 🦌' 등

〈 '兎(토)' 자의 자형 변천〉

갑골문　금문　전서　예서　해서

〈 '鹿(록)' 자의 자형 변천〉

으로 보아 육축 외에 토끼(兎), 여우(狐), 염소(羔), 이리(狼), 이리
(狽), 사슴(鹿) 등이 있었음을 알 수 있다.

　중국에서는 '羔'를 小羊(소양)으로 기록한 문헌이 많은데, '羔'는
우리말의 '염소'로서 羊과 다른 짐승이다. '羔' 자에 '灬(火)'가 밑
에 붙어 있는 것은 염소를 잡을 때는 개처럼 털을 불에 그슬러 잡았
음을 알 수 있다.

　우리나라에서 '狼'과 '狽'를 모두 '이리'라고 하지만, 갑골문에
서 이미 '狼'과 '狽'의 짐승을 구별하여 나타낸 것으로 보면, 흔히
쓰는 '狼狽之間(낭패지간)'이란 말이 오래된 말임을 알 수 있다.

　당나라 段成式(단성식)이 지은 酉陽雜俎(유양잡조)에 의하면 '狼'
은 앞다리가 길고 뒷다리가 짧은 반면, '狽'는 앞다리가 짧고 뒷다
리가 길기 때문에 두 짐승이 반드시 서로 의지하여 다녀야 하는데,
만일 둘이 떨어지게 되면 도저히 다닐 수 없기 때문에 여기에서 일

狽

狼

낭패도

이 어그러졌을 때 '낭패가
났다' 고 쓰이게 되었다는
것이다.

　돼지에 대해서는 돼지
의 상형자 '⿰(豕)' 외에도
갑골문에 멧돼지를 나타낸
'⿰, ⿰, ⿰' 등의 豙(멧돼
지 체)는 멧돼지는 손으로
잡을 수는 없고 반드시 활

로 잡아야 하기 때문에 화살이 멧돼지를 관통한 모양을 상형하였
고, 수퇘지를 나타낸 '⿰, ⿰, ⿰' 등의 豭(수퇘지 가)는 돼지의 배에
수퇘지의 신(腎)을 표시하였고, 腎을 제거한 수퇘지의 모양은 '⿰,
⿰, ⿰' 등과 같이 배 밑에 단획을 옆으로 그리어 거세하였음을 나타
내었다. 이 자가 뒤에 형성자로서 '豶(불알깐돼지 분)' 자가 되었다.
이로써 볼 때 은대에 이미 수퇘지는 거세해야 빨리 큰다는 것을 알
았던 것이다. 이 밖에도 돼지에 관계되는 자형이 많은 것으로 보아
육축 중에 돼지를 가장 많이 길렀고, 돼지고기를 가장 많이 먹었음
을 알 수 있다.

　또한 사슴(鹿)의 종류와 사슴에 관계되는 자형도 많다. 사슴의
새끼를 나타낸 '⿰, ⿰' 의 자형으로서 아직 뿔이 나지 않은 象形으
로써 새끼의 뜻을 나타냈다. 뒤에 麛(사슴새끼 미)자가 된 것이다. 사
슴의 눈 위에 눈썹이 있는 사슴의 모양을 '⿰, ⿰, ⿰' 등과 같이
상형하였는데 뒤에 '麋(고라니 미)' 자가 되었다. 무늬가 있는 사슴의

모양을 '' 의 자형과 같이 나타내었던 것인데, 뒤에 뜻이 변하여 '麐(암기린 린)' 자가 되었다. 이로써 볼 때 은대에 짐승으로는 사슴을 많이 사냥했음을 알 수 있다. 사냥을 가서 사슴을 만나면 福(복)이라는 뜻에서 '禥' 자를 만든 것인데, 뒤에 '祿(복록 록)' 자로 변하고, 호랑이를 만나면 재앙이라는 뜻에서 '祸' 자를 만든 것인데, 뒤에 '禍(재앙 화)' 자로 변한 것으로도 알 수 있다.

은대에는 있었으나 현재는 없어진 짐승도 있다. 머리가 매우 크고 뿔이 하나만 있는 짐승을 '' 등과 같이 상형하였는데, 뒤에 '兕(외뿔소 시)' 자가 되었다. '외뿔소' (兕)는 고대에 중국에 살던 짐승으로 들소 비슷한데 청색으로 뿔이 하나뿐이 없으며, 가죽이 특별히 견고하여 옛날에 갑옷으로 쓰였다고 한다.

갑골문에 '' 의 자형이 있는데, 중국의 문자학자 당란은 '廌(해태 채)' 자로 풀이하였다. 꼬리털이 많은 들소의 형태로 옛날에 이 짐승은 올바르지 않은 자를 뿔로 받았다고 하여, 지금도 궁궐 앞에 해태의 석상을 만들어 놓아 선악을 구별하게 하였다.

상상의 동물인 龍은 갑골문에 '' 등의 형태로 상형되었다. 곧 巨口(거구), 長身(장신)의 모습을 나타냈음을 알 수 있다. 주대의 금문에서는 '' 등과 같이 변형되고 소전의 '龍' 자형을 거쳐 오늘의 '龍' 자가 된 것이다.

이상으로 살펴본 바와 같이 오늘날 볼 수 있는 짐승이 은대에 대부분 존재하였지만, 사자는 갑골문에 나타나지 않는다.

獅子(사자)의 '獅' 자는 갑문이나 금문에는 없고 '獅' 와 같이 예서체로서 처음 나타나는 것을 보아도 은대에는 아직 남방에서 사자가 이입되지 않았음을 알 수 있다. 사자를 진대에는 '狻猊(산예)' 라고 칭했던 것인데, 狻猊는 꾸짖음이 스승과 같다고 함의 뜻이 있고, 사자는 뭇짐승을 꾸짖듯이 포효하기 때문에 '師子'라고도 칭하였다고 한다. '獅'는 곧 '師'의 누증자로서 쓰인 것이다. 『한서』서역전에 "漢順帝時疎勒王來獻犎牛及獅子", 곧 한나라 때 서역에서 사자를 보내온 것으로 보아 분명히 은대에는 사자가 없었음을 알 수 있다.

호랑이의 어원

국어사전에 '범'은 곧 '호랑이'라고 풀이한 사전도 있고, '호랑이'는 범을 무섭게 일컫는 말이라고 풀이한 사전도 있다. 우리는 언제부터 '호랑이'와 '범'도 구별 못하는 菽麥(숙맥)이 되었을까?

조선 초기의 자료인 『訓民正音(훈민정음)』이나 『龍飛御天歌(용비어천가)』와 고려시대 우리말을 살필 수 있는 『鷄林類事(계림유사)』에도 '虎'를 '범'이라고 기록된 것을 보면, 우리말에서 적어도 고려 중엽 이전부터 '범'과 '호랑이'를 혼동하여 써 온 것 같다.

그러나 '범'과 '호랑이'는 전연 다른 동물이다. '호랑이'라는 말은 '虎狼(호랑)'에 접미사 '이'를 더하여 마치 고유어처럼 변한 말이다. 중국 고문헌에 의하면 '虎狼(호랑)'이라는 말은 본래 '호랑이'와 '이리'라는 말의 복합어이지만, 단순히 '호랑이'라는 말로도 이른 시대부터 쓰였다. 그러므로 우리말의 '호랑이'는 한자어의 '虎狼'에서 연원 되었음이 분명하다.

'범'은 '호랑이'의 異稱(이칭)이 아니라, 표범 곧 '豹(표)'를 일컫

는 고유한 우리말이다. 다시 말해서 '표범' 은, 곧 우리말 중에 '속 내의, 처갓집, 역전앞' 등과 같은 형태의 겹말인 것이다. '표범' 의 '표' 는 '豹' 자의 음이고, '범' 은 '豹' 의 고유한 우리말인 것이다. '표범' 이라는 말은 쓰지만 '표호랑이' 라는 말은 쓰지 않는 것으로 도 '범' 은 곧 '豹' 임을 알 수 있다.

'범' 곧 '표범' 은 호랑이처럼 줄무늬가 아니라, 칡잎과 같이 무 늬가 둥글둥글한 형태로 되어 있기 때문에 '칡범' 이라고도 일컫는 다. 또는 '갈범' 이라고 일컫는 것은 칡을 한자로 '葛(갈)' 이라고 쓰 기 때문이다.

'앞니 빠진 갈가지' 의 '갈가지' 는 곧 범의 새끼를 말한다. '갈가 지' 는 '소+아지' 를 '송아지' 로 일컫는 것처럼 '갈범' 에서 '범' 이 생략되고, '갈+아지' 가 '갈가지' 로 변음되었음을 알 수 있다. 호랑 이 새끼는 '개호주' 라고 일컫는다.

'虎(호)'의 자형을 살펴보면, 갑골문에 '𩇨, 𩇨, 𩇨', 금문에 '𩇨, 𩇨, 𩇨', 소전에 '𩇨'의 형태를 거쳐 해서체의 '虎' 자가 된 것이다. 이로써 보면 호랑이의 크게 입을 벌려 포효하는 모습을 그리어 나타낸 상형자임을 알 수 있다. 이처럼 갑골문에서는 교육이 불필요할 만큼 그대로 그림이었는데 자형이 도안화되면서 한자의 자형은 점점 어려워져 지금은 하나의 부호로 암기하지 않으면 안 되게 되었다.

'豹(범 표)'의 자형은 갑골문에 '𩇨', 금문에 '𩇨', 소전의 '𩇨'의 형태를 거쳐 해서체의 '豹' 자가 된 것이다. 갑골문에서는 표범의 동전모양의 무늬를 그린 상형자로서 줄무늬를 가진 '虎'와 구별하였지만, 주대의 금문에서부터 형성자로 변하였다.

우리나라에서 소위 '까치호랑이' 그림을 고유의 전통적인 민속화로 알고 있는데 그렇지 않다. 본래 중국에서 설에 상서로운 뜻으로 호랑이가 아니라, 범(豹)과 까치(鵲)를 그려 집에 걸었던 것이다. 그 이유는 '豹'의 음이 중국음으로는 '報(알릴 보)'와 같고, 까치는 '鵲(까치 작)' 앞에 '喜(기쁠 희)'를 붙여서 희작(喜鵲)이라고 일컫기 때문에 새해부터 집 안에 기쁜(喜) 일을 알려

호랑이는 줄무늬

표범은 칡잎처럼 둥글둥글한 무늬

(報)달라는 뜻의 상징으로 까치(喜鵲)와 표범(豹)을 그린 것이다.

우리나라 민속화에는 까치와 호랑이를 그린 것도 있고, 까치와 표범을 그린 것도 있는데, 호랑이를 그리는 것은 옳지 않다.

'豹'의 자음이 중국에서는 '布孝切'로서 'baw'인 것을 참고할 때, '豹'의 고유어인 '범'과 동어원으로 우리말의 '범'이 '豹'의 자음이 되었다고 볼 수 있다.

호랑이를 몽골어에서 'bars', 만주어에서 'tasha', 일본어에서 'tora'로 일컫는데, 음운적으로 몽골어의 'bars'와 우리말의 '범(豹)'을 대응시킬 수도 있다.

이상과 같이 명칭으로 고증하여 볼 때, 우리나라에는 일찍이 '범(豹)'은 있었지만, '호랑이'는 훨씬 후대에 타지역으로부터 이동하여 들어온 동물임을 알 수 있다.

호랑이를 '大蟲(대충), 炳彪(병표), 山君(산군)' 등으로도 일컫는데, 중국에서 일컫는 한자어들이다.

개의 어원

우리말의 '개'의 고어는 '가히'이다. 현대어 '개'는 15세기부터 16세기 사이에 모음과 'ㅣ'사이의 'ㅎ'이 탈락됨에 따라 '가이'가 되고, 1517년의 『飜譯小學(번역소학)』에 '가이'가 축약되어 '개'로 표기된 것으로 보면, 당시 과연 오늘날과 같이 단모음으로 발음되었는지는 의문이지만, '개'의 표기가 이미 16세기 초부터 있었음을 알 수 있다.

成畜(성축)으로서 '가히'에 대하여 幼畜(유축)의 명칭을 살펴보면 '가히+아지', '가이+아지', '개+아지' 등 세 가지 유형으로 나눌 수 있다. 어느 것도 모음충돌은 일어나지만 회피현상으로 직접 'ㅇ[ŋ]'음이 삽입되었다면 '가힝아지', '가잉아지', '갱아지' 등으로 나타나야 한다. 그러나 '갱아지'의 형태는 충북, 전남의 일부 방언에 나타나지만, 앞의 두 가지는 고어에서는 물론 방언에서도 나타나지 않는다. 이로써 볼 때 모음과 'ㅣ'사이의 'ㅎ'음이 탈락되면서 '가이'의 형태에 '아지'가 결합될 때 '가이'의 '이'도 생략되면서 '가+아지'의 형태에 'ㅇ[ŋ]'음이 삽입되어 '강아지'로 된 것으로 보아야 할 것이다. 이것의 방증으로서 부산지역의 방언에서는 '가아지'로 일컫고 있다.

'가히'가 고려시대의 어휘를 수록한 『鷄林類事(계림유사)』에서도 '犬曰家稀(견왈가희)'로 對音(대음)된 것을 보면 '가히'의 앞선 고어형을 '가'로 보기는 어렵다.

'犬'의 자형을 살펴보면 갑골문에 'ﾈ, ﾈ, ﾈ', 금문에 '丈, 犬', 小篆의 '犮' 등의 형태를 거쳐 해서체의 '犬' 자가 된 것이다. 이로써 '犬' 자는 곧 개의 측면의 모양을 그린 상형자임을 알 수 있다.

'개'의 뜻으로 '狗(개 구)' 자가 또 있는데 중국의 문자 학자 중에는 '犬'이 큰 개를 뜻하는데 대하여 '狗'는 작은 개를 일컫는다고 풀이한 이가 있으나 자형으로 볼 때 옳지 않다.

'狗'의 자형이 갑골문에는 나타나지 않고 주대의 금문에 비로소

| 갑골문 | 금문 | 전서 | 예서 | 해서 |

〈'犬'(견) 자의 지형 변천〉

| 금문 | 전서 | 예서 | 해서 |

〈'狗'(구) 자의 지형 변천〉

'狗, 狗'의 형태로 나타나며, 소전에 '狗'의 형태를 거쳐 해서체의 '狗'가 된 것으로 보면 '犬(犭)'과 '句'의 형성자로 형성되었음을 알 수 있다.

우리나라 토종개인 삽살개

'狗'는 곧 '犬'보다 후대에 '句' 곧 歌歐切(가구절)의 음에 해당하는 말을 형성자로 나타낸 것이라고 볼 수 있다. 이것은 운모의 차이는 좀 있지만 성모가 같은 것으로 보아 우리말의 '가히'를 취음한 것으로 볼 수 있다. 이는 마치 한자의 '豬(돼지 저)'가 우리말의 '돝'의 고어인 '도'를 취음표기하기 위하여 만든 형성자인 것과 같다고 볼 수 있다. '豬'의 고음이 '도(to)'인 것으로 증명할 수 있다.

상형자인 '犬'의 자음 '苦泫切(고현절)', 곧 '견'은 어디에서 취음했을까가 궁금한 일이다. 청대의 단옥재는 개는 뒷다리를 하나 들기 때문에 '들다'의 뜻을 가진 '縣(달 현)'의 '현'에서 '견'의 자음이 되었다고 한 것은 믿기 어렵다. 왜냐하면 '犬'보다 늦게 만들어진 '縣'자의 음을 취했다는 것은 모순이다.

한자의 자음 중에는 의성자가 적지 않다. 예를 들면 '鐘'은 종소리의 '동동'하는 '동'음을 취한 것이고, '鳩(비둘기 구, 실은 비둘기와 유사한 새)'의 '구'는 비둘기의 '구구'하는 소리를 취음한 것이다. 이로써 볼 때 '犬'의 '견'음은 개의 짖는 소리를 취한 것이 아니라, 개를 때렸을 때 아파서 지르는 '깽깽'하는 소리를 취음한 것이라고 중국의 문자 학자가 밝혀 놓은 것이 타당성이 있다.

새는 '鳩(비둘기 구), 鴨(오리 압), 鵝(거위 아), 鷄(닭 계)'등과 같이 새가 지저귀는 소리를 자음으로 취하였는데, 개는 왜 그 짖는 소리를 취하지 않고, 때렸을 때의 아파하는 소리를 취음하였을까가 매우 의문이다.

'然(그럴 연)' 자가 지금은 '그렇다'는 뜻으로 쓰이지만, 본래는 개(犬)를 불(灬→火)에 그슬린 고기(夕→肉)라는 뜻이었는데, 우리의 조상인 東夷族(동이족)은 돼지나 닭을 잡아 먹을 때와는 달리 개는 반드시 불에 그슬러 잡아 먹었기 때문에 '然'의 자의가 뒤에 '그스르다(태우다)'로 전의되었다. 또 한 개는 아무 때나 잡아먹는 것이 아니라, '伏' 자가 '人'과 '犬'의 합자이듯이 매우 더워서 탈진한 '三伏' 철에 잡아 먹었다. 우리 속담에 '三伏에 개 패듯한다.'는 말이 전하듯이 개는 패서 잡아야 맛이 있기 때문에 동이족들은 옛부터 삼복이 되면 개를 집집마다 때려서 잡았던 것이다. 양반가에서는 개를 때려 잡는 것이 잔인하게 느껴져 멍석말이를 하여 패서 잡기도 하였다.

이로써 '犬'의 자음이 '멍멍' 짖는 소리를 취하지 않고, 맞아서 '깽깽' 거리는 소리에서 '견'이 취음되었음을 알 수 있다.

이처럼 개를 패서 그슬러 잡아 먹으면, 매우 맛이 있어서 누구나 "암 그렇지, 개고기가 최고야! 그렇지 역시 개고기야!" 하다 보니 '然'의 자의가 '그렇다'의 뜻으로 또다시 전의된 것이다. '然'이 이와같이 전의되자 부득이 '燃(태울 연)' 자를 또 만든 것이다. '火'의 자형이 겹쳐 있음은 모순이지만, 이처럼 후대에 전의로 인하여 같은 자획을 겹쳐 쓰는 것을 累增字(누증자)라고 한다.

개를 만주어에서는 'kuri', 몽고어에서는 'nohai', 일본어에서는 'inu'라고 일컫는 것을 참고할 때, 우리말의 '가히'와 만주어의 'kuri'는 음운적으로 연계성을 찾을 수 있을 것 같다.

龍(용)의 어원

　'龍(용)'에 대하여 『訓蒙字會(훈몽자회)』에 '미르 룡'이라 훈을 달아 놓았고, 『雅言覺非(아언각비)』에 '龍爲豫 미리'라 풀이하였고, 『光州 千字文(광주천자문)』에는 '龍 미르룡'이라고 훈을 달아 놓은 것을 보면, 용의 우리말 고유어는 '미르, 미르, 미리' 등이었음을 알 수 있다.

　'미르, 미르, 미리'의 어원을 살펴보면 은하수를 고유어로 '미리 내'라 하고, 水芹(수근), 곧 미나리가 물의 고어인 미(밀)와 나리의 복합어인 것을 참고할 때 '미르'는 곧 용이 등천하기 전에는 평소 바다, 호수, 늪 등의 물속에서 사는 潛龍(잠룡)을 일컫는 것이라고 생각된다. 『左傳(좌전)』에도 "深山大澤 實生龍蛇." 곧 용은 깊은 산속 큰 못 속에 산다고 하였다. '용이 물을 잃은 듯'이라는 속담이나 가뭄이 들면 용왕, 곧 龍神(용신)에게 祈雨祭(기우제)를 지내는 것으로 보아도 용과 물은 불가분의 관계에 있음을 알 수 있다. 호랑이가 산신인데 대하여 용은 水神(수신)으로 일컬어 왔다.

　먼저 '龍'의 자형을 살펴보면, 은대의 갑골문에 '풍, 尺, 흮, 尹',

경복궁 근정전의 용

주대의 금문에 '龍, 龍, 龍, 龍', 진대의 소전에 '龍'의 형태를 거쳐 해서체의 '龍'이 되었다.

설문해자에서는 '龍' 자에 대하여 '童' 자를 생략하여 '立'을 취하면서 그 자음 '동'에서 '용'의 음이 되었고, '月'은 '肉'이 생략된 것이고, '龍'의 형태는 하늘에 나는 모양을 그린 것이라고 풀이하였는데, 갑골문이나 금문의 자형으로 보면 허신의 풀이가 옳지 않음을 알 수 있다.

'立'은 '童'의 생략된 자형이 아니라, 갑골문에서는 뿔이 나 있는 머리의 모습이고, '月'은 '肉'의 생략된 자형이 아니라, 큰 입의 모습이며, 긴 몸둥이를 가진 상상의 동물을 그린 것이다.

비록 상상의 동물이지만, 중국 문헌에 의하면 용의 종류를 다양하게 구분하였다. 색깔로써 청룡·적룡·황룡·백룡·흑룡, 용이

| 갑골문 | 금문 | 전서 | 예서 | 해서 |

〈 '龍(용)' 자의 자형 변천〉

사는 곳에 따라 天龍(천룡)·海龍(해룡)·山龍(산룡), 춘분에 등천하면 飛龍(비룡), 곧 應龍(응룡)이라 하고, 추분에 물속으로 들면 潛龍이라고 일컫는다. 뿔이 있는 용을 虯龍(규룡), 뿔이 없는 용을 螭龍(이룡)이라고 하는데, 우리나라에서는 이룡을 '이무기'라고 얼컫는다.

이무기에 대하여 우리나라에서는 용이 승천하려다가 어떤 저주에 의하여 하늘에 오르지 못하고, 물속에 사는 큰 구렁이를 말하는데, 다시 천년을 기다려야 용이 될 수 있다는 것이다. 그래서 인생의 모든 경륜을 쌓아 노련하고 음흉한 사람을 비유하여 이무기 같은 사람이라고 말한다. '이무기'의 '이'는 한자 '螭(이)'의 음일 것이며, '무기'는 곧 '묵다'의 명사형 '묵이'일 것이다.

청동기의 鐘鼎(종정)이나 궁중의 섬돌, 印章(인장), 허리띠 장식, 비석의 머릿돌 등에 용을 조각했다고 일반적으로 말하는데, 실은 용이 아니라 '이무기' 곧 '螭'를 조각한 것이다. 금, 은, 동 따위로

고구려 고분의 사신도 중 청룡

만든 장식품에 무늬를 새기는 것을 '조이'라고 하는데, 실은 이무기를 새겼다는 뜻의 '彫螭(조리)'가 변음된 것이다. '龍'이 아닌 '螭'를 조각하는 까닭은 '龍'은 날아가버리기 때문에 땅에 서려 있는 '螭', 곧 蟠龍(반룡)을 조각한다는 것이다.

용의 발톱의 수에 따라 나눌 때는 三爪龍(삼조룡), 四爪龍(사조룡), 五爪龍(오조룡)으로 일컫는다.

옛사람들의 용의 상상도를 보면, '蛇化爲龍(사화위용)' 곧 뱀이 용으로 변했다는 것을 중심으로 하여, 머리는 말, 뿔은 사슴, 몸은 뱀, 다리는 넷이나 발톱은 닭, 꼬리는 물고기의 형태로 하고, 등에는 81개의 지느러미 같은 갈기를 그리어 여러 동물의 특징을 종합하여 하늘을 날 수 있는 괴물의 형태로 나타내었다.

용의 특징은 자기 마음대로 조화를 부릴 수 있는 如意珠(여의주)를 지니고 있어 제 몸을 마음대로 조화를 부리어 길게, 짧게, 가늘게, 굵게 할 수도 있고, 자유자재로 굴신할 수도 있고, 구름 위로 날 수도 있고, 연못 속으로 잠길 수도 있고, 어둡게 할 수도 있고, 홀연히 몸을 감추어 사라졌다가 나타나게 할 수도 있어, 용은 일반 동물로 보지 않고, 신의 하나로 받들어 왔다.

'龍'자의 상고음에 대하여 중국의 何金松(하금송)이 지은 『漢字形義考源(한자형의고원)』에서는 複輔音(복보음) 곧 어두중자음을 [ml]로 고증하였다. 이렇게 볼 때 '龍'의 자음은 우리말의 '미르, 미리, 미르'에서 취하였다고 추정할 수 있다.

용을 만주어에서는 'muduri', 몽골어에서는 'nage' 또는 'lou', 일본어에서는 'tatsu(たつ : 진(辰))'인 것을 참고할 때, 우리말의 '미리'와 만주어의 '무두리'는 음운적으로 연계가 있음을 알 수 있다.

돼지의 어원

'돼지' 의 고어로 '돗, 돈, 돝' 등이 있는데, 어떻게 해서 '돼지' 로 변했는지 먼저 살펴보고자 한다.

국어사전에는 '돼지' 를 가축의 '소·말·개' 등과 같이 성축(成畜)으로 풀이하여 놓았는데 잘못된 것이다.

가축은 대개 옛부터 成畜(성축)과 幼畜(유축)을 구별하여 다음과 같이 일컬었다.

成畜	幼　　　　　畜	現代語
쇼	송아지	송아지
	쇼아지, 얫아지, 얫야지	
가히	강아지	강아지
	가야지, 개야지	
물(무)	뭉아지	망아지
	무야지, 무아지, 미야지	

이상과 같이 '소＋ㅇ[ㅇ]＋아지', '가(이)＋ㅇ[ㅇ]＋아지', '무(물)＋ㅇ[ㅇ]＋아지' 등의 형태로 되어 있음을 알 수 있다.

함양군 마천면 실덕마을에 있는 똥돼지

우리말의 음운법칙에서 두 낱말이 합성될 때, 모음으로 끝나는 음절이 서로 만나면 모음 충돌 회피 현상, 곧 'hiatus' 현상이 일어나는데, 그중의 하나로 위의 예와 같이 모음과 모음 사이에 'ㅇ[ŋ]' 음의 삽입 현상이 일어난다.

이렇게 볼 때 옛부터 가축 중에서 '돝'의 유축만을 '돼지새끼'라고 일컬었을 리가 없다.

고어에서 '돝'의 유축명을 찾아보면 '되아지, 되야지' 등이 있다. 이것은 '돝'만은 '소, 개, 말' 등과는 달리, 다음의 형태처럼 모음 충돌 회피 방법으로 [ŋ] 음의 삽입이 아니라, 또 하나의 방법으로 [j]의 반자음이 삽입되었음을 알 수 있다.

도＋j＋아지 → 되아지('j'가 '도'와 결합)
도＋ㅣ＋j＋아지 → 되(도)야지('j'가 '아'와 결합)

이렇게 볼 때, 오늘날 성축명으로 쓰이고 있는 '돼지'는 본래 유축명을 뜻한 '되아지' 가 축약되어 '돼지' 로 되었음을 알 수 있다. 이로써 오늘날 '돼지' 를 '돝' 의 성축명으로 일컫고 있음은 분명히 잘못임을 알 수 있다. 또한 '도야지' 는 돼지의 사투리가 아니라, 모음 충돌 회피의 방법의 차이가 있을 뿐이다.

'豕(돼지 시)' 의 우리말 고어가 본래 '돗, 돈, 돝' 이었다면, 새끼의 뜻을 가진 '아지' 를 더했을 때 모음 충돌이 일어날 수 없기 때문에 '돝아지' 로 일컬었어야 한다.

미루어 볼 때, 돝(돈)의 더욱 이른 시기의 우리말은 '도' 였다고 제언하는 바이다. '돝(돈)' 의 고어가 '도' 였다는 것을 윷놀이에서 찾아볼 수 있다. 윷놀이는 우리나라 고대 농경사회의 오축 놀이로서 '도, 개, 걸, 윷, 모' 등으로 구별하여 일컫는데, '도' 는 곧 '돝(돼지)' 이고, '개' 는 그대로 '개' 이고, '걸' 은 곧 '양' 이고, '윷' 은 곧 '소' 이고, '모' 는 곧 '말' 이었음으로 '돝' 의 고어가 '도' 였음을 확인할 수 있다.

'豕(돼지 시 : 실은 돝 시)' 의 자형을 갑골문에서 찾아보면 '𤲃, 𤴔' 등과 같이 '돝' 의 모양을 상형한 글자이다.

그런데 한자에는 '돝' 을 일컫는 글자로 '豕' 외에 '豬, 豚' 등이

갑골문   금문   전서   예서   해서

〈 '시(豕)' 자의 자형 변천 〉

있다. '豬'의 음이 우리의 한자음으로는 '저'이고, '豚'은 '돈'이다.

'豬'의 음이 중국 고음으로는 '도(to)'이다. 그것을 입증할 수 있는 자로는 '都(도), 覩(도), 堵(도)' 등의 음이 '도'인 것이다. 이로써 형성자로 만들어진 '者'가 곧 音符(음부)인데, '者'의 현재음은 '자'이지만 고대에는 '도'였음을 알 수 있는 것이다. 중국의 왕력의 『漢語史稿(한어사고)』에 "古讀豬(猪)如都" 곧 옛날에 '豬'는 '都'와 같이 읽었다라고 고증한 것으로 더욱 확증할 수 있다.

그러므로 동이어, 곧 우리말의 '도'(돼지의 이른 시대 고어)가 적어도 秦(진)대 이전에 중국에서 널리 쓰이게 되자 그 발음을 나타낸 글자가 '豬'임을 알 수 있다. 진대 이전이라고 하는 것은 '豬'의 자형이 秦代의 小篆體(소전체)에서 비로소 나타나기 때문이다.

중국 학자들이 '豬'를 '豕子(시자)' 곧 돼지새끼로 본 것은 잘못이라고 생각한다. '豚(돈)'도 '小豕(소시)' 곧 작은 돼지로 보았는데 집골문이나 金文의 '𢑨, 𨤳'의 자형으로 볼 때 손(⺕)으로 돼지를 잡은 고기(⺼) 곧 '돼지고기'를 뜻한 글자임을 알 수 있다.

'돝'의 고형 '도'의 연원에 대하여 밝히기 위하여 알타이계통의 어휘들과 비교하여 본다. '豬(저)'의 몽고어는 [gahai], 만주어는 [ulgiyan], 일본어는 [buta]이다. '도[to]'와는 음운적인 공통점을 찾을 수 없다.

이로써 볼 때 우리말이 알타이계어와 同系語(동계어)라는 것을 수긍하기 어렵다. 오히려 한국어는 동이계어로서 이른 시대부터 漢語(한어)와 한국어가 동계어로서 특히 어휘적인 면에서 밀접한 관계를 가지고 있음을 알 수 있다. 부언하면, 지역적으로 동방어계에서 한국어가 동이계어로서 가장 오랜 연원을 가지고 있다.

갑골문으로 본 동이족의 곡식

　고대에 우리의 조상들은 어떠한 곡식을 재배하였으며, 식량으로
하였는지를 알기 위해서 은대의 갑골문에서 살펴보고자 한다.

　일반적으로 우리나라에서 오곡이라고 할 때는 '벼, 보리, 조, 기
장, 콩'을 일컫는다. 그러나 『鷄林類事(계림유사, 1103年)』記事部(기
사부)에 "五穀皆有之, 粱最大,
無秫糯, 以粳米爲酒.(오곡이
다 있는데, 수수가 제일 많고,
찹쌀은 없으므로 멥쌀로 술
을 빚는다.)"라 하고, "以秕
米定物之價, 而貿易之.(핍쌀
로 물건의 값을 정하여 교역
한다.)"라고 한 것을 보면, 당
시 오곡이 '벼, 보리, 조, 기
장, 콩'이 아니라, '수수(粱)'

인류가 식량으로 먹고 있는 곡식

와 '피(稗)'가 포함되어 있었던 것 같다. 譯語部(역어부)에는 '白米(백미), 粟(속, 조), 麥(맥, 보리), 豆(두, 콩)' 등이 있어 고려 시대의 오곡을 확정 짓기 어렵다.

오곡에 대하여 『漢書(한서)』 食貨志(식화지)에는 '麻(마, 삼)·黍(서, 기장)·稷(직, 기장)·麥(보리)·豆(콩)'라 하였고, 『周禮(주례)』에도 '麻(마)·黍(서)·稷(직)·麥(맥)·豆(두)'라 하였다. 『大戴禮(대대례)』에서는 '黍·稷·麻·麥·菽(숙, 콩)'이라 하여 '豆'를 '菽'으로 달리 적었다. 『楚辭(초사)』에서는 '稻(도, 벼)·稷·麥·豆·麻'라 하여 '黍' 대신 '稻'가 포함되었다. 이로써 남방 楚(초)에서는 기장(黍)대신 벼(稻)가 오곡에 포함되었음을 알 수 있다. 『孟子(맹자)』에 이르러서는 '稻·黍·稷·麥·菽'으로 오곡에서 '麻'가 빠졌다. 여기서 麻를 '삼'으로 해석하는 경우도 있으나, 삼씨를 먹을 수도 있으나 食糧으로 먹지 않는다. 삼(麻)은 그 용도가 식용이 아니라, 껍질을 직물로 사용하여 왔으므로 麻는 삼이 아니라 '芝麻(지마)' 곧 '참깨'를 일컬은 것이 아닐까 생각한다. 일본에서는 오곡을 『古事記(고사기)』에서는 '稻穀(도곡)·大麥(대맥)·小麥(소맥)·大豆(대두)·小豆(소두)'라 하였고, 『日本書紀(일본서기)』에서는 '稻·麥·粟·稗·豆'라 하였다. 역시 오곡의 분류가 정확하지 않다. 이로써 보면 우리나라에서 오곡은 중국과 달리 피(稷) 대신 조(粟)가 포함되었음을 알 수 있다.

『形音義綜合大字典(형음의종합대자전)』에는 "稷之黏者曰黍, 其實爲小圓顆, 俗稱黃米.(稷은 찰진 것으로 黍라고 하며, 그 열매는 작고 둥근 열매로 속칭 황미라고 한다.)"라 한 것을 보면 옛날 중국에서 문필가들이 稷(피)과 黍(기장)를 분명하게 구별을 못한 것 같다.

낟알을 찧어 놓았을 때는 구별이 어렵지만, 밭에서 이삭이 팬 상태에서는 전연 다른 곡식이다.

稷(직)과 稗(패)를 우리나라에서는 모두 '피'라고 하지만, '稷'은 이미 은대의 갑골문에 造字(조자)되어 있으나, '稗'는 진대의 소전체에 비로소 나타난다. 중국 문헌 중에 '稗'에 대하여 "稗爲有害於禾之野艸, 以與禾較實賤, 故從卑聲.(피는 벼에 해로운 들풀로서 벼와 비교하여 열매가 천한 까닭에 卑를 자음으로 하였다.)"이라고 언급한 바와 같이 논에 나는 피의 잎을 보면 벼와 비슷하여 어릴 때는 식별하기가 어렵다. 그러나 햇빛에 보면 피잎은 벼잎보다 투명하기 때문에 피사리를 할 수 있다. 옛날에 가난한 사람들은 이 야생초의 피를 훑어 곡식으로 먹었는데, '갱피'라고 일컬었다.

'稷'은 『白虎通(백호통)』에 "尊稷爲五穀之長, 故封稷而祭之也.(稷을 오곡의 으뜸으로 높이는 까닭에 稷을 받들어 제사지내는 것이다.)"라 한 것처럼 '稷'은 오곡의 하나로서 이른 시대부터 곡식으로 재배하여 왔음을 알 수 있다. 그러나 우리말에서는 옛부터 稷을 '피'라 일컬어 왔다. 필자의 고향 충주에서는 곡식으로서 피농사를 많이 짓고, 피밥을 주식으로 먹은 바 있다.

이상을 종합하여 볼 때, 오곡은 오늘날 식용으로 쓰이는 식량으로 보면, 벼(稻)·보리(麥)·밀(小麥)·콩(菽)·수수(粱)로 분류하는 것이 마땅할 것 같다.

은대의 갑골문에서 곡식의 종류로 쓰인 글자를 찾아보면 다음과 같다.

갑골문	금문	전서	예서	해서

〈 '禾(화)', '稷(직)', '稻(도)' 자의 자형 변천〉

· 禾 : 𥝌, 𥝌, 𥝌, 禾

象禾苗之形, 上象禾穗與葉, 下象莖與根.(形音義綜合大字典)

벼의 이삭, 잎, 줄기, 뿌리 등을 상형한 글자임을 알 수 있다.

· 稷 : 𥞡, 稷

從禾從畟, 畟爲𠻘祝字所從, 後譌爲畟, 故說文稷之古文作𥞡.

說文 : 稷, 齋也, 五穀之長, 從禾, 畟聲.

이로써 옛날에는 피를 오곡의 으뜸으로 삼았음을 알 수 있다.

· 稻 : 𦥯, 𦥯, 𦥯, 𦥯

從臼米從舀, 象米在器中之形.(說文)

'稻'는 쌀이 절구 안에 있음을 상형한 글자이다.

• 黍 : 𥝖, 𥞵, 𥝝, 𥟵, 𥟊

疑爲 𥝖 黍之異構. 從 𥟊 從水, 𥝖 象散穗之黍, 或不從 ﾉﾉﾉ, 作數
小點以表水點同, 說文 : 黍, 禾屬而黏者也. 以大暑而種, 故謂之
黍, 從禾, 雨省聲. 孔子曰:黍可爲酒, 禾入水也.

'黍'는 곧 우리말의 '기장'이다. 기장을 '糯黍(나서)'라고도
하는데, 이것은 黏性(점성) 곧 찰기가 있기 때문이다. 기장은 선사
시대부터 이집트, 아시아 등지에서 재배되었다. 찰기가 있어 술
을 빚는데 적합하다.

• 來 : 𣏑, 𠂟, 𣏟

象來麰之形, 卜辭用爲行來字, 說文: 來, 周所受瑞麥來麰也, 一
來二縫, 象其芒束之形, 天所來也, 故爲行來之來.

허신은 보리가 周代(주대)에 하늘에서 내려왔기 때문에 '來'자
가 '오다'의 뜻으로 쓰이게 되었다고 한 것은 잘못이다. 이미 은
대에 '보리'가 있었는데, 주대에 하늘에서 내려 왔다는 것은 시
대적으로도 맞지 않고, 하늘에서 내려올 수도 없는 것이다.

• 麥 : 𡕽, 𡕲, 𡕟

從 𣏟 來從 ﾄ 夊. 葉玉森謂 𡕽 從夊, 應爲行來之來初文, 𣏟 爲麥
之本字. 李孝定謂來麥本爲一字, 夊象麥根, 因假 𣏑 爲行來字, 故
更製繁體之 𡕽 以爲來麰之本字.

李孝定(이효정)이 '來'자 아래에 加劃(가획)한 '夊'의 자형을 麥

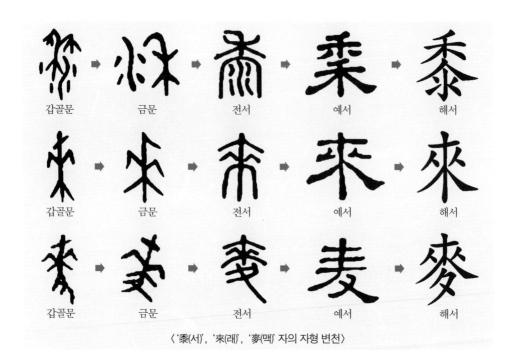

〈 '黍(서)', '來(래)', '麥(맥)' 자의 자형 변천〉

根(맥근)으로 본 것은 잘못이다. 보리는 가을에 심어서, 이른 봄
해동기에 땅이 들떠서 공기가 들어가면 보리가 말라 죽기 때문에
반드시 보리를 밟아주고 와야 한다. 그리하여 '來' 가 '오다' 의
뜻으로 전의되고 보리를 뜻하는 글자를 '麥' 과 같이 본래의 '來'
자에 'ケ(발)' 의 갑골문 자형을 더하여 다시 만든 累增字(누증자)
이다.

갑골문에 '豆' 의 자형이 '보, 보, 효' 의 형태로 있기는 하지만,
'盛食器(성식기)' 곧 그릇의 뜻으로 쓰였을 뿐, 아직 '콩' 의 뜻으로
는 쓰이지 않았다. 菽(콩 숙)의 원자형은 '朮' 이지만 갑골문에는 나
타나지 않고, 금문에 '朮' 의 형태로 쓰인 것을 보면 은대에는 아직

오곡으로서 콩이 없었던 것 같다.

또한 중국에서 오곡의 하나로 포함시켰던 참깨(麻)도 갑골문에는 나타나지 않는다.

梁東淑(양동숙)은 『甲骨文解讀(갑골문해독)』에서 "商代(상대)의 농작물에는 禾(화)·黍(서)·麥(맥)·稻(도)·高粱(고량)〈粱의 잘못〉 등이 곡물의 주종을 이루었다."라 하여 '高粱' 곧 수수도 상대에 재배된 것으로 보았다. 그러나 '粱'은 은대의 갑골문에는 나타나지 않고, 주대의 금문에 '🌾'의 형태로 비로소 나타나므로 상대에 고량이 재배되었다는 것은 옳지 않다.

『通訓定聲(통훈정성)』에 '粱'의 본의는 '粟(속)'이라 하였다. 또한 粟은 黍·稷·粱의 總名(총명)으로도 쓰였다. '粱'을 '蜀黍(촉서)' 또는 '高粱(고량)'이라고 하는 것을 보면 우리나라에서 '수수'라고 일컫는 곡식임을 알 수 있다. '수수'는 곧 '蜀黍'의 입성음이 탈락된 뒤에 중국음 '수수'가 그대로 들

오곡은 벼·보리·밀·콩·수수로 분류하는 것이 마땅하다.

어와 쓰인 것이다. 그러므로 우리나라에서 수수가 재배된 것은 송
대 이후임을 알 수 있다.

'옥수수'는 '玉蜀黍(옥촉서)'로 蜀黍(촉서)에 玉(옥)을 더한 명칭이
다. 옥수수의 원산지는 중남미이므로 콜럼버스가 신대륙을 발견한
이후에 중국을 통하여 우리나라에 들어온 것이다.

'粟'은 갑골문에 '❈'의 형태로, 소전에 '桌'의 형태로 변천하여
해서체의 '粟'이 된 것이다. 갑골문의 자형은, 곧 손에 黍의 이삭을
잡고 있음을 상형한 것이라고 商承祚(상승조)는 풀이하였다. 소전의
자형에서 '卤'는 해서체로 '卤(열매 주렁주렁 달릴 조)'이다.

우리나라에서는 '粟'을 '조'라고 일컫는데 '조'는 곧 粟(조 속)의
고음으로서 우리말이 한자의 자음이 되었다고도 볼 수 있다. '조'
를 방언에서는 '스슥'이라고 하는데, 이것은 '黍粟(서속)'이 변음된
것이라고 생각된다. 조의 원산지는 동부 아시아이다.

이상을 종합하여 볼 때, 은대 동이족, 곧 우리 조상들이 식량으로
했던 곡식은 '벼(稻)·피(稗)·기장(黍)·보리(麥)·조(粟)'이었음
을 알 수 있다. 수수, 밀, 메밀, 콩, 팥 등은 은대 이후에 재배되었을
것이다.

竹(죽)의 어원과 갑골문에 「竹」자가 있는가?

　우리말에서 대나무는 '대+나무' 의 합성어로서 '대' 를 목본으로
보고 일컫는 말이다. 『三國遺事(삼국유사)』 중에 기록된 萬波息笛(만
파식적), 竹葉軍(죽엽군) 등의 내용으로 보면, 신라시대에 이미 대나
무가 있었음을 알 수 있다. 그러나 대나무의 원산지는 동남아지역
이므로 고대부터 이 땅에 존재했던 나무가 아니라, 후대에 이식되
었을 것이다. 따라서 '대' 라는 말도 우리 고유말이 아니라 외래어
임을 추측할 수 있다.

　한자에서 '竹(대 죽)' 자를 찾아보면, 은대의 갑골문에서는 나타
나지 않고 주대의 금문에서 '竹' 의 형태로 처음 나타난다. 진대의
소전체에 이르러 '竹' 의 형태로 쓰이다가 오늘날의 '竹' 자로 쓰이
게 된 것이다. '竹' 은 곧 대나무 잎의 형태를 본뜬 상형자이다. 이
로써 보면 중국에서도 은나라 때는 아직 대나무가 유입되지 않았음
을 알 수 있다. 서양화에서는 중세 이전의 그림에는 대나무가 나타
나지 않음으로 보아 대나무가 유럽으로 이식된 것은 중세 이후였을

것이다.

'竹'의 현대 중국음은 [tʂu](주)이지만, 중고음은 '張六切(장육절)'의 反切音(반절음)으로서 '듁〉죽'이다. 『東國正韻(동국정운)』에서도 '竹'의 음이 '듁'으로 되어 있다. 그러므로 우리 한자음에서 '竹(죽)'이라고 발음하는 것은 중국의 중고음에서 유입되었음을 알 수 있다. 그러나 중국의 방언중 潮州音(조주음)은 [tek], 福州音(복주음)은 [tøy]이다. 이로써 보면 우리말의 '대'는 중국 남방의 방언이 중원의 字典音(자전음)이 유입되기 이전에 들어와 쓰였음을 알 수 있다. 시대적으로 보아 '竹'의

우리나라에서도 흔히 볼 수 있는 대나무 숲

입성음 [k]가 탈락되기 이전에 우리나라에 유입되었는데, '대'로 발음된 것은 우리나라에서 [k]가 탈락되어 쓰였을 것이다.

일본어에서는 '竹'에 대한 말이 'たか, たけ'로 쓰이는데, 이 역시 일본의 고유어가 아니라, 중국의 남방어인 [tek]이 'たけ(다케)'로 변음되어 쓰인 것이다.

종합하여 볼 때, '竹'에 대한 한국어 '대', 일본어 'たけ(다케)'가 모두 중국의 남방음 [tek]에서 연원되었음을 알 수 있다.

자전에 게재되어 있는 '竹' 부수의 글자를 찾아보면, 笘(나라 이름

대나무의 원산지인 동남아에서는 대나무를 건축자재로 쓰고 있다.

축)에서 籲(부르짖을 유)에 이르기까지 약 700자나 있다. 이처럼 현재
로서는 대나무의 종류나 대나무로 만든 그릇, 도구 등이 매우 보편
화되어 쓰이고 있음을 알 수 있다.

그러나 이렇게 많은 '竹' 부수의 글자들이 은대의 갑골문에서는
보이지 않고, 약간의 글자가 주대의 금문에 나타나지만, 대부분은
진대의 소전에서 비롯된다.

필자는 이 점에 착안하여 '竹'字의 연원에 대하여 고찰하여 보
고자 한다.

徐中舒(서중서)의 『甲骨文字典(갑골문자전)』에는 '竹'자가 수록되
어 있지 않다. 따라서 '竹' 부수의 글자도 전연 수록되어 있지 않
다. 高樹藩(고수번)의 『形音義綜合大字典(형음의종합대자전)』에도

'竹' 자에 대하여 "甲骨(갑골), 金文(금문), 竹字闕(죽자궐)"(갑골문, 금문에 竹자가 없음.)이라 밝히고, 소전체에 비로소 나타나는 것으로 설명하였다.

대만 문사철출판사에서 출간한 『漢語古文字字形表(한어구문자형표)』에는 춘추전국시대 '竹'의 자형이 비로소 '竹'(舒蚕壺)의 형태로 나타난다고 수록하였다. 이상을 종합하여 볼 때 은대의 갑골문에서는 아직 '竹' 자가 만들어지지 않았음을 알 수 있다.

그러나 일본의 水上靜夫(수상정부)는 『甲骨金文辭典(갑골금문사전)』에서 '竹' 자에 대하여 "竹은 본래 열대식물이기 때문에 은·주초에는 황하 주변에 존재하지 않았다고 의문을 제기하지만, 최근의 기상학 연구에 의하면, 은허지역이 당시는 현재보다 3~5도 가량 기온이 높았음이 확인되었으므로 竹의 존재가 가능했다."고 언급하고, '竹'의 갑골문 자형으로 '竹, 竹'(甲骨文字集釋) 등을 전재하여 놓았다.

또한 필자는 10여 년 전 홍콩의 중문대학 중문계 교수로서 명서화가이면서 고문자학으로도 명성이 높은 饒宗頤(요종이) 박사를 만나 은대의 갑골문에 '竹' 자가 있느냐고 직접 문의한 바 있다. 饒氏(요씨)는 분명히 갑문에 '竹' 자가 있다고 대답하여, 그럼 '竹'의 부수자로 어떤 것이 있느냐고 물었더니 그에 대한 예는 들지 못하였다.

이렇게 되면 은대 '竹' 자 존재 여부를 단정하기 어렵다. 필자는 더욱 구체적으로 고증하고자 한다. 우선 水上靜夫(수상정부)가 『甲骨文字集釋(갑골문자집석)』에서 인용한 '竹, 竹'의 자형이 본래 대나무의 자형으로 쓰였다는 여부가 확실치 않다.

오늘날 쓰이고 있는 약 700자나 되는 '竹' 부수자를 살펴보면, 주대의 금문 중에 '筍(筍), 算(算), 笞(笞), 節(節), 簫(簫)' 등이 분명히 '竹'의 부수자였음을 알 수 있다.

이로써 본다면 '竹'의 부수자는 주대의 금문에서 비롯되며, 따라서 '竹'자 자체도 은대의 갑골문에는 없었으며, 주대의 금문에 나타나는 '艸'(古文字類編), '竹'(漢語古文字字形表)의 상형자에서 비롯하여 오늘의 '竹'자로 변형되었음을 알 수 있다.

은대의 갑골문에 '箙'자가 '𤰻, 𤰻, 𤰻' 등의 자형으로 쓰였음에서 혹 자형 중에 화살(矢)의 모양이 '𤰻, |' 등과 같이 있으므로 은대에 이미 대나무로 화살을 만들지 않았을까 추측할 수도 있겠으나, 처음부터 화살은 반드시 대나무로 만들었다고 단정할 수 없다. 다른 나무로도 화살을 만들 수 있다.

대나무의 원산지는 동남아지역으로서 은대에는 아직 대나무가 황하이북, 곧 은토까지 옮겨가지 못했다고 보는 것이 필자의 주장이다. 그 이유로서 '筆'자를 갑골문에서 찾아보면 '𦰡, 𦰡' 등과 같이 손(⺕)에 刻刀(각도) 또는 붓(|, 𦰡)을 잡은 것을 상형하였고, 주대의 금문에까지도 '𦰡, 𦰡' 등과 같이 비슷한 형태로 쓰이다가 소전에 이르러 비로소 '筆'과 같이 '竹'자가 더해졌다. 이것은 곧 은대에는 붓의 손잡이를 일반 나무로 하다가 진대 또는 바로 그전에 이르러 대나무를 사용하였음이 확실하다.

여기서 부언할 것은 일반적으로 붓을 처음 만든 사람은 진시황 때 蒙恬(몽염)장군이라고 알고 있으나, 몽염은 兎毫竹管(토호죽관) 곧 토끼털과 대나무를 사용하여 만든 붓을 처음 만들었다고 보아야 한다. 실은 이미 은허에서 붓이 발견되었다. 그런데 여기서 중요한 것은 그 붓의 자루가 대나무가 아니라, 일반 나무로 되었다는 것이다. 이로써 은대에는 아직 대나무가 없었음을 방증할 수 있다.

‘其’ 자도 갑골문에는 ‘키’ 의 모양을 상형하여 ‘🔱’ 의 자형으로 만든 것인데, 뒤에 ‘키’ 의 재료를 버들에서 대나무로 바꾸어 사용함으로써 진대의 소전에서는 ‘竹’ 을 더하여 ‘箕(箕)’ 의 자형으로 바뀌었다. 우리나라에서는 근래까지도 중부이북, 곧 대나무가 나지 않는 곳에서는 ‘키’ 를 버들로 만들었다.

결론적으로 말해서 대나무의 원산지와 ‘竹’ 자 연원을 살펴볼 때, 은대에 황하 이북에서는 아직 대나무가 없었으며, 따라서 갑골문에는 ‘竹’ 자가 없었음을 확인함으로써 홍콩의 饒宗頤(요종이), 일본의 水上靜夫(수상정부)의 은대 ‘竹’ 자 존재설은 부당하다고 볼 수 있다.

갑골문의 '栗(율)'과 '桑(상)'

동양철학에서는 '木' 자 하나로도 논문을 쓸 만큼 복잡한 관계를 가지고 있다. 오행(木·火·土·金·水)의 첫째가 木이요, 사계로는 春(춘)이 木에 해당하고, 五常(오상)으로는 仁(인)이 木에 해당하고, 五味(오미)로는 酸(산)이 木에 해당하고, 五色(오색)으로는 靑(청)이 木에 해당한다.

'木' 자를 갑골문에서 찾아보면, '⽊, ⽊, ⽊' 등과 같이 줄기를 중심으로 뿌리와 가지를 상형하였음을 알 수 있다. 그러나 나무의 모양을 이와 같이 상형한 것은 겨울에 낙엽이 진 뒤의 나무 형태에서 그 특징을 찾았을 것이다.

갑골문 중에서 '뽕나무' 곧 '桑(상)' 자의 자형을 '⽊, ⽊, ⽊' 등과 같이 상형하고, 밤나무 곧 '栗(율)' 자의 자형을 '⽊, ⽊, ⽊' 등과 같이 상형한 것을 보면, 사철 나뭇잎이 무성한 지역에 사는 사람들이 나무를 依類象形(의류상형)하였다면 갑골문의 '木' 자와는 달리 상형하였을 것이다.

'栗(율)' 자는 밤송이가 가지에 늘어져 매달려 있는 모습을 상형한 것이다.

이로써 볼 때, '木' 자의 자형으로도 동방문자(한자)를 조자한 사람들은 常夏(상하)의 남방족이 아니라, 겨울이 있는 북방족임을 알 수 있다.

참고로 중국 남방의 納西族(납서족), 麼些人(마사인)이 만든 상형문자에서 '나무'의 상형은 '𣎤, 𣎤'의 자형과 같이, '수풀(林)'의 상형은 '𣎤𣎤'의 자형과 같이 그린 것으로 보아도 남방인들의 나무에 대한 상형은 북방인들과 달랐음을 알 수 있다.

納西族自治縣(납서족자치현)은 雲南省(운남성) 麗江(여강) 일대의 고원지대로서 雲南松(운남송), 滇油杉(전유삼) 등의 침엽수림이 많기 때문에 '나무'의 상형도 침엽수의 모양을 본떴음을 알 수 있다.

● 栗(밤 률)

우리말에 '신주 모시듯 한다.'는 말은 가장 소중하고도 지극히 정성스레 모시는 것을 비유하는 말이다. 시대가 변하여 지금은 神主(신주)를 모시는 집안이 드물지만, 옛날에는 피난을 가도 신주는 반드시 모시고 다닐 만큼 사당에 정성껏 모시어 받들던 것이 우리의 전통 풍속이다.

神主(신주)는 곧 죽은 사람의 位牌(위패)로서 祠版(사판), 또는 木主(목주)라고도 한다. 쉽게 말하면 죽은 사람의 관직과 이름을 적는 나무패를 일컫는 것이다. 그런데 이 위패는 아무 나무나 쓰는 것이 아니라 반드시 밤나무를 사용한다는 것이다.

참으로 호기심이 가는 일이다. 그 이유는 밤을 땅에 심으면 밤은 다른 열매와 달리 반드시 그 나무에 열매가 달려야 썩기 때문에 자손이 대대로 계승하라는 뜻에서 밤나무로 위패를 만든다는 것이다. 이런 뜻에서 볼 때, 밤나무의 상형자가 이미 갑골문에서부터 전하는 까닭이 있는 것 같다.

갑골문에서 '栗'의 자형을 보면, '🌳'과 같이 나무에 밤송이가 달려 있는 것을 그렸고, 금문에서는 '桌', 石文(석문)에서는 '🌰'과 같이 갑골문의 자형과 같이 밤나무에 달린 밤송이를 강조하였다.

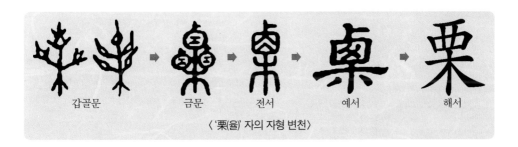

| 갑골문 | 금문 | 전서 | 예서 | 해서 |

〈 '栗(율)' 자의 자형 변천〉

소전에 이르러 '' 과 같이 자형이 갖추어지고, 예서에서 오늘날의 '栗' 자와 같이 쓰여지게 되었으나 '西' 와는 관계가 없다.

갑골문에서부터 밤송이를 '⚬, ⚬, ⚬' 등과 같이 그린 것은 밤송이는 땅으로 향하여 늘어져 매달린 것을 특징 잡아 그린 것이다.

● 桑(뽕 상)

우리나라 고대 의상의 재료를 고찰하여 보면, 실로 명주, 곧 누에 고치에서 뽑은 실로 짠 옷감이 매우 오래 되었음을 알 수 있다. 오늘날 보편적으로 입고 있는 면직물은 다 아는 바와 같이 고려 말에 文益漸(문익점)이 원나라에서 처음으로 목화씨를 전래한데서 시작되므로 명주보다는 훨씬 뒤에 옷감으로 사용된 것이다. 삼베(麻布)와 모시(苧布)도 일찍부터 옷감으로 쓰였으나, 명주보다는 뒤에 나온 것으로 생각되는데 자세한 고증은 후일로 미룬다.

그러나 예부터 명주는 귀한 옷감으로 비싸기 때문에 귀족들이나 입었고, 일반인들은 사철 삼베옷을 입을 수밖에 없어서 '베' 라는 말이 옷감의 통칭이 된 것이다.

'무명' 이라는 말은 '木綿' 의 중국음인 '무미엔' 이 변음된 말이다. 그러므로 '무명베' 라는 말은 옳지 않다. '베' 라는 말은 삼(麻)으로 짠 옷감만을 일컬었던 때문이다.

'桑(상)' 자는 뽕나무의 형태를 본뜬 상형문자이다.

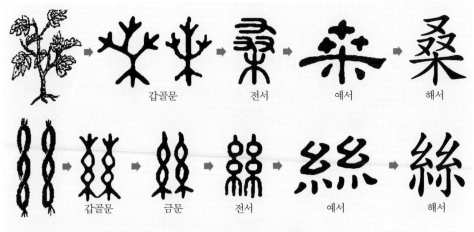

〈 '桑(상)', '絲(사)' 자의 자형 변천〉

'桑'의 자형을 갑골문에서 찾아보면, '🜊, 🜋' 등과 같이 뽕나무의 모양을 그렸고, 한대의 印文(인문)에서는 '🜌, 🜍' 등과 같이 갑골문의 자형과 비슷하게 새겼다. 소전체에 이르러 '🜎'과 같이 변형되어 '桑'과 같이 쓰이게 된 것이다. 그래서 옛날 서당에서 나무 위에 올라가 '또또또' 나팔 부는 글자가 '桑'이라는 字戱(자희)를 하기도 했다.

우리나라 재래의 뽕나무 잎을 보면, '가세(가위) 뽕'이라 하여 잎이 둥글지 않고 세 갈래로 나누어져 있다. 갑골문이나 漢印(한인)의 자형이 갈라진 뽕나무 잎의 특징을 잘 나타내었다고 볼 수 있다. 요즘 흔히 보는 개량종의 뽕나무 잎으로는 갑골문의 '🜋' 자형이 그려지지 못했을 것이다. 많은 나무 가운데 뽕나무의 자형이 갑골문에 분명히 나타나 있으므로, 은대에 이미 누에를 기르고, 누에고치로써 옷감을 만들었음을 알 수 있다.

絲(사)의 고음은 「息玆切. 新玆切」로 '사' 이고, 絲의 본뜻은 『설문해자』에서는 "蠶所吐也."라 하였으며, 『急就篇註(급취편주)』에서는 "抽引精繭出緒曰絲", 『書經』禹貢(우공)에는 "厥貢漆絲", 『詩經』召南(소남)에는 "素絲五紽"이라 하였다. 絲의 형성은 "蠶初吐時爲液體, 觸空氣則凝固而成絲."라 하여 누에가 처음 토해낼 때는 액체였으나 이것이 공기 중에 응고되어 실이 된다고 하였다.

곧 絲의 자음이 한국음으로는 '사' 이지만, 중국음은 지금도 '스'라고 한다. 우리말의 '실' 이 곧 絲의 고음임을 알 수 있다. 그러므로 오늘날 일컫는 '실크로드(Silk road)' 의 '실크(silk)' 는 곧 우리말의 '실' 이 변하였음을 알 수 있다. 따라서 장안(서안)에서부터 서역으로 가는 길이 '실크로드(Silk road)' 라고 칭하는데, 그 이전에 한국에서 북쪽 길로 서역으로 왕래한 '실크로드(Silk road)' 가 있었음을 알 수 있다.(항주 비단 박물관 자료 참고)

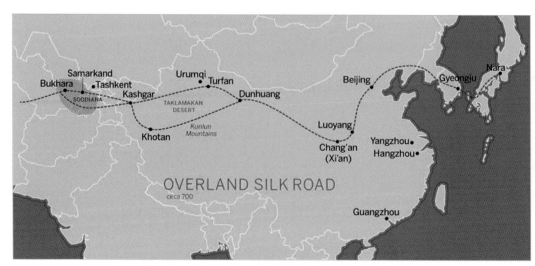

'실크로드' 의 시작은 우리나라에서 부터이다.(미국 스미스소니언박물관 자료)

松(송)의 어원

우리말에서 소나무는 본래 '솔+나무'의 합성어로서 '불+삽)부
삽', '아들+님)아드님'의 형태와 같이 본래 '솔'이었는데, 'ㄹ'이
탈락되어 '소나무'로 된 것이다.

고대 우리의 조상인 동이족은 소나무를 뭇나무 가운데 으뜸으로
여기고 숭배하여 왔기 때문에 '솔'이란 말은 우두머리라는 뜻의
'수리'가 축약되어 '술)솔'의 형태로 변천한 것으로 볼 수 있다.

삼한시대에 마을마다 천신에게 제사를 지내던 蘇塗(소도)는 곧
'솟대'를 한자로 취음표기한 것이다. '솟대'는 장대 위에 한 쌍의
새를 나무로 조각하여 얹혀 놓았기 때문에 鳥竿(조간)이라고도 일컫
는데, 마을 어귀에 세워 잡귀의 침입을 막는 수호신적 구실을 한 것
이다.

근래까지도 굿을 할 때 신장대는 반드시 소나무의 맨꼭대기 가지
를 잘라 만들었다. 그러므로 '솟대'는 높이 솟아 있는 장대라는 뜻
도 있지만, '솔', 곧 소나무로 깎아 만든 장대라는 뜻도 겸하고 있을

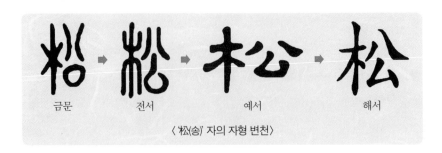

금문 　　　 전서 　　　 예서 　　　 해서

〈 松(송) 자의 자형 변천 〉

것이다.

　‘솔’ 의 자형을 한자에서 찾아보면, 은대의 갑골문에서는 나타나지 않고 주대의 금문에서 ‘𣏾, 𣏿’ 의 형태로 처음 나타난다. 이 글자는 곧 ‘木’ 과 ‘公’ 의 合體(합체)인 형성자로서 ‘公(공)’ 의 음에서 ‘송’ 으로 변음되어 ‘松(소나무 송)’ 자가 형성되었음을 알 수 있다. 한자에서 ‘公’ 이 성부로 쓰인 글자로 ‘訟(송사할 송), 頌(기릴 송), 忪

소나무 숲

(당황할 송)' 등에서도 '송'으로 발음된 것을 보면, 이른 시대부터 '공'이 '송'으로 발음되었음을 알 수 있다. 이때 '公'은 단순히 성부로만 쓰인 것이 아니라, '公'은, 곧 公爵(공작)으로서 벼슬의 으뜸을 나타내기 때문에 나무 중의 으뜸이라는 뜻도 겸하고 있다. 이는 우리말의 '수리〉술〉솔'과 같이 변천된 뜻과도 상통한다. '송(松)'의 자음인 '송'도 '솔'에서 연원되었을 것이다.

일본어에서는 '송'을 '마쓰(マッ)'라고 하는데, 상록침엽수 가운데 키가 크고 오래 사는 나무라는 뜻에서 신이 내리는 나무라고 여긴다고 한다. 이런 점에서 볼 때 우리말의 신을 맞다(迎)의 '맞'에서 곧 '마쓰(マッ)'라는 말이 형성된 것 같다.

菊(국)의 어원

　국화는 본디 한자 '菊'과 '花'의 합성어이다. 고어에서는 '국'의 받침이 탈락되어 '구화'라고도 일컬었다. 국화의 하나인 唐菊花(당국화)를 '과' 또는 '과꽃'이라고 일컫는데, 이는 '구화'의 준말이라고 생각된다. 그러므로 국화의 우리 고유말은 전래되지 않음을 알 수 있다.

　국화의 다른 이름으로는 '重陽花(중양화), 隱君子(은군자), 霜下傑(상하걸), 東籬君子(동리군자)' 등이 있다. 중양화라고 일컫는 것은 국화가 만발하는 계절은 가을철 중에서도 음력 9월 9일, 곧 중양절이므로 중양절을 상징하는 꽃으로 여겨온데서 얻어진 명칭이다.

　은군자, 동리군자라고 일컫게 된 것은 예로부터 '梅(매), 蘭(난), 菊(국), 竹(죽)'을 사군자라고 일컬어 온데서 군자라는 말이 붙게 되었고, 중국의 동진 때 시인 陶淵明(도연명)이 벼슬을 버리고 고향에 은거하면서 '採菊東籬下, 悠然見南山(동쪽 울타리 밑에 핀 국화를 꺾어들고 유연히 남산을 바라본다)'이라는 시를 지은 데서 붙여진

국화

명칭이다.

　상하걸이라고 일컫는 것은 조선조 李鼎輔(이정보)의 시조에 "국화
야 너는 어이 삼월동풍 다 지나고, 落木寒天(낙목한천)에 네 홀로 피
었느냐, 아마도 傲霜孤節(오상고절)은 너뿐인가 하노라." 라고 읊은
바와 같이 뭇꽃들이 다투어 피는 봄 여름철을 피하여 국화만은 서릿
발에 청청하게 피는 고고한 모습을 높이 평하여 붙인 명칭이다.

　'菊' 자가 은대의 갑골문에는 나타나지 않고, 주대의 금문에는
'鞠' 의 자형으로 쓰였다. 진대의 소전체에서도 역시 '鞠' 의 자형으
로 쓰이다가 자획을 생략하여 '菊' 으로 쓰였다.

　일본에서도 국화에 대한 말이 예로부터 ' クク, きく' 로 쓰인 것
을 보면, 일본의 고유말이 아니라, 한자 '菊' 의 음이 변음되어 쓰였
음을 알 수 있다.

蘭(난)의 어원

　우리나라에서는 '蘭花(난화)'라는 말보다는 '蘭草(난초)'라는 말로 많이 쓰인다. 梅花(매화), 菊花(국화)에 대해서 '蘭草'라고 일컫는 것은 '蘭'은 꽃과 향기도 좋지만, 그 잎이 사철 수려한데서 '花'가 아니라 잎을 강조하는 '草'를 붙여 쓰게 된 연유일 것이다.

　'蘭'을 한자에서 찾아보면 은대의 갑골문이나 주대의 금문에서는 나타나지 않고, 한대의 『說文解字(설문해자)』에 비로소 나타난다. 이로써 보면 우리말의 '난초', 또는 '난'도 중국의 진대 이후 '蘭'에서 유래된 말임을 알 수 있다. 蘭에는 澤蘭(택란), 草蘭(초란), 蕙蘭(혜란), 素心蘭(소심란), 木蘭(목란) 등이 있으나, 그 형태나 향에 대한 분류로서 나눈 이름이다.

　'蘭'자를 '풀 초'(艸→ ++)와 '闌(난)'의 합체자로 쓴 것은 '蘭'이 식물이기 때문에 '++(풀 초)' 부수자를 썼음은 바로 알 수 있다. 그러나 하필 '闌'의 성부자를 쓴 것은 造字(조자)하기 전에 '난'이란 구어가 있어서 그 음을 나타내기 위하여 쓴 것으로도 볼 수 있겠으나, '蘭'에는 문 밖에 가로 막은 欄干(난간)이라는 뜻이 있으므로, 단순히 음만 취한 것이 아니라, 蘭草는 대개 화분에 심어 난간에 두고 玩賞(완상)하므로 '蘭'자를 취하여 뜻을 겸한 형성자로 만들었을 것으로도 생각된다. 한자의 대부분이 형성자이지만, 대개 뜻도 겸하고 있다.

일본말에서도 '蘭'에 대한 말이 예로부터 'らん'으로 쓰이고 있는데, 이 역시 일본의 고유말이 아니라, 한자 '蘭'의 음이 그대로 쓰이고 있는 것이다.

이로 보면 한국, 중국, 일본이 모두 이른 시대부터 '蘭'의 음이 그대로 구어로 쓰였음을 알 수 있다.

난화

'蘭'의 이칭으로 '國香(국향)'이란 말이 쓰이고 있는데, 이것은 國色(국색)과 같은 뜻으로 본래 나라에 제일가는 미인이란 뜻인데, 蘭草(난초)를 그만큼 뛰어나게 아름답다는 말로 비유한 것이다.

東夷族

한자는 결코 배우기 어려운 문자가 아니다

　3400여 년 전 은대의 갑골문을 중심으로 한자가 만들어진 과정을 살펴보면 기초적인 자형은 依類象形(의류상형), 곧 사물의 윤곽을 본떠서 만든 상형자와 윤곽을 그릴 수 없는 추상적인 말을 가리키어 만든 지사자로 되어 있다.

　그래서 한자를 일반적으로 상형자라고 말하지만, 지금까지 만들어진 약 60,000字의 한자 중에 상형자는 400여 자에 불과하다. 여기서 부언할 것은 한자의 자수가 60,000자나 된다고 하니까 많은 사람들이 그 많은 한자를 어떻게 다 배울 수 있느냐고 지레 겁을 내어 무조건 한자는 배우기 어렵다고 생각하는데, 실은 그렇지 않다. 우리 국어에도 지금은 쓸 필요 없는 고어를 모아 놓은 古語辭典(고어사전)이 있듯이 한자 중에도 현재는 배울 필요도 쓸 필요도 없는 한자가 많이 있다.

　한자만 사용하는 중국에서도 상용한자는 2,500자로서, 이것만으로도 일상생활의 문자 활동이 충분하다. 일본에서는 2,136자, 한국에서는 1,800자의 상용한자를 선정하여 쓰고 있으니 한자는 약 2,000자만 알고 있으면 충분하다.

일반인들로서 꼭 알아두어야 할 것은 2,000자의 상용한자 중에서도 核(핵)이 되는 한자는 300자 정도이다. 따라서 초학자들이 한자를 학습함에 있어서 이 核이 되는 300자만 철저히 익히면, 나머지는 유추해서 배울 수 있는 것이 한자이다.

예를 들면 나무의 모양을 그린 '米→朮→木(나무 목)' 자를 알고 나서, '木' 자의 상하 좌우에 어떤 자가 붙더라도 모두 나무의 이름이거나 나무로 만든 사물을 뜻한다고 알면 된다. '梧' 는 '木' 이 있으니 나무로서 '五' 의 발음대로 '오' 이고, '桐' 은 나무로서 '同' 의 발음과 같이 '동' 으로 읽어 '오동' 나무라는 것을 스스로 알 수 있다.

새의 모양을 그린 '鳥→鳥→鳥(새 조)' 자를 알고 나면, '鳩(구)' 는 곧 새인데 '九' 의 발음대로 '구' 라는 새라는 것을 바로 알 수 있다. 이 새는 '구구' 울기 때문에 '비둘기 구' 이다. '鵝' 자도 새인데 '我' 의 발음대로 '아' 라는 새라는 것을 알 수 있다. 이 새는 낯선 사람이 오면 '아아' 짖기 때문에 '거위 아' 이다. 우리말에 종이 '땡땡' 친다와 같이 의성어가 있듯이 한자에서도 '鳩' 나 '鵝' 는 의성자이다.

위에 든 예와 같이 한자에는 약 90%가 글자 자체에 발음이 붙어 있어 핵이 되는 300자 정도만 철저히 익히면, 나머지 한자는 쉽게 유추하여 알 수 있다는 원리를 알면, 한자는 결코 배우기 어려운 문자가 아니라, 오히려 어떤 문자보다도 쉽게 익힐 수 있다.

영어의 알파벳 26자를 익힌다고 영어를 할 수 있는 것이 아니다.

적어도 4,000단어 이상을 암기해야 생활영어를 할 수 있는 것이다.

또한 한자는 '國(나라 국)' 한 자를 익히면, 앞뒤에 다른 글자를 붙여 '美國(미국)·英國(영국)·富國(부국)', '國家(국가)·國民(국민)·國語(국어)·國土(국토)' 등처럼 이루어지는 말이 700여 개나 될 만큼 조어력이 풍부하다.

한자 300여 자를 익히는 것과 영어 단어 4,000여 개를 익히는 것의 어느 쪽이 더 쉬우냐는 불문가지다.

종래 일부 한글 전용론자들이 한자를 무조건 어렵다고 주장한 데서 피해를 입은 오늘날 우리의 젊은이들이 부모의 이름은 고사하고 자신의 이름도 호적에 올려져 있는 대로 쓰지 못하는 이가 많을 정도로 반문맹의 문자생활을 면치 못하게 되었다.

지금 우리는 경제 위기보다도 더욱 심각한 문화 위기에 처해 있다. 한자로서 바탕을 이루고 있는 우리의 전통문화를 계승하고, 한·중·일의 동북아권시대, 곧 한자문화권 시대에 대비하고 그 주도권을 행사하려면 초등학교부터 단계별로 한자를 적극 교육해야 할 것이다.

현재 미국에서도 초등학교에서부터 대학에 이르기까지 약 2,400개 학교에서, 중국의 부상에 대비하여 한자를 배우고 있으며, 싱가포르이나 일본에서도 한자교육을 적극 강화하고 있는데, 지리적으로 가장 접근하여 있는 우리나라 정부에서는 대책을 적극적으로 강구하지 않고 있다.

일반 국민들이 잘 모르고 있는 사실 중에 매우 심각한 일은 현재 전국 대학도서관의 책들이 거의 死藏(사장)되어 있다는 사실이다. 그 이유는 간단하다. 책에 1,800자 정도의 상용한자가 섞여 있어서 읽지 못하는 것이다.

지식은 책 속에 있는데, 대학생들이 제 대학 도서관의, 그것도 한문으로 된 판본이 아니라 당대의 국한혼용의 책을 읽지 못한다면 지식을 어디에서 섭취할 것인가? 이 나라의 미래를 책임져야 할 대학생들이 이처럼 심각한 상태에 처해 있는 것을 위정당국은 물론 전 국민들이 꼭 알아야 하겠기에 그 심각성을 고발하는 바이다.

그동안 한자는 배우기 어렵고 고리타분한 것이라는 선입견으로 멀리해 온 젊은이들을 위하여 한자가 얼마나 흥미진진하고, 학습하기 가장 쉬운 문자라는 것을 구체적으로 예를 들어 풀어갈 것이다.

한자를 만든 이들의 IQ·EQ

한자를 흔히 黃帝(황제)시대의 사관인 蒼頡(창힐)이 새와 짐승의 발자국을 본떠 처음으로 문자로서 창제하였다고 알고 있으나, 실은 한자는 여러 시대, 여러 지역, 여러 사람에 의하여 만들어진 것이다. 결코 한 사람의 머리로 만들어질 수 없는 문자이다.

그중에서도 漢族(한족)이 아니라, 東夷族(동이족)에 의하여 만들어 졌다고 근래 중국의 고문자학자 李敬齋(이경재)를 비롯하여 여러 학자들이 고증하여 밝히고 있는 것은 우리 한민족으로서는 큰 자부심이 아닐 수 없다.

이렇게 한자는 多元的(다원적)인 과정에서 만들어졌지만, 그 조자 방법은 依類象形(의류상형)으로 象形(상형)과 指事(지사)의 400여 자를 만들고, 그것을 기초로 하여 形聲相益(형성상익)의 會意(회의)와 形聲字(형성자)를 만든 것이다.

지금까지 만들어진 한자가 약 6만 자나 되지만, 그 방법은 象形(상형)·指事(지사)·會意(회의)·形聲(형성)의 네 가지로 매우 조리

있게 분류되는 것은 불가사의한 일이라고 하지 않을 수 없다.

그중에서도 회의자를 만든 그 착상이나 지능 정서를 살펴보면 오늘날 인간의 지혜로도 감탄하지 않을 수 없다. 추상어를 한 글자로 형상화한다는 것은 실로 쉽지 않은 일이다.

회의자 중에 몇 가지만 예를 들어본다.

(1) '피곤하다'

'피곤하다'를 '困(피곤할 곤)'과 같이 방(囗)안에 나무(木)가 있는 것으로 나타냈다. 나무는 방안으로 들어오면서부터 피곤한 것이다.

실내에 있는 나무는 피곤(困)할 뿐이다.

나무는 밖에서 햇볕과 비를 받으며 살아야지 그야말로 欣欣向榮(흔흔향영) 즐거이 힘차게 자랄 수 있는 것이다. 방에 들어온 화분이나 분재의 나무는 결국 누렇게 떠서 피곤한 모습으로 나가게 되어 있다. 서울에서만도 1년 중에 방안에서 누렇게 피곤하여 죽어 가는 나무가 얼마나 많을 것인가.

(2) '따뜻하다'

'따뜻하다'는 말도 개념어로서 우리는 먼저 햇볕이나 난로를 연상하게 되어 있는데, 한자를 조자한 사람은 '溫(따뜻할 온)'의 자형으로 나타냈다. 곧 '水(물 수)', '囚(죄수 수)', '皿(그릇 명)'의 3자를 합쳐 회의자를 만들었다. 일반적으로 죄수를 보면 피하게 되는데, 죄수에게 그릇에 물을 담아 주는 것이 '따뜻하다' 고 '溫' 자를 만든 것은 그 착상 자체가 고차원의 휴머니티라고 할 수 있다. 오늘날 성직자의 차원에서도 발상하기 쉽지 않은 글자이다.

(3) '좋다'

'좋다' 를 한 글자로 형상화하기는 매우 까다로운 추상어이다. 그러나 이른 시대 造字者(조자자)는

중국의 한 지방에서 체형을 받고 있는 죄수에게 물을 주고 있는 어린이의 따뜻한(溫) 모습.

'好(좋을 호)' 와 같이 간단히 나타냈다. 요즘 장사 속으로 쏟아져 나오는 자원풀이 책의 설명을 보면, 여자(女)와 남자(子)가 같이 있으니 좋지 않겠냐고 직설적으로 풀이하여 놓았다. 참으로 저질적인 유치한 생각이다. '好' 자는 갑골문에 본래 '𝄢, 𝄢' 의 자형으로 표출하였다. 어머니가 자신이 낳은 아이를 안고 있을 때, 그보다 좋은 일은 없을 것이다. '좋다' 는 뜻의 시공을 초월한 극치의 표현이 아닐 수 없다.

(4) '옛, 옛날'

'옛날' 을 한 글자로 형상화한다는 것은 오늘날도 여간 어려운 일이 아니다. 우리의 조상 동이족은 '昔(옛 석)' 과 같이 표현하였다. '昔' 의 갑골문은 감탄하지 않을 수 없다. '𝄢' 의 자형과 같이 해(日)가 물속에 있는 형태로써 큰 홍수가 나서 재해를 당했던 날을

| 갑골문 | 금문 | 전서 | 예서 | 해서 |

〈'安(안)' 자의 지형 변천〉

나타낸 것인데, 그날은 잊을 수 없는 과거였으므로 '옛날'의 뜻으로 나타낸 것이다. 큰 홍수의 재난을 겪어본 사람만이 동감할 수 있을 것이다. 홍수로 살던 집이 떠내려가고 가족이 목숨을 잃은 그날이야말로 지나간 날 중에 영원히 잊을 수 없는 '옛날'인 것이다.

(5) '편안하다'

'편안하다'란 말도 추상어로서 형상화하기 쉽지 않은 말이다. '安(편안 안)'의 사형을 삽골분에는 '𡥀'의 형태로 나타내서 '편안하다'의 뜻으로 썼다. 여자(𡥀)가 자형처럼 무릎을 꿇고 두 손을 앞으로 모으고 조용히 집(𠆢 : ⼧, 집 면) 안에 있을 때, 가장 편안할 것이다. 만일 여자가 부동산 투기하겠다고 밖으로 치맛바람을 내며 돌아다닌다면 그 개인도 피곤하고 따라서 온 집안이 편치 않을 것은 뻔하지 않은가.

(6) '훔치다'

인간 사회에서 남의 것을 훔치는 행위는 동물에서 엿본다면, 아득한 옛날부터 있었을 것이다. 그러나 무엇을 훔쳤을까? 매우 호기심이 가는 일이다. 한자에서는 '훔치다'란 추상어를 '盜(훔칠 도)'와 같이 한 글자로 형상화하였다. '盜' 자는 '羨(부러워할 선)'의 '次(탐내서 침 흘릴 연)' 자와 '皿(그릇 명)' 자를 합쳐서 만든 회의자이다. 이로써 보면 고대에 '훔치다'의 대표적인 행위는 남의 '그릇'을 부러워 훔치는 것이었다. 오늘날처럼 남의 돈이나 보석 같은 것을 훔치는 것이 아니라, 남의 밥그릇을 훔치는 소박한 행위였다. 또한 '그릇'이 매우 소중한 도구였음도 알 수 있다.

'器(그릇 기)'의 자형을 보면 '㗊(뭇입 즙)' 자와 '犬(개 견)' 자의 합체자이다. '그릇'을 나타낸 자형에 왜 개 견(犬)자가 들어 있는지 매우 의문스러운 일이다. 옛날 밭에 나가 김을 맬 때는 사래가 길어서 점심밥을 싸서 등에 지고 가다가 먹은 뒤에 빈 그릇을 중간에 놓고 김을 매 나가야 하는데, 그 사이에 그릇을 훔쳐 가는 도둑이 있기 때문에 개로 하여금 지키게 한 데서 그릇의 형태를 나타낸 '㗊'의 자형에 '犬' 자를 가운데 놓아 '器' 자를 만든 것이다.

한자를 만든 이들의 섬세한 관찰력

한자는 어느 한 사람의 천재적인 두뇌에 의하여 전부 만들어진 것이 아니라, 많은 사람에 의하여 만들어졌지만, 造字(조자)의 대상이 된 사물에 대한 섬세한 관찰력을 살펴보면, 오늘날도 감탄하지 않을 수 없다.

관찰력을 설명하기 전에 우리말에서 물고기 명칭 가운데 한자어를 보면, 본래 'ㅇ(이응)' 받침이 없는데 다음과 같이 'ㅇ(이응)' 받침이 붙어 읽혀지는 것들이 있다.

鮒(부)魚 → 붕어

鯉(이)魚 → 잉어

鯊(사)魚 → 상어

鱸(노)魚 → 농어

秀(수)魚 → 숭어

白(백)魚 → 뱅어

烏賊(오적)魚 → 오징어

이러한 현상에 대해서 일반 언중들은 그 까닭을 잘 모르겠지만, '魚' 자의 발음 변천에 의하여 발생된 현상이다.

'魚'의 발음이 지금은 '어'이지만 본래는 '어(ŋə)', 곧 어두에 'ㅇ(이웅)' 소리가 발음되었기 때문에 '鮒魚'를 '부어', 鯉魚를 '이어'와 같이 적었던 것인데, 조선조 중기 이후부터 'ㅇ'을 소리 없는 'ㅇ'으로 쓰므로 인해서 '魚'의 첫소리 'ㅇ' 음이 부득이 앞의 말의 받침으로 올라가 쓰이어 '부어 → 붕어', '이어 → 잉어'로 표기하게 된 것이다.

이러한 '魚' 음의 변천은 우리나라 자체에서 일어난 현상이 아니라, 중국 한자어의 변화 현상에서 영향된 것이다. 그러나 중국에서는 지금 '鯉魚'를 '리위'라고 발음하는데, 우리나라에서는 옛날 발음대로 '잉어'라고 할 만큼 오히려 한자의 고음을 유지하고 있다.

白魚는 '백어'의 'ㄱ'이 'ㅇ'의 영향을 받아 '뱅어'로, 烏賊魚도 '오적어'의 'ㄱ'이 'ㅇ'의 영향으로 '오적어 → 오정어 → 오징어'로 변음된 것이다.

먼저 물고기의 명칭을 나타낸 한자 중에서 造字者(조자자)들의 비상한 관찰력을 살펴보고자 한다.

(1) 鮒(붕어 부)

'魚'와 '付(붙일 부)'의 형성자이지만, '付'를 성부자로 취한 것은, 붕어는 산란할 때 알을 水草(수초)에 붙여 낳기 때문에 '붙일 부(付)' 자를 취한 것이다. 이로써 '鮒' 자를 만든 이의 세밀한 관찰력을 엿볼 수 있다. 한글로 '붕어'로만 써 놓으면 단순히 물고기의 이름일 뿐이요, 그 깊은 뜻을 알 수 없다.

(2) 鯉(잉어 리)

대개의 물고기는 도마에 올려놓으면 펄펄 뛰지만, 잉어는 그물 속에서는 그렇게 힘 좋게 뛰지만, 일단 도마에 오르면 조용히 죽음을 기다린다고 하여 '魚中王(어중왕)'이라고도 일컫는다. 이밖에도 '잉어'에 대한 전설이 많지만, '잉어'가 왜 '잉어'라고 일컫는지를 아는 사람은 드물 것이다.

'鯉'자는 '魚'와 '里(마을 리)'의 형성자이다. 이때 '里'는 마을 리(里)자가 아니라, 理(이치 리)에서 '玉(구슬 옥)'을 생략하여 '里'를 성부로 쓴 것이다. '理'에는 '살결·무늬' 등의 뜻도 있으므로 잉어는 '옆줄 무늬'가 뚜렷하여 '鯉魚'라고 일컫은 것이다. 이로써 '鯉'자를 만든 이의 세심한 관찰력을 엿볼 수 있다.

(3) 鮎(메기 점)

'魚'와 '占(점칠 점)'의 형성자이다. 메기는 지진의 진동에 매우 민감하여 지진이 오는 것을 미리 점치는 고기라고 한다. 그래서 일본에서는 많은 가정에서 연못에 메기를 기른다고 한다. 연못의 메기가 요동하는 것을 보고 미리 지진에 대비하려는 것이다. 이로써 메기를 점치는 고기라고 造字(조자)한 이의 놀라운 관찰력을 알 수 있다.

'鮎'의 '占'을 '黏(차질 점)'의 '占'을 취한 것이라고 풀이하는 이도 있으나, '점치는 고기'로 보는 것이 타당할 것이다.

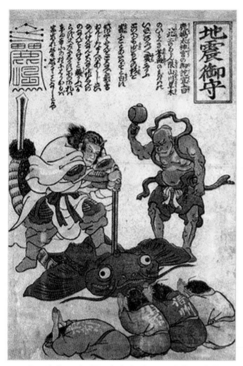

일본에서는 메기를 지진의 신으로 여기고 있다.   일본 최고의 지진연구기관인 「동경대학지진연구소」
의 유니폼과 마스코트도 메기이다.

(4) 鰍(미꾸라지 추)

추어탕이 몸을 보신한다 하여, 여러 가지 방법으로 조리하여 먹
지만, 요즘은 중국에서 '미꾸라지'를 많이 수입하기 때문에 잘 선
택해서 먹어야 하는 고충이 있다.

요즘은 추어탕을 사계절 아무 때나 먹고 있지만, 미꾸라지는 가
을에 벼를 수확한 뒤에 수렁논 진흙 속에서 잡아먹어야 가장 살지
고 맛이 있는 추어탕을 해 먹을 수 있기 때문에 '魚'에 '秋'를 더하
여 만든 것이다. 추어탕을 좋아하는 이들도 이제 아무 때나 먹는 것

을 삼가야 미꾸라지도 살 수 있을 것이다.

(5) 鯊(모래무지 사)

'魚'와 '沙(모래 사)'의 형성자로 '沙'는 성부로 쓰였지만, 단순히 자음만을 취한 것이 아니다. 모래무지는 민물고기로서 모래 밑에 숨어 살 뿐만 아니라, 늘 입을 벌려 모래를 물기 때문에 '沙'자를 취한 것이다.

바다에 사는 '鯊魚'(사어 → 상어)로 칭하기도 하는데, 상어 역시 심해 곧 바다밑 모래가 있는 곳까지 내려가 살기 때문에 '鯊魚'라고 칭하는 것이다.

상어는 심해 곧 바다밑 모래가 있는 곳까지 내려가 살기 때문에 沙(모래 사)가 있는 鯊魚(상어)이다.

(6) 鱖(쏘가리 궐)

'魚'와 '厥(그 궐)'의 형성자이나, '厥'은 '蹶(일어날 궐)'의 足(발족)을 생략한 것이다. 쏘가리는 몸을 굽힐 수 없을 정도로 뻣뻣해서

힘차게 쭉 뻗어나간다는 뜻의 '蹶(궐)' 자를 취한 것이다. 쏘가리를
직접 만져 본 사람은 이 '鱖' 자를 만든 이의 치밀한 관찰력에 동감
할 것이다.

(7) 鰥(홀아비 환)

이 자는 본래 '𣃟'의 형태로 상형자이다. 물고기가 못 먹어 말
라 눈만 크게 붙어 있는 것을 나타낸 것이다. 마누라를 잃은 홀아비
가 잠도 못 자고 뜬눈으로 밤을 지새우며 슬퍼하는 것이 마치 물고
기가 항상 눈을 뜨고 있는 것에 비유하여 '홀아비 환(眔)' 자를 만든
것을 보면, 감탄하지 않을 수 없다. 물고기는 잠잘 때에도 눈을 뜨고
있는 것을 이른 시대에 이미 관찰한 것이다.

뒤에 '眔(홀아비 환)' 자에 '魚'를 더하여 '鰥' 자를 또 만든 것이
다. '鰥'에는 '大魚'라는 뜻도 있다.

한자의 재미있는 대칭형

한자는 상형문자이며 표의문자이지만 한 자 한 자가 모두 단어문자이다. 다시 말해서 로마자나 우리 한글처럼 단순히 표음부호가 아니라, 한자를 자형으로 분류하여 볼 때, 가장 간단한 자형이 1획인 '一(한 일)'이고, 가장 복잡한 자형이 64획의 '龘(말 많을 절)'이다. 한자는 지금은 별로 쓰이지 않는 자를 모두 포함해서 약 6만여 자가 되는데, 매자 모두 독립된 뜻을 가지고 있는 단어이다. 그래서 한자를 단어문자라고도 일컫는다.

한자 중에는 字義(자의)만 대칭성을 가질 뿐만 아니라 그 字形(자형)도 대칭형으로 되어 있는 글자가 많다. 이러한 점을 잘 활용하면 한자를 재미있게 학습할 수 있으며 감각적으로도 오래 기억할 수 있다.

(1) 罪(죄)와 罰(벌)

이것을 한글로 '죄', '벌'이라고 자음만을 써서 쓰는 우리말은 전

〈 '罪(죄)' 자의 자형변천〉

〈 '罰(벌)' 자의 자형 변천〉

연 이질적인 형태이기 때문에 '죄' 와 '벌' 의 의미를 연결시켜 생각할 수 없다. 영어의 'crime(죄)' 과 'punishment(벌)' 를 비교하여 보아도 전연 이질적인 단어여서 연결시켜 생각할 수 없다.

그러나 한자의 자형으로는 '罪' 와 '罰' 로서 '网(罒)' 의 같은 부수자로 되어 있어 罪 지으면, 곧 罰 받아야 한다는 당연성이 이어져 있어 글자를 익히기 쉬울 뿐만 아니라, 죄 지으면 곧 벌 받아야 하기 때문에 죄 져서는 안 되겠다는 생각까지 들게 해 준다.

(2) 恕(서)와 怒(노)

한글로 '용서' 와 '분노', 영어로 'pardon(용서)' 과 'angry(분노)' 의 형태를 비교하여 보면 매우 이질적이어서 연결시켜 생각하기 어렵다. 한자로는 '恕' 와 '怒' 가 같은 '心' 의 부수자로 되어 있을 뿐만 아니라, 자형도 비슷해서 연결시켜 기억할 수 있다.

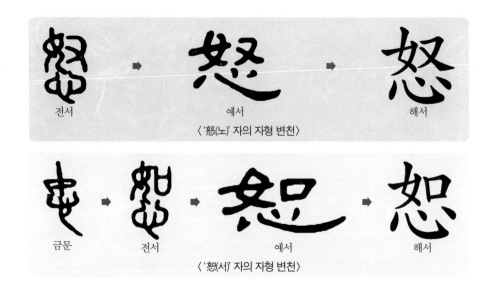

〈 '怒(노)' 자의 자형 변천〉

금문 　 전서 　 예서 　 해서

〈 '恕(서)' 자의 자형 변천〉

　　공자의 제자 자공이 공자에게 평생 마음에 새겨 행할 말을 청하니 공자는 '恕'라고 했듯이 인생을 살다보면 남을 용서하는 것만큼 중요한 일은 없는 것 같다. '恕(용서할 서)' 자는, 곧 '如(같을 여)'와 '心(마음 심)'의 합체자로서 남을 자신과 같이(如) 사랑할 때 용서할 수 있다는 데 착안해서 만든 글자이다.

　　陶淵明(도연명)이 「歸去來辭(귀거래사)」에서 '自以心爲形役(스스로 마음을 입의 종노릇하게 하다)'이라고 탓하고 반성했던 것처럼 '怒(성낼 노)'는 곧 마음을 입의 종노릇하게 했을 때, 남을 용서(恕)하지 못하고 성내게 되는 것이다. 분노(怒)하는 마음이 생길 때는 얼른 '恕(용서할 서)' 자를 생각한다면 바로 분노심을 가라앉힐 수 있을 것이다.

(3) 宇(우)와 宙(주)

우리나라 자전에는 '宇(집 우)', '宙(집 주)'로만 되어 있어 그 뜻을 구별하기가 어렵다. 그러나 모든 한자는 독립된 뜻을 가지고 있다. '宇'는 공간의 집을 뜻하고, '宙'는 시간의 집을 뜻한다.

오늘날 지식의 수준으로도 우주의 개념 정립이 쉽지 않은데, 한자를 만든 사람들은 이미 몇천 년 전에 '宇宙'를 공간의 집과 시간의 집의 결합체라고 생각했던 것이다. 그야말로 사차원의 세계를 상상했던 것이다.

'宇'와 '宙'가 모두 '介→∧→∧→宀'(집 면)의 부수자로 되어 있고, 자형이 비슷해서 연결시켜 기억할 수 있다.

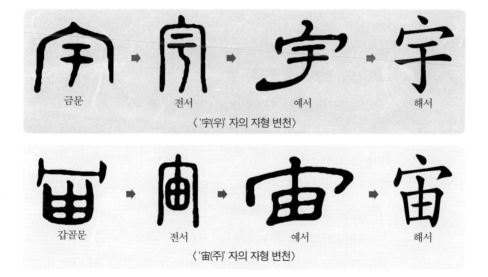

| 금문 | 전서 | 예서 | 해서 |

〈 '宇(우)' 자의 자형 변천〉

| 갑골문 | 전서 | 예서 | 해서 |

〈 '宙(주)' 자의 자형 변천〉

(4) 葛(갈)과 藤(등)

한자는 시각적인 문자로 되어 있어, 눈으로 자형을 보면 즉시 그

좌등우갈의 모습. 칡과 등이 뒤엉켜 있다.

사물의 종류를 알 수 있다.

'풀'을 나타낸 글자는 풀 싹이 땅에서 처음 돋아나는 모양을 본뜬 상형자로서 'ᛘ→ᛙ→++→++'의 형태로 변천하였다. 그러므로 한자 중에 '++'의 밑에 쓰인 글자는 모두 풀의 이름이거나 풀과 관계되는 글자라고 유추해서 익히면 된다. 또한 '++(풀 초)' 밑에 쓰인 글자는 대부분 발음으로 쓰였기 때문에 복잡한 글자도 표음문자처럼 우선 읽을 수 있다.

'葛'은 '曷(어찌 갈)'의 발음대도 '갈'로 읽고 '藤'은 '滕(물 솟을 등)'의 발음대로 '등'으로 읽으면 된다. 그런데 '葛'과 '藤'이 모두 '++(풀 초)' 부수자로 되어 있어 '풀'의 이름임을 곧 알 수 있다. '葛'은 '칡넝쿨'이고, '藤'은 '등넝쿨'이다.

'葛藤(갈등)'은 단순히 칡과 등넝쿨의 뜻으로 쓰이지 않고, 서로 마음이 어긋나다의 뜻으로 쓰인다. 그러나 '葛藤'에 왜 그런 뜻이 있는지를 설명한 근거를 찾을 수 없다. 그래서 필자는 산에 가서 칡과 등넝쿨을 자세히 관찰하였다. 그 결과 필자는 감탄할 만큼 놀라운 사실을 발견하였다.

칡넝쿨(葛)은 반드시 우측으로 틀어 오르고, 등넝쿨(藤)은 반드시 좌측으로 틀어 오르는 속성을 가지고 있다. 그러므로 칡과 등이 같은 곳에서 자라면 서로 뒤엉키어 있는 것이다. 부부 간의 갈등이란 말은 곧 서로 마음이 엉키는 것이다.

| 왼쪽으로 틀고 있는 등넝쿨 | 오른쪽으로 틀고 있는 칡넝쿨 |

갈등이란 말을 한·중·일 삼국에서 같이 쓰고 있지만, 삼국의 어떤 문헌에도 '右葛左藤(우갈좌등)'의 사실을 밝힌 것이 없다. 필자가 실사구시의 고찰을 통하여 처음으로 발견한 사실임을 자부하는 바이다.

(5) 醯(해)와 醢(해)

옛부터 내려오는 문자에 '醯醢之辨(혜해지변)'이란 말이 있다. 곧 '醯' 자와 '醢' 자는 분변할 수 있어야 서당의 훈장 노릇을 할 수 있다는 것이다.

평상시 잘 쓰지 않기 때문에 실로 구별하기 쉽지 않은 글자이다. '醯'는 곧 食醯(식혜)를 뜻하고, '醢'는, 곧 '食醢(식해)'를 뜻한다.

食醢(식해)

食醯(식혜)

다시 말해서 식혜와 식해는 모두 발효시켜 만들지만, 식혜는 삭힌 쌀알이 동동 뜨는 단맛의 식품이고, 식해는 가재미나 동태 등과 좁쌀을 고춧가루와 삭혀서 반찬으로 먹는 식품이다.

일상생활에서 이 두 식품을 자주 먹으면서도 '식혜'와 '식해'를 혼동하여 쓰는 경우를 많이 볼 수 있다.

'醯'와 '醢'가 '酉(닭 유)'의 부수자로서, 이때 '酉'는 발효하다의 뜻으로 쓰였고, 둘 다 '皿(그릇 명)' 자를 써서 대칭형을 이루고 있어 연결시켜 생각할 수 있다.

이밖에도 雌雄(자웅), 牝牡(빈모), 開閉(개폐), 問聞(문문), 鳳凰(봉황), 念忘(염망), 禍福(화복), 深淺(심천), 上下(상하) 등 적지 않다.

5

한자의 기본 글자는 400여 자뿐

옛날 서당에서 첫 번째 몽학서로 『천자문』을 배워 왔기 때문에, 한자는 우선 字數(자수)가 많다는 선입견을 가지고 있다.

현재 우리나라에서는 한문교육용 기초한자로 1,800자, 일본에서는 상용한자로 2,136자, 중국에서는 상용한자로 2,500자, 북한에서는 상용한자로 3,000자를 선정해 놓고 있으며, 지금까지 만들어진 한자의 총수는 6만여 자가 되기 때문에 한자의 수가 많은 것은 사실이다.

그러나 이들 한자 중에 현대 문자생활에 필요한 것은 약 2,000자만 알고 있으면 충분하다. 나머지는 死字(사자)나 古語(고어)에 해당한다고 생각하면 된다.

더욱 중요한 것은 이 2,000자 중에 기본이 되는 한자는 400여 자에 불과하다는 것이다. 이 400여 자가 2자 3자 합쳐서 모든 한자를 이루고 있기 때문에 400여 자만 철저히 학습하면 나머지는 스스로 유추하여 알 수 있다. 그러므로 한자는 무조건 암기식으로 학습시

키지 말고 啓發式(계발식)으로 학습시키면 스스로 재미를 느끼며 공
부할 수 있는 문자가 한자라는 인식을 새로이 해야 한다.

다시 말해서 한자는 배우기 어렵다는 선입견에서 벗어나, 어떠한
문자보다도 배우기 쉽고 재미있다는 사실을 우선 인식시키고 가르
치는 것이 중요하다. 한자가 어렵다는 선입견은 종래의 잘못된 학습
방법에도 기인하지만, 더욱이 반세기 이상을 일부 한글 전용론자들
이 한자를 배척하기 위하여 악의적으로 선전한 원인이 더 크다.

한자는 본래 상형문자로 만들어졌기 때문에 一字一義(일자일의)
의 문자였으나, 시간이 지나면서 자의가 확대 전의되면서 지금은
모든 한자가 一字多義(일자다의)의 문자로 변하였다. 특히 400여 자
의 기본 한자는 대부분 본래의 뜻에서 벗어나 쓰이고 있다. 그러한
예를 들면 다음과 같다.

(1) 夏(여름 하)

한자를 많이 알고 있는 유식한 이들도 거의 '夏'를 '여름'의 뜻
으로 알고 있을 것이다. 그러나 '夏' 자는 본래 大人(대인)이 盛裝(성
장)하고 있는 모습을 '𦥑→𦥑→夏'의 상형자로서 '크다'의 뜻을
나타냈던 글자이다. 식물이 크는 것은 여름에 크기 때문에 뒤에 '여
름'이란 뜻으로 전의된 것이다. '夏' 자가 성부로 쓰인 '廈' 자가
'큰집 하'로서 '큰집'의 뜻으로 쓰인 것을 보아도 '夏'가 본래 '크
다'의 뜻이었음을 알 수 있다.

일반적으로 '夏' 나라가 중국 최초의 나라 이름으로 알고 있으나
'夏'는 실로 우리의 조상인 동이족이 '크다'는 뜻으로 세운 나라이
다. 중국에서는 'ha(하)'라는 말이 크다는 뜻으로 쓰이지 않지만, 우

리나라에서는 예로부터 지금까지도 '하'라는 말이 크다는 뜻으로 쓰이고 있다. 예를 들면 「松江歌辭(송강가사)」에 '하도할사', 오늘날 '하도 먹어서'의 '하'가 '大(대), 多(다)'의 뜻으로 쓰이고 있다. 또한 '하'의 관형사형인 '한'이 '한아비·한밭·한가람' 등에서와 같이 '大'의 뜻으로 쓰이고 있다. 이로써 볼 때 '夏'나라는 우리의 조상이 세운 나라임을 알 수 있다.

(2) 萬(일만 만)

'萬'자는 '일만 만'이란 수자로 쓰일 뿐만 아니라, 자전에 '艹(풀 초)'부수에 분류하여 놓았기 때문에 '萬'이 본래 '벌레'의 상형자였다는 것을 아는 사람은 거의 없을 것이다.

'萬'자는 본래 '🦂→🦂→萬'의 상형자로서 全蠍(전갈)의 모양을 본뜬 것이다. 전갈은 한 번에 새끼를 많이 낳기 때문에 '만'이라는 숫자의 뜻으로 전의되어 쓰이는 것이다.

전갈은 한 번에 새끼를 많이 낳기 때문에 '만'이라는 숫자의 뜻으로 전의되어 쓰이고 있다.

| 갑골문 | 금문 | 전서 | 예서 | 해서 |

〈 '萬(만)'자의 자형 변천 〉

'萬' 자의 '艹'는 풀이 아니라 전갈의 '집게발톱'을 상형한 것이므로 '萬' 자는 '艹(풀 초)' 부수에 배열하지 말고, '禸(짐승 발자국 유)'에 배열해야 마땅하다.

(3) 無(없을 무)

'無' 자를 보면 누구나 '없다'의 뜻으로 알겠지만, '無' 자는 본래 '䍩→䍩→無'의 상형자로 손에 깃털을 들고 춤추는 모습을 본뜬 것으로 '춤추다'의 뜻이었다. 춤출 때는 남녀노소의 구별이 없다는 데서 '없다'의 뜻으로 전의되어 쓰이고 있다.

뒤에 '無' 자가 '없다'의 뜻으로 쓰이자, 부득이 '춤추다'의 글자를 '無'에서 넉 점(灬)을 빼고, 두 다리를 엇놓은 동작의 '舛(어그러질 천)' 자를 더하여 '舞(춤출 무)' 자를 또 만든 것이다.

(4) 莫(말 막)

'莫' 자에 대하여 대부분 '하지 말라'는 부정사의 뜻으로 알고 있을 것이다. 그러나 '莫' 자는 본래 '莫'의 자형으로서 해가 풀 속으로 지는 형태를 그리어 '저물다'의 뜻을 나타낸 것이다. 옛날에는 해가 떠서 질 때까지 일하였기 때문에 해가 지면 하던 일도 말아라 한 데서 '말다'의 뜻으로 전의된 것이다.

이로 인해 '저물다'의 글자를 부득이 또 만들어야 했다. 본래 '저물다'의 뜻인 '莫'에 '日(날 일)' 자를 또 더하여 '暮(저물 모)' 자를 만들었다. 造字(조자) 형태로 보면 '莫'의 형태로서 저문 뒤에 해가 또 뜨는 모양으로서 모순이 되지만, 한자에는 이와 같이 누증자의 형태를 갖는 것이 적지 않다.

넓은 초원의 일몰의 모습. '莫(막)'은 초원에 해가 넘어가는 모습을 상형한
자로, "해가 지면 하던 일도 말아라."한데서 '말다'의 뜻으로 전의된 것이다.

(5) 然(그럴 연)

오늘날 일반적으로 '自然(자연), 天然(천연)' 등과 같이 쓰이는 것
에서 '그럴 연' 자로 알고 있지만, '然' 자는 본래 '犬(개 견)', '火 →
灬(불 화)', '肉 → 夕(고기 육)'의 석 자를 합쳐서 만든 회의자이다. 곧
개를 불에 그슬린 고기라는 뜻으로, 본래 '개불고기 연' 자였다. 개
는 옛날에 반드시 그슬러 잡았기 때문에 뒤에 '그스를 연' 자로 전
의되었다. 또한 삼복에 더워서 탈진했을 때, 개고기를 먹고 나면 누
구나 "암 그렇지 개고기가 최고야" 했기 때문에 '그렇지'의 뜻에서
'그럴 연' 자로 전의되어 오늘날 쓰이게 된 것이다.

'然'이 '그럴 연'의 뜻으로 쓰이게 되자 부득이 '태우다'의 뜻으
로 '然' 자에 '火'를 또 더하여 '燃(태울 연)' 자를 만들었다. '燃'은
곧 '然'의 누증자인 것이다.

지금까지 개를 불에 그슬러 잡아먹는 습관을 가진 우리 민족의
조상인 동이족이 한자를 만들었음을 방증할 수 있는 글자이다.

한자는 유추해서 배우는 문자

일반적으로 한자는 무조건 암기식으로 학습하는 것으로 잘못 알고 있다. 그래서 옛날 서당에서는 한문은 '百見自通意自現(백견자통의자현)', 곧 무조건 백 번을 보고 외우면 스스로 통하고 뜻이 저절로 나타난다고 하고, 아무리 어려운 한문도 읽고 또 읽고 외우면 '文理(문리)가 트인다', '文理(문리)가 난다' 고 하였다.

지극히 원시적인 방법으로 깨달음을 요구하였다. 지금도 이러한 방법으로 한문을 학습시키며, 한문은 어쩔 수 없이 외워야 한다고 강조하고, 그 방법이 제일이라고 주장하는 이들이 있다.

한문뿐 아니라, 어떠한 글도 모두 외울 수만 있다면 그 결과에 있어서는 이러한 사람을 당할 수는 없다. 그러나 모든 글을 완벽하게 암기한다고 하는 것은 불가능한 일이며, 옛날과 달리 오늘날은 학습해야 할 과목이 많은데, 한문을 무조건 암기하라고 하는 것은 무리한 요구이며, 일종의 고문행위이다.

'선비' 라는 뜻을 가진 '士' 자가 '하나(一)를 배우면 열(十)씩 안

서당, 《단원 풍속도첩, 김홍도 작》
서당식으로 한문을 무조건 암기하라고 하는 것은 무리한
요구이다. 출처 : 국립중앙박물관

다는 뜻을 나타낸 것처럼, 한자는 그 근본 바탕이 유추해서 학습하
도록 조직되어 있는 문자이다. 영어나 불어의 단어처럼 무조건 외
우는 것은 미련하다.

구체적인 예를 들면 相生(상생)의 순환을 나타낸 五行(오행)의
'木·火·土·金·水' 5자만 알면, 유추적인 방법으로 약 4,000자를
알 수 있다.

(1) 木(목)

갑골문에 '木' 의 자형은 '木' 의 형태로서 나무의 줄기·뿌리·

가지를 상형한 글자이다. 지구상에는 수많은 종류의 나무와 나무를 가지고 만든 물건들이 있다.

'木' 자는 부수자로서 '木' 자의 상하, 좌우에 어떠한 글자와 붙더라도 모두 나무의 이름이거나 나무에 관계되는 것이라고 생각하면, 아무리 복잡한 형태의 글자도 쉽게 유추하여 익힐 수 있다. 또한 대부분 덧붙는 글자는 그 글자의 발음이라고 생각하면 익히기가 더욱 쉽다.

예를 들면 '梧' 자는 우선 나무라는 뜻을 알 수 있고, '五' 의 발음이 '오' 이니까, '梧' 는 곧 나무 중에 '오' 라는 나무라고 유추하여 스스로 알 수 있다. '桐' 자도 나무인데 '同' 의 발음이 '동' 이니까, '동' 으로 읽으면 되는 것이다. 이렇게 해서 '梧桐(오동)' 이 '오동나무' 라는 것을 쉽게 알 수 있다.

좀 복잡한 글자의 예를 들어본다. '檀' 자는 얼른 보면 매우 어렵게 생각되겠지만, '木' 자가 붙어 있으니까 우선 나무의 종류라 생각하면 어렵지 않다. 옆에 '亶' 자는 밑에 '旦(아침 단)' 자가 붙어 있기 때문에 그저 '단' 이란 나무라고 읽으면 된다. 곧 '박달나무 단' 자이다. 그러나 활자에도 '旦' 을 '且(또 차)' 자로 잘못 써놓은 글자가 있어 혼란을 일으키고 있다.

(2) 火(화)

갑골문에 '火' 의 자형은 'ᗰ' 의 형태로 불꽃이 타오르는 모양을 상형한 글자이다. '火' 자는 부수자로서 대부분 다른 글자의 왼쪽에 붙어 쓰인다. 다른 글자의 밑에 쓰일 때는 '灬' 의 형태로 변형되어 쓰인다. 따라서 한자 중에 '火' 나 '灬' 의 형태가 붙어 쓰인 글자는 모두 '불'과 관계 있다고 그 뜻을 유추해서 익힐 수 있다.

예를 들면, 사람 이름에 많이 쓰이는 '炳(병)'자를 처음 보았을 때, 우선 '火'를 보고 불의 뜻인데 '丙(병)'이라는 발음을 따라 '병'이라고 읽으면 된다. 곧 '炳'자는 '불꽃 병'자이다. '燈(등)'이란 글자도 복잡해 보이지만, 우선 '火'字가 붙어 있으니까 불과 관계될 것이라고 유추하고, '登(등)'이란 발음에 따라 '등'이라고 읽으면 된다. '燈'자는 곧 '등불 등'자이다.

(3) 土(토)

갑골문에 '土'의 자형은 'Ω'의 형태로 밭을 갈아 놓은 흙덩이의 모양을 상형한 글자이다. '土'자도 부수자로서 대부분 다른 글자의 왼쪽에 쓰인다. 일부는 밑에 쓰이기도 한다. '土'가 흙덩이의 뜻을 나타내기 때문에 '土'가 붙은 글자는 모두 흙과 관계된다고 유추하여 익히면 된다. 그 옆에 붙는 글자는 대부분 그 글자의 발음이라고 생각하면 된다.

예를 들면 '壇(단)'은 우선 흙과 관계된다고 생각하고, '亶(단)'이란 발음에 따라 '단'이라고 읽으면 된다. '壇'의 본래 뜻은 흙을 높이 쌓아 놓은 곳의 뜻이다. 오늘날은 의미가 확대되어 '敎壇(교단), 講壇(강단), 演壇(연단)' 등과 같이 나무로 높이 만들어 놓은 곳도 단(壇)이라고 일컫는다. '城(성)'자도 우선 흙과 관계가 있다고 유추하고, '成'자의 발음대로 '성'으로 읽으면 된다. 곧 '城'은 성곽의 성인 것이다. 지금은 城하면 일반적으로 돌로 쌓은 것을 생각하지만, 옛날에는 土城(토성), 곧 흙으로 높이 쌓아 적을 막아 싸웠음을 알 수 있다.

(4) 金(금)

'金'의 자형은 은대의 갑골문에는 나타나지 않고 주대의 금문에
'金'의 형태로 처음 나타나는 것을 볼 때, 은나라 때는 아직 금이 생
산되지 않았음을 알 수 있다.

'金'자도 부수자로서 대부분 다른 글자의 왼쪽에 쓰인다. 일부는
다른 글자에 밑에 쓰인다. '金'은 '쇠'의 뜻으로 '金'자가 붙어 쓰
인 글자는 모두 쇠와 관계된다고 유추하여 익히면 된다. 역시 옆에
붙는 글자는 대부분 그 글자의 발음이라고 생각하면 된다. 예를 들
면 '釘(정)'은 우선 쇠와 관계되는 뜻인데, '丁(정)'의 발음대로 '정'
이라고 읽으면 된다. 곧 '釘'은 '못 정'자이다. '못'은 쇠로 만드니
까 '金'자가 붙어 있는 것이다. '鎔'자도 우선 쇠와 관계된다고 생
각하고, '容(용)'의 발음대로 '용'이라고 읽으면 된다. '鎔'자는 곧
'쇠녹일 용'자이다.

한자는 가장 경제적인 문자

한자는 본래 무성자였다. 다시 말해서 한자는 처음부터 口語(구어)를 표기하기 위한 수단으로 만들어진 문자가 아니라, 사물을 상형한 회화 내지 상형문자로부터 출발한 것이다.

예를 들면 '해, 달, 물, 나무, 사람' 등의 모양을 본떠 '☉, ☽, ⦚, ⽊, ⼈' 등과 같이 그려서 시각적으로만 인식했던 문자인데, 뒤에 글자수가 많아지면서 소리로 읽을 필요가 생김에 따라, 글자마다 인위적으로 발음을 붙였던 것이다.

여기서 꼭 알아두어야 할 것은 '☉, ☽, ⦚, ⽊, ⼈' 등의 자음을 모두 단음절인 '일, 월, 수, 목, 인'과 같이 붙임으로써 오늘날 한자어는 세계에 그 유례가 없이 모든 단어가 단음절로 이루어진 것이다. '國家(국가), 健康(건강), 月亮(월량)' 등의 多音節(다음절) 한자어는 口語(구어)로서 들을 수 있게 하기 위하여 뒤에 만든 말들이다.

따라서 한자는 곧 모든 자가 1음절로 되어 있기 때문에 同音異字(동음이자)가 많게 된 것이다. 예를 들면, '동(toŋ)'으로 발음되는 한자가 '東, 動, 同, 童, 銅' 등 약 270자나 된다. 그러므로 귀로 들어서는 어떤 '동' 자의 뜻으로 발음했는지 도저히 알 수 없다. 오늘날 사용되지 않는 한자까지 계산하면 한자의 수는 약 6만 자가 되지만, 발음의 수는 480여 종류뿐이 안되니까 얼마나 동음이자가 많은지는 짐작할 수 있을 것이다.

이와 같이 한자는 만들어질 때부터 구어가 아니라 문어로서 만들어졌기 때문에 하나의 한자에는 긴 구어가 압축 또는 함축되어 있는 것이다.

예를 들면 '啐啄同時(줄탁동시)'의 '啐'을 1음절의 '줄'로 읽지만, '啐'의 훈은 곧 '병아리가 달걀의 껍질을 깨고 나오려는 소리'라는 뜻이다. 그러므로 '啐啄同時'는 암탉이 알을 품어 병아리를 깔 때, 알속의 물질이 병아리로 변하여 껍질 밖으로 나오려면 알속에서 '줄줄' 거리는 신호를 보내는데, 어미 닭은 이 소리를 잘 들어서 농시에 입으로 '탁탁' 쪼아 주어야 새 생명의 병아리가 탄생될 수 있다. 만약 어미 닭이 이 소리를 미처 듣지 못하여 시기를 놓치면 병아리는 알속에서 숨을 못 쉬어 죽게 되는 것이다. 오늘날 이 성어를 교육에 비유하여, 학생들이 스스로 배우고자 의욕이 충만되어 있는 시기를, 교사가 동시에 잘 알아서 어미 닭이 '탁탁' 껍질을 쪼아 주듯이 학생들을 깨우쳐 주어야 한다는 뜻으로 쓰이고 있다.

이와 같이 구어로써 쓰면 긴 이야기를, 단 넉 자인 '啐啄同時'로 압축하여 표현한 것이 한자의 묘미이며, 또한 가장 경제적으로 표현된 언어인 것이다.

남의 壽宴(수연)에 축하하는 뜻으로 '壽比南山, 福如東海(남산처럼 장수하시고, 동해처럼 많은 복을 누리시라는 뜻이다.)'를 줄여서

'壽山福海(수산복해)'라고 해도 되고, 더 줄여서 '壽福(수복)'이라고 해도 같은 뜻이 된다. 이처럼 한문은 압축할 대로 압축해서 그야말로 최소한의 자료로 최대한의 효과를 거둘 수 있는 경제적인 문자이다.

한 남자가 어떤 여인에게 프로포즈할 때, 그 표현을 상대에게 '나는 당신을 영원히 마음 변치

한자는 '壽比南山(수비남산), 福如東海(복여동해)'를 '壽(수)'로 압축하여 쓸 수 있는 경제적인 문자이다.

않고 늘 사랑하리다'와 같이 말하거나 쓸 것을, '南山長靑, 漢水不絶(남산이 늘 푸르고, 한강 물이 끊이지 않듯이 당신을 사랑하리다.)'이라고, 그것도 붓으로 써서 상대에게 주었을 때, 얼마나 감동할 것인가.

문제는 오늘날 젊은이들이 한자를 잘 모르기 때문에 그 뜻이 무엇인지도 몰라 사랑을 약속하기는커녕, 오히려 깨질 수도 있다는 데 있다. 오늘날 인정이 척박해질 대로 척박하고, 정서가 메마르게 된 것은 그 근본 원인이 반세기 이상 한자교육을 소홀히 한 데 있다고 해도 과언이 아닐 것이다.

오늘날 각 대학 캠퍼스 내에 게시된 대자보의 문구를 보면, 얼굴이 뜨거워 차마 볼 수 없는 것들로 되어 있다. 이러한 일상 언어생활에서는 아름다운 시정이 돋아날 수 없는 것이다.

이와 같은 현상은 일간신문에까지 파급되어, 오늘날은 매일 같이 발행되는 모든 신문의 사설 중에 어느 한 편도 스크랩을 해 둘 만큼

감동을 주는 주옥같은 글 한 편을 찾기가 어렵다.

오늘날 국내 문객 작가들에 의하여 쓰여진, 이른바 '베스트셀러'라고 하는 것들을 보아도 거의 한자어를 한자로 쓰지 않고 되도록 한글로만 쓰기 때문에 글이 압축 함축되어 있지 못하고, 마치 끓인 지 오래되어 풀어져버린 국수처럼 감칠맛을 맛볼 수 없는 것은 나만의 느낌은 아닐 것이다.

좋은 글을 쓰려면 우선 고전을 많이 읽어 가슴속에 풍부한 밑거름이 저축되어 있어야 함은 贅言(췌언)이 필요치 않다.

그러나 오늘날 젊은이들이 한자를 모르기 때문에 고전은커녕 국한문혼용으로 쓴 바로 전세대의 글도 읽지 못하는 현실이니, 무엇으로 독자들의 심금을 울리는 감동적인 글을 쓸 수 있을 것인가.

토마토 한 포기도 밑거름이 풍부하여야 좋은 열매를 맺을 수 있는 것이다. 오늘날 작가들이 고전을 제대로 공부하지 못한 데서, 글을 쓰려니까 밑거름 없는 토마토처럼 영양실조의 글을 쓰지 않을 수 없는 것은 당연한 사실이 아니겠는가. 다만 책의 페이지만을 채우자니 자연히 부정확하고 빈곤한 어휘로 혀끝에서 가볍게 나오는 말의 곡예사가 되지 않을 수 없다. 따라서 독자들은 읽는 순간 어희에 단순히 해해거릴 수는 있을지 몰라도, 다 읽은 다음에 가슴에 뭉클하게 남는 각인된 감동을 맛볼 수 없다.

오늘날 우리의 젊은이들은 서양의 고전도 읽어야 하겠지만, 우선 동양의 고전을 많이 읽어야 지성인으로서 양식을 갖출 수 있다. 따라서 고전이나 대부분 국한문의 명문을 읽고 자신의 양식으로 삼으려면, 무엇보다도 구어보다는 문어로 쓸 수 있는 한자를 많이 읽히고 아는 것이 捷徑(첩경)이다. 또한 좋은 글을 쓸 수 있는 지름길이다.

한자는 표음성의 단어문자

한자는 초기에 만들어진 약 400여 자는 依類象形(의류상형)의 조자방법에 의하여 만들어졌기 때문에 이른바 '象形字(상형자)'이지만, 그밖에는 形聲相益(형성상익)의 방법에 의하여, 뜻을 나타낸 형부와 소리를 나타낸 성부를 합쳐서 만든 '形聲字(형성자)'가 대부분이기 때문에, 지금도 한자를 '象形字(상형자)'라고 일컫는 것은 타당하지 않다. '表意文字(표의문자)로서 表音化(표음화)된 單語文字(단어문자)'라고 칭해야 합당하다.

또한 한자는 음절의 수가 약 500종 정도이며, 한글처럼 어두의 된소리(硬音)나 終聲(종성), 곧 받침이 많지 않고, 'ㄱ, ㄹ, ㅂ, ㅇ, ㄴ, ㅁ'의 '學(학), 發(발), 合(합), 江(강), 身(신), 心(심)' 등 6종뿐이기 때문에 읽기가 간편하다.

구체적으로 예를 들면, 다음과 같이 한글 자모순대로 맨 앞에 제시한 한자의 음만 익히고서 뒤에 나열한 글자는 그 음대로 읽으면 된다. 예외가 있기는 하지만 그리 많지 않기 때문에 조금만 유의하여 따로 익히면 된다.

〈 한글 자모순으로 한자 학습법 〉

한글 字母順	基本字	同音字	例外
가	可	哥, 歌, 柯, 苛, 軻, 哿, 駕, 坷, 呵, 訶, 珂, 疴	阿(아), 何(하), 河, 荷
	加	伽, 嘉, 架, 枷, 茄, 枷, 笳, 袈, 跏, 迦, 袈, 珈	賀(하)
나	那	娜, 哪, 挪	
다	多	夥, 芍	
라	羅	儸, 欏, 玀, 籮, 蘿, 鑼, 邏	
마	馬	媽, 嗎, 瑪, 螞	罵(매)
	麻	摩, 蔴, 麼, 磨, 痲	靡(미), 糜, 麋
바	해당 漢字가 없음		
사	四	柶, 泗, 駟	
아	我	俄, 哦, 娥, 峨, 莪, 峩, 蛾, 餓, 鵝	
	牙	芽, 雅, 迓, 岈, 鴉, 犽, 砑, 蚜, 訝, 齖	
자	子	字, 仔, 孜, 杍, 呼	
	次	咨, 姿, 恣, 瓷, 資, 諮, 粢, 粢	
차	差	嗟, 嵯, 蹉, 艖, 醝, 瑳, 嵳, 縒, 瘥	槎(사)
카	해당 漢字가 없음		
타	它	佗, 陀, 拕, 舵, 駝, 跎, 沱, 詑, 坨, 屹, 鴕	蛇(사)
	也	他, 拖, 吔, 陁, 阤, 拖, 牠, 沲	
파	巴	弝, 把, 杷, 爬, 爸, 琶, 疤, 箙, 芭, 笆, 犯, 鈀, 靶, 葩	
	皮(피)	坡, 破, 婆, 岥, 波, 玻, 碆, 簸, 跛, 頗	彼(피), 披, 疲, 被, 陂, 鞁
하	叚	蝦, 瑕, 遐, 霞, 鰕, 蝦, 騢, 碬, 鍜	假(가), 暇, 豭, 葭

※ 위의 한자 중에는 평상시 잘 쓰지 않는 글자도 있기 때문에 익히지 않아도 되지만, 그 음을 읽는데 필요하여 든 것도 있다.

이상과 같이 「可·加(가), 那(나), 多(다), 羅(라), 馬·麻(마), 四(사), 我·牙(아), 子(자)·次(차→자), 差(차), 它(타)·也(야→타), 巴(파), 皮(피), 叚(가→하)」등 18자의 음을 알고 있으면, 약 150자의 음을 쉽게 알 수 있다.

한자의 음을 안 뒤에, 그 자의 뜻을 이해하는 방법도 부수자로써 유추하여 쉽게 알 수 있다.

위에 열거한 한자 중에 예를 들면 '柯(가)', '杷(파)', '架(가)', '枷(가)' 등의 글자는 '木(나무 목)' 부수자로 되어 있으므로 나무 이름이 거나 나무로 만든 도구의 명칭이라고 생각하면 된다. '柯(가)'는 곧 '나무 가지', '杷(파)'는 '비파나무', '架(가)'는 '나무로 만든 시렁', '枷(가)'는 '나무로 만든 도리깨'의 뜻이다.

'茄(가)', '芽(아)', '莪(아)', '芭(파)', '葭(가)' 등의 글자는 '艹(풀 초)'가 부수자로 되어 있으므로 식물의 이름이거나 식물과 관계되는 명칭이라고 생각하면 된다. '茄(가)'는 곧 '가지', '芽(아)'는 '풀 의 싹', '莪(아)'는 '지칭개', '芭(파)'는 '파초', '葭(가)'는 '갈대'의 뜻이다.

'蛾(아)', '蝦(하)', '蛇(사)' 등의 글자는 '虫(벌레 충)'이 부수자로 되어 있으므로 벌레 종류의 명칭으로 생각하면 된다. '蛾(아)'는 곧 '나방이', '蝦(하)'는 '새우', '蛇(사)'는 '뱀'의 뜻이다. 옛사람들은 뱀을 장충이라 하여 벌레의 일종으로 보았다.

'笳(가)', '籮(라)', '笆(파)', '簸(파)' 등의 글자는 '竹(대 죽)'이 부수자로 되어 있으므로 대나무의 명칭이거나, 대나무로 만든 도구의 명칭으로 생각하면 된다. '笳(가)'는 곧 '갈대피리', '籮(라)'는 '대나무로 만든 키', '笆(파)'는 '대나무로 엮은 산자', '簸(파)'는 '대나무로 만든 키'의 뜻이다.

　'珂(가)', '珈(가)', '玻(파)', '瑕(하)', '瑪(마)' 등의 글자는 '王→玉(구슬 옥)'이 부수자로 되어 있으므로 옥의 종류이거나 옥으로 만든 장식품의 명칭으로 생각하면 된다. '珂(가)'는 '옥의 이름', '珈(가)'는 '여자의 머리에 꽂는 옥의 장식', '玻(파)'는 '유리', '瑕(하)'는 '옥의 티', '瑪(마)'는 '마노'의 뜻이다.

　'痂(가)', '痲(마)', '瘥(차)', '疤(파)', '瘕(하)', '疲(피)' 등의 글자는 '疒(병 질, 병들어 기댈 녁)'이 부수자로 되어 있으므로 병의 명칭으로 생각하면 된다. '痂(가)'는 곧 '경풍', '痲(마)'는 '저리다', '瘥(차)'는 '앓다', '疤(파)'는 '신경통, 흉터', '瘕(하)'는 '목병', '疲(피)'는 '피곤하다'의 뜻이다.

　'跏(가)', '蹉(차)', '跎(타)', '跛(파)' 등의 글자는 '足(발 족)'이 부수자로 되어 있으므로 모두 발의 동작을 나타낸 뜻으로 생각하면 된다. '跏(가)'는 곧 '책상다리하다', '蹉(차)'는 '넘어지다', '跎(타)'는 '헛디디다', '跛(파)'는 '절뚝발이'의 뜻이다.

　'摩(마)', '搓(차)', '扡(타)', '地(타)', '把(파)', '披(피)' 등의 글자는 '扌→手(손 수)'가 부수자로 되어 있으므로 모두 손의 동작을 나타낸 뜻으로 생각하면 된다. '摩(마)'는 곧 '갈다', '搓(차)'는 '비비다', '扡(타)'는 '끌다', '地(타)'는 '끌다·쪼개다', '把(파)'는 '잡다', '披(피)'는 '나누다·열다·찢다'의 뜻이다.

　한자 이외의 어떤 문자도 이상과 같이 기본 글자 몇 자만 알면 수많은 단어를 일사불란하게 기계적으로 읽고, 뜻을 유추하여 익힐 수 있는 문자는 없다. 그러므로 한자를 배우기 어려운 문자라고 떠들어대는 것은 매우 잘못된 일이다.

거듭 강조하지만 한자는 핵이 되는 기본자 약 300자만 착실히 익히면 나머지는 이 300자가 2자 3자 합쳐서 이루어져 있으며, 그 글자 자체에 약 90%가 음이 붙어 있기 때문에 사실은 표음문자인 로마자를 읽기보다도 쉽고 간편하다.

우리의 조상

漢字는 東夷族이 만들었다

초판 1쇄 발행 2019년 3월 27일
초판 2쇄 발행 2021년 8월 25일

지은이 | 진태하
발행자 | 김동구
기   획 | 전광배
디자인 | 이명숙·양철민
발행처 | 명문당(1923. 10. 1 창립)
주   소 | 서울시 종로구 윤보선길 61(안국동)
        우체국 010579-01-000682
전   화 | 02)733-3039, 734-4798, 733-4748(영)
팩   스 | 02)734-9209
Homepage | www.myungmundang.net
E-mail | mmdbook1@hanmail.net
등   록 | 1977. 11. 19. 제1~148호

ISBN 979-11-88020-91-1 (93150)
18,000원